grafit

Die italienische Originalausgabe »La collega tatuata« erschien 2002 bei
Mondadori, Mailand
Copyright © 2002 Arnoldo Mondadori Editore S.p.A., Milano

Deutsche Erstausgabe
Copyright © 2004 by GRAFIT Verlag GmbH
Chemnitzer Str. 31, D-44139 Dortmund
Internet: http://www.grafit.de
E-Mail: info@grafit.de
Alle deutschsprachigen Rechte vorbehalten.
Umschlagillustration: Peter Bucker
Druck und Bindearbeiten: Clausen & Bosse, Leck
ISBN 3-89425-533-1
1. 2. 3. 4. 5. / 2006 2005 2004

Margherita Oggero

Schön, blond, reich und tot

Kriminalroman

Aus dem Italienischen von
Christiane v. Bechtolsheim

Die Autorin

Margherita Oggero wurde in Turin geboren, wo sie auch lebt. Sie arbeitete jahrelang als Lehrerin an verschiedenen Schulen. *Schön, blond reich und tot* ist ihr erster Kriminalroman und wurde in Italien zum Bestseller.

Für Luisotta

*In den Büchern werden einem die Dinge erklärt;
im Leben nicht.*

Julian Barnes, *Flauberts Papagei*

Alle Personen und Begebenheiten dieses Romans sind frei erfunden, nur der Dackel nicht.

Erstes Kapitel

Sie war ihr gleich unsympathisch gewesen.

Zufällig kam das Gespräch im Lehrerzimmer – scheußliches Neonlicht, triste Einrichtung, gerahmtes Foto von Staatspräsident Giovanni Gronchi mit dem Dreck ganzer Fliegengenerationen und ignoriert von ganzen Hausmeistergenerationen (die Entfernung der Porträts ausgedienter und/oder verstorbener Staatsoberhäupter gehört nicht zu den Pflichten der Hausmeister, so beschaulich sind Hausmeisterpflichten auch wieder nicht) – auf Haustiere, und die De Lenchantin, Bianca De Lenchantin, verkündete sofort, dass sie Hunde nicht mochte.

»Und warum nicht?«

»Weil sie ... Schmutz machen.«

»Wir machen auch Schmutz. Dreihundert Gramm pro Tag, außer man hat Verstopfung.«

Die DL entgegnete nichts. Sie schnappte sich ihre Designerhandtasche und schwebte würdevoll und gemessen hinaus. Aber eben diese Gemessenheit, diese Eleganz in Kleidung, Accessoires, Haltung und Gesten (Kunststück, wenn man über eins siebzig groß ist und weniger als fünfundfünfzig Kilo wiegt) war es, was ihr so auf den Wecker ging und sie in Rage brachte. Abgesehen natürlich von dem euphemistischen und unpassenden Verb ›Schmutz machen‹ in Bezug auf Hunde, dem im Stillen auch noch verschämte Auslassungspünktchen vorangingen, und dem kaum wahrnehmbaren (für niemanden wahrnehmbar, außer für ihren fast hundeartigen Geruchssinn) Geruch nach verstopftem Spülbecken, den auch eine Dosis *Jicky* nicht vollständig kaschieren konnte.

Ich bin wirklich blöd, überlegte sie selbstkritisch, wenn sie mir unsympathisch ist, weil sie groß, blond, schön, und reich ist. Ich bin eine blöde Gans mit schäbigem Klassenneid und kleinlichen präfeministischen Eifersüchteleien. Aber wenn sie Hunde hasst, ist sie auch blöd. Amen.

Wehe, jemand sagte etwas Abfälliges über Hunde. In einer aus den Fugen geratenen Welt mit krisengeschüttelten Beziehungen und überflüssigem Geschwätz bedeuten Hunde – gefolgt von Katzen – einen tröstlichen Anker. Hunde haben Flöhe, aber sie nerven dich nicht damit, dass ihre größer und gefräßiger seien als deine: Sie kratzen sich, basta. Hunde begrüßen dich schwanzwedelnd, auch wenn du auf Political Correctness pfeifst, New Age doof findest, nichts mit Leuten zu tun haben willst, die Putzfrauen als Bodenkosmetikerinnen, Gefängniswärter als Justizvollzugsbeamte oder Krankenhäuser als Gesundheitseinrichtungen bezeichnen. Hunde reden nicht, schreiben nicht, geben – noch – keine Interviews im Fernsehen und darum sind sie in diesen Zeiten unsere Freunde.

Rechnungswesen und Mathe tauschten derweil Vertraulichkeiten über Geburten und Schwangerschaften aus: Die Übelkeit bis zum dritten Monat, weißt du, ich konnte keinen Kaffee mehr riechen, mein Ältester wog acht Pfund, aber nach dem Geburtsvorbereitungskurs habe ich davon fast nichts gemerkt ...

Das Älterwerden bekommt mir gar nicht gut, dachte sie, ich gehe auf die vierzig zu und bin deprimiert und reizbar, ihre Wehen sind mir völlig egal und ich habe keine Lust, von meinen zu erzählen. Sie nahm eine uralte Ausgabe des *Espresso*, die die Zeiten überdauert hatte, aus dem Regal und fing träge an zu blättern.

Eine körperfeindliche Machokultur hat die Menstruation

zu einer peinlichen und damit negativen, schmerzhaften Erfahrung gemacht, über die man nicht spricht, dabei ist sie doch eigentlich etwas wundervoll Erotisches, die höchste Form weiblicher Kreativität ... Trotz des suggestiven Slogans ›Frausein ist schön‹ weiß die Zeitschrift Marie Claire, dass es der Französin zuwider ist, das Bettlaken mit ihrem Blut zu verunreinigen.

O Gott! Was nehme ich jetzt, einen doppelten Espresso oder ein Valium? Wenn ein Tag schon so anfängt, kann man sich nur noch begraben lassen. Sie entschied sich für den doppelten Espresso und ging, die Freistunde nutzend, in die Via Garibaldi. Der mittlerweile vertraute Spruch *Antonella hat so eine fette Möse* nebst erhellender Zeichnung an der Hausmauer der Nummer zwölf beschäftigte sie aufs Neue und munterte sie ein wenig auf. Wahrscheinlich wohnt Antonella in der Nähe und das Graffito ist ihr vielleicht peinlich. Drall ist nicht mehr in: Mädchen sind knabenhaft, androgyn, magersüchtig, Konfektionsgröße 36 ist das Äußerste und der Polyesterfetzen aus dem Kaufhaus oder vom Markt tut's auch. Aber wie ist Antonella wohl? Ihrer Möse entsprechend oder das Gegenteil? Besser Letzteres, Überraschungen sind immer aufregend. Sie haben sich in der Disko, in der Tram, bei einem Rockkonzert, in der Pfarrei, in einem selbst verwalteten Zentrum kennen gelernt, sie waren voneinander angetan, du siehst echt gut (klasse, super) aus, du bist auch nicht übel, ein paar weitere dem Kino oder Fernsehen abgeguckte Vorreden und dann ab ins Bett. Mit den entsprechenden Vorsichtsmaßnahmen, versteht sich, oder auch nicht, denn die Jugend ist unverantwortlich optimistisch. Wo, kann ich mir nicht vorstellen. Im Auto ist es unbequem, im Aufzug machen sie es nur in Amerika, weil es dort Wolkenkratzer gibt, zu Hause im Bett ist unwahrscheinlich, weil die Eltern, bei aller

Toleranz, nicht einfach das Feld räumen. Turin hat keine silberweißen Strände oder verschwiegene Pinienwälder, neun Monate im Jahr ist es kalt, die Parks haben die Turiner Junkies, Nutten aus aller Herren Länder, südamerikanische Transvestiten und Stricher und maghrebinische oder nigerianische Dealer für sich gepachtet. Die einheimische Unterwelt hat den Handlangerjob an den Nagel gehängt und sich weiter oben eingenistet, die ehemaligen Zuhälter aus dem Pellerina-Park betreiben zumindest einen Autosalon als Durchlaufstation für Alfa, Lancia, BMW und Mercedes, die unter Handygeklingel und Kreditkartengewedel auf die Schnelle ausgeschlachtet oder weiterverhökert werden. Jedenfalls sind sie miteinander ins Bett gegangen und ich kann mir seine Verblüffung sehr gut vorstellen. Zerzauste oder schlampig geschnittene Haare, feste Aerobic-Brüstchen, gepiercter Naomi-Campbell-Bauchnabel und dann … Dann verspürt er vor lauter Staunen das Bedürfnis, sich einer schlichten Hausmauer in der Altstadt anzuvertrauen: Er schüttelt die für diese oder eine andere Gelegenheit gekaufte Spraydose, malt ordentliche Großbuchstaben und schreibt alles richtig. Er muss gute Schulen besucht haben, wenn er vor zweihundert Jahren gelebt hätte, hätte er sich vielleicht an einer kleinen anakreontischen Ode *(Ah! Deine Höhle / süße Antonella mein …)* oder einem Sonett *(Und nie werde ich die weite Vulva vergessen können …)* versucht. Schluss mit dem Quatsch, in zehn Minuten fängt die nächste Stunde an, ich kenne die Elfte noch nicht, wer weiß, wie sie ist. Soll ich gleich etwas über das Mittelalter erzählen, mit der Entstehung der romanischen Sprachen anfangen oder irgendwas daherlabern und erst mal sehen, wie sie reagieren?

Wie immer kam sie atemlos oben an – verdammt, ich sollte wirklich mal ein bisschen Sport treiben! –, ging ins

Lehrerzimmer, um das Klassenbuch zu holen, und hörte gerade noch, wie sich Bianca über die Schönheiten der Chagos-Inseln ausließ. Die Chagos! Die Seychellen mögen ja noch durchgehen, auch die Malediven, die Bahamas, Guadaloupe, Martinique, ihretwegen sogar die Lakkadiven, inklusive *Méditerranée* und *Valtur* mit Animateuren, Hostessen, Körperausdruckskursen, transzendentaler Meditation, Reiki und Bioenergetik, aber die Chagos! Wo sind die überhaupt? Im Arabischen Meer oder im Indischen Ozean?

In der Elften sprach sie weder über das Mittelalter noch über die romanischen Sprachen, sie laberte auch nicht irgendwas daher: Die Klasse hatte ein Grundsatzprogramm für die demokratische Gestaltung des Unterrichtsprogramms parat. Die Assonanz knirschte wie Sand zwischen den Zähnen, aber sie hatte gelernt, dass man sie reden lassen musste, dass man sich nicht ablehnend verhalten, aber auch nicht allzu nachsichtig sein durfte. Dieses zynische Alter, dachte sie. Aber hier geht es darum, zu retten, was zu retten ist, ihnen beizubringen, erst zu denken und dann zu reden, ihnen begreiflich zu machen, dass es viele Nuancen gibt zwischen Schwarz und Weiß, dass es eher kontraproduktiv ist, das Kind mit dem Bade auszuschütten ... Auch die provenzalische Literatur, auch die sizilianische Dichterschule, sogar der Grammatiklehrer Bonvesin können einem etwas bringen. Doch wenn ich das jetzt schon sage, verspiele ich das Jahr und werde zur alten Schachtel, die sie nach Belieben die Treppe runterschubsen.

»Wir wollen nämlich nicht theokratisch einen Lehrstoff aufoktroyiert kriegen und ...«

In Gedanken unterringelte sie die Ansprachen der verschiedenen Volkstribune mit einem dicken roten Stift, aber bei *theokratisch* zuckte sie zusammen. Gregor VII.,

Innozenz III., Calvin, die Ayatollahs, die Taliban, was wissen die schon von Theokratie, vielleicht gefällt ihnen das Wort, so wie Charisma, Motivation, Momentchen, Lover ... Sie musste sich noch alles Mögliche anhören: Außer dem Grundsatzprogramm gab es noch die repressiven Institutionen, den Tunnel, den man betreten hat, die Diskussion, die fortzusetzen ist. Nichts Überraschendes, nichts Neues, einschließlich Vergewaltigung der elementarsten Grammatikregeln. Das wird wieder mal ein hartes Schuljahr, sinnierte sie, während sie sich unbeirrt das wirre Ende der Diskussion anhörte. Die ersten zwei Monate würde sie damit verbringen, sich verständlich zu machen, das heißt Regeln des Miteinanders aufzustellen, das heißt sich durchzusetzen. Dieses infektiöse *das heißt:* Ich stecke mich immer zu Beginn des Schuljahres damit an, auch beim Denken muss ich aufpassen, sonst sage ich auch noch: Ja, das heißt nein.

Erschöpft kam sie zu Hause an. Aber es ist doch erst Mittag, es ist erst der dritte Schultag, wenn ich so anfange, sieht es ziemlich duster aus. Sie klingelte bei ihrer Mutter, eine Etage unter ihr.

»Luana ist zu spät gekommen, schau dir mal dein Zimmer an, sie hat ja nicht mal die Bücher vom Boden aufgehoben und ist bestimmt nicht mit dem Staubsauger durchs Wohnzimmer.«

»Schon gut, Mama, das macht nichts. Luana tut, was sie kann, sie ist ja kein englischer Majordomus. Und sie ist nett und kann doch nichts dafür, dass sie wie eine halbnackte Artistin heißt. Sie klaut nicht und tratscht wenig ... was willst du mehr?«

»Wenn du mit ihr zufrieden bist ... schließlich bist du es, die sie bezahlt.«

»Ja Mama, ciao, guten Appetit.«

Sie betrat ihre Wohnung. Potti lag schon auf der Lauer,

um seine üblichen Liebesbezeugungen loszuwerden: Er wedelte mit dem Schwanz und stupste ihr mit der Schnauze an die Knöchel. Doch gleich darauf warf er viel sagende Blicke Richtung Napf: Ich habe meine Pflicht getan, jetzt bist du dran, es ist Essenszeit. Klare Abmachungen. Als Erstes die Hundemahlzeit: Hackfleisch und trockene Brotreste, kein gekochter Reis, denn den hätte er in der ganzen Wohnung wieder ausgespuckt. Sie hatte es jahrelang versucht, doch am Ende hatte er sich durchgesetzt und gekochter Reis oder Reisauflauf oder sonst wie zubereiteter Reis war von seinem Ernährungsplan gestrichen worden. Außerdem sind Hunde Fleischfresser.

Und was essen wir? Rohkostsalat – da wird Renzo sich freuen, der Rohkost nicht ausstehen kann und *Rohkotz* dazu sagt – und Lehrerinnenschnitzel, also mit einem Zweiglein Rosmarin in die Teflonpfanne gehauen, keine Beilagen, dafür Gestank in der ganzen Wohnung trotz auf Hochtouren laufendem Dampfabzug. Käse und Obst: drei hässliche schrumpelige Äpfel.

Renzo war ganz gut gelaunt. Er schüttelte hastig den Hund ab, gab ihr einen Kuss auf den Hals und sah das Glas Punt e Mes.

»Stimmt was nicht?«

»Ich bin nur ein bisschen müde.«

»Aber du hast doch gerade erst angefangen!«

»Eben. Ich habe mich noch nicht daran gewöhnt.«

»Igitt, dieses Zeug. Kochst du das aus Sadismus oder in gutem Glauben?«

»Aus Sadismus. Lehrerinnenschnitzel gibt es auch.«

»Das hab ich mir schon gedacht, bei dem Gestank. Ist ja sehr verlockend. Wir haben doch nicht Fastenzeit, oder?«

»Fastenzeit ist im Frühling und da isst man kein Fleisch.«

»Hast du Ärger in der Schule? Sehr fröhlich siehst du nicht aus.«

»Nein, Ärger habe ich nicht. Ich habe die Elfte kennen gelernt, mit der werde ich gut zu tun haben, aber das war ja vorauszusehen. Eine neue Englisch-Kollegin habe ich auch, eine blöde Gans, eine echte Pissnelke.«

»Warum ist sie blöd?«

»Sie mag keine Hunde.«

»Die Verfassung garantiert das Recht auf freie Meinungsäußerung. Artikel einundzwanzig, das müsstest du eigentlich wissen.«

»Auch ich habe laut Verfassung das Recht auf freie Meinungsäußerung, ich darf sie also weiterhin blöd finden.«

»Was hat sie dir denn getan?«

»Nichts. Aber sie mieft trotz *Guerlain* nach Spülbecken und ist gerade von den Chagos zurück.«

»Was ist denn das?«

»Tropische Inseln am Äquator. Weißer Sand, Palmen, Mangos, Papayas und fette Muscheln.«

»Wie die Möse von Antonella.«

Sie musste lachen, es ging schon besser.

»Holst du die Kleine ab?«

»Ich hole sie immer ab, tu doch nicht so. Wie heißt sie?«

»Wer?«

»Die Pissnelke mit den Chagos.«

»Bianca De Lenchantin.«

»Aha, aus gutem Hause.«

»Wahrscheinlich. Jedenfalls tritt sie so auf.«

Als sie später allein war, kehrte die schlechte Laune zurück. Ich habe keine Lust zu lesen, ich habe zu nichts Lust, kein Gedanke ist verlockend, dachte sie betrübt. Mit vierzig ist alles gelaufen, du fängst keinen neuen Job mehr an, hast deine Familie, bist zu – mehr oder weniger – Wohlstand gekommen. Alles ist in Ordnung, und doch mag ich mir abends nicht mal die Zähne putzen. Sie ging ins Bad und warf einen Blick in den Spiegel: ein paar Kilo zu viel und keine Lust, an Diät, Rudern, Hometrainer zu denken, Falten rings um die Augen und Cremes und Kosmetika ranzeln in den Döschen vor sich hin. Sie steckte sich eine Zigarette an, auf das bisschen Gift kam es auch nicht mehr an. Der Hund folgte ihr mit stummer Teilnahme auf Schritt und Tritt: So was nennt sich Midlifecrisis, mein Lieber, du Glücklicher weißt nicht, was das ist. Da kam ihr der Gedanke, dass es sich vielleicht doch um etwas anderes handelte, und mit einem Hoffnungsschimmer blätterte sie in ihrem Terminkalender, aber nein, diesmal hatte sie den Weltschmerz nicht mit dem Hormonaufruhr vor der Periode verwechselt, eine Woche noch, das war es also nicht.

Vielleicht sollte ich eine Freundin anrufen, dachte sie, die sind fast alle ungefähr in meinem Alter. Aber ihre gleichaltrigen Freundinnen waren vor ein paar Jahren bei fünfunddreißig, sechsunddreißig stehen geblieben und wurden nicht älter. Außer zweien: Lia und Gina. Aber Lia war nach Rhôde Saint-Genèse bei Brüssel gezogen: Es empfiehlt sich nicht, seinen Seelenschmerz in einem Ferngespräch loszuwerden, das kostet so viel wie eine Sitzung beim Therapeuten. Bleibt mir nur Gina. Ich rufe sie an und jammere vorsichtig; wenn sie fröhlich ist und keine Probleme hat, mache ich einen Rückzieher, dann reden wir über Projektzuschüsse und die Anrechnung von Dienstjahren oder ich bitte sie um das Rezept ihres berühmten und unverdaulichen Knoblauchsoufflees. Sie wählte und eine Stimme – Ginas Stimme – meldete sich unter unüberhörbaren Schluchzern. Sie schluchzte sogar? Lieber Gott, du bist zu gütig.

»Was hast du, Ginotta, was ist denn passiert?«

»Ich wollte dich gerade anrufen, ich muss mit dir reden, ich heule jetzt schon seit einer halben Stunde, wenn ich das anderen Leuten erzähle, sagen sie, ich spinne ... Ich hab Diego angerufen und er hat auch gesagt, ich soll aufhören, es lohnt sich nicht, es gibt Schlimmeres ..., aber ich schaff's einfach nicht ...«

»Jetzt sag schon, was los ist!«

»Einer der Hunde, jemand hat einen von den Hunden getötet. Bestimmt mit einem Giftköder. Nach dem Mittagschlaf bin ich raus und da lag er tot im Garten, nicht weit von der Haustür, und überall gelbe Kotze. Warum nur, was hat er denn getan? Mich graust's davor, ihn anzufassen, aber ich bin allein und er muss da weg, bevor die Kinder kommen, sie sollen ihn nicht sehen. Ausgerechnet Flik. Ich weiß, dass ich das nicht sagen sollte, aber bei dem anderen hätte es mir nicht so viel ausgemacht, Bisin ist nicht so anhänglich, er ist mehr für sich, und wenn er mich schon mal herzlich begrüßt, wirft er mich gleich um. Aber Flik ...«

Sie schluchzte auf.

»Soll ich kommen? Wir räumen Flik weg und ich tröste dich.«

»Ja, bitte, ich hab mich gar nicht getraut, dich darum zu bitten. Komm.«

Sie griff nach einer Jacke und der Handtasche, aber als sie in die Schuhe schlüpfte, pflanzte Potti sich vor die Tür, um klar zu machen, dass er mitwollte.

»Nein, ich nehme dich nicht mit. Hunde machen keine Beileidsbesuche, und wenn Bisin frei herumläuft, zerlegt er dich.«

Schicksalsergeben trollte sich der Hund und ließ sie hinausgehen, jaulte aber sofort los, als die Tür zu war. Unvorsichtig und ungeschickt wie immer fuhr sie Richtung

Hügel und dachte, dass sie mit Gina neben vielem anderem – Gymnasium, Uni, Ferien, Beruf – auch die Liebe zu Hunden gemeinsam hatte. Bloß dass Gina immer schreckliche, wilde Promenadenmischungen hatte. Wie Bisin, der, kaum dass sie aus dem Auto gestiegen war, auf sie zustürmte und sie nicht in den Garten lassen wollte.

»Jetzt hör schon auf, du Dummkopf! Nach so vielen Jahren müsstest du mich doch langsam kennen. Los, hau ab, ich hab keine Angst vor dir!«

Doch Gina musste kommen und ihr sicheres Geleit geben. Ungekämmt, mit roten Augen, immer noch in Tränen aufgelöst, führte Gina sie sofort zu Flik. Der auch tot alles andere als schön war.

»Hast du einen Spaten?«
»Einen Spaten? Ja, wozu?«
»Um ihn zu begraben.«
»Einfach so, jetzt gleich? Das arme Tier!«
»Na ja, aufbahren willst du ihn ja wohl nicht. Und da, die ganzen Fliegen. Los, Ginotta, lass uns das gleich hier machen, es bringt doch nichts, ihn irgendwohin zu tragen.«

Der effektive Umgang mit dem Spaten stellte sich als schwieriger heraus, als sie dachte. Es sieht so einfach aus: Man stößt den Spaten in die Erde, drückt den Stiel nach unten, hebt die Erde heraus und wirft sie auf die Seite. Alles mit den weit ausholenden kraftvollen Bewegungen, von denen die Dichter des neunzehnten Jahrhunderts so verzückt waren. In diesem Fall stieß der Spaten immer wieder gegen Steine, und die knappe Hand voll Erde, die sie herausbeförderte, landete auf ihren Füßen statt auf der Seite.

Gina beobachtete sie skeptisch.
»Ein Ass bist du ja nicht gerade.«
»Ich bin's auch nicht gewöhnt. Aber voll guten Willens.«

»Gib her, lass mich mal.«

Gina hatte das Schaufeln trotz der akuten Trauer zweifellos besser drauf und mittendrin spuckte sie sich sogar profimäßig in die Hände.

»Sag's gleich, wenn du mich bloßstellen willst. Oder arbeitest du nebenbei schwarz und hebst Gräben aus?«

Um ein bisschen Achtung wiederzuerlangen und auch weil es ihre Idee gewesen war, beschloss sie, den Leichentransport zu übernehmen.

Sie verscheuchte die Fliegen, die nicht von ihrer Beute lassen wollten, und überlegte, ob sie Flik tragen oder an den Beinen ziehen sollte. Die Pietät überwog den Ekel und sie wuchtete ihn sich auf die Arme, wobei sie versuchte, sich nicht mit Erbrochenem zu beschmieren und an etwas anderes zu denken, und Gina belohnte sie mit einem aufrichtig dankbaren Blick.

Eine Stunde später war alles vollbracht. Sie wuschen sich, machten sich zurecht, tranken einen Espresso und unterhielten sich bedrückt. Thema war natürlich Flik, sein Leben und seine Taten: Sie erzählten sich, wie der herrenlose Streuner am Gartentor aufgetaucht war und sich gegen den heftigen Widerstand von Bisin, der einziger Hund bleiben wollte, aufnehmen ließ, sie erzählten sich, wie er beschlossen hatte, ein Autohund zu werden, und Ginas 2 CV zu seinem Tages- und (im Sommer) Nachtlager gemacht hatte, und wehe, jemand schloss die Türen, sie erzählten sich …

Die Kinder kamen von der Schule, verbissen zankend, weil einer von ihnen – wer, war nicht klar – getrödelt hatte, grunzten ein Hallo, knallten die Schulranzen auf den Boden, beschimpften sich durchaus salonfähig, aber Ginotta sprang auf und verpasste unparteiisch und eiskalt jedem eine Ohrfeige.

Sie sahen sie bestürzt an.

»Was ist denn mit dir los?«

»Seit wann darf man denn nicht mehr Scheißkerl sagen? Du sagst das doch auch hundertmal am Tag ...«

Sie musste ihnen erklären, dass Flik gestorben war, und zwar auf tragische Weise.

»Wenn ich den Scheißkerl kriege, der ihn vergiftet hat, dann ... dann ...«, schimpfte der Große, während der Kleine zu schluchzen anfing.

»Es kann auch ein Scheißweib gewesen sein«, schlug sie vor, »in Krimis sind es immer Frauen, die die Leute vergiften. Oder Flik hat aus Versehen Mäusegift gefressen.«

»Wir haben keine Mäuse. Wir haben drei Katzen«, erklärte der Kleine nicht ohne Stolz.

»Wenn er im Garten gestorben ist und das Gartentor zu war, dann haben sie ihm den Köder mit Absicht reingeworfen«, schloss sein Bruder.

»Dann gibt es Hundehasser in der Nachbarschaft. Ich habe eine Englischkollegin, die Hunde nicht leiden kann, erst heute Morgen habe ich mit ihr gestritten.«

»Wie heißt sie?«, wollte Gina wissen.

»Bianca De Lenchantin.«

»Groß, schön, blond und eingebildet?«

»Genau.«

»Das ist die Bagnasacco, ihr Mann heißt Bagnasacco. Sie haben eine Mordsvilla gleich hinter der Kurve. Was hat sie denn über Hunde gesagt?«

»Dass sie sie nicht mag, weil sie Schmutz machen.«

»Unser Hund hat ihr bestimmt nicht ins Haus gemacht, und dann bringt sie ihn so um, dieses Scheißweib. Ich hau ihr das Gewächshaus ein, ich steck ihr eine Schlange in den Briefkasten, ich ...«, ereiferte sich der Große.

»Es ist nicht gesagt, dass sie es getan hat.« Sie bemühte sich, objektiv zu sein. »Sie ist zwar blöd, aber ich kann mir nicht vorstellen, dass sie eine Frikadelle mit Gift präpariert, den richtigen Zeitpunkt abwartet und dann den Köder heimlich in euern Garten wirft.«

»Sie könnte jemanden beauftragt haben«, meinte Gina.

»Vielleicht. Das wäre mehr ihr Stil. Wie viele Dutzend Dienstboten hat sie denn?«

»Einen Hausmeister, der gleichzeitig Gärtner ist, und ein Ehepaar: Die sind genauso grässlich. Blasiert und angeberisch, als wären sie die letzten Habsburger.«

Sie überließ die drei ihrer erhitzten Diskussion, ob die Untat ein Werk der Pissnelke, der Habsburger oder des Gärtners sei, und ging, denn es war schon spät. Zu Hause empfingen Mutter, Mann und Tochter sie mit einem Schwall von Vorwürfen: Wo warst du, du hättest doch Bescheid sagen oder einen Zettel hinlegen können, wir dachten schon, es sei was passiert, weißt du eigentlich, wie spät es ist.

»Ich bin fast vierzig, verdammt nochmal, und kann immer noch nicht gehen, wohin ich will, ohne ein Kommunikee zu hinterlassen oder Vorgesetzte und Untergebene um Erlaubnis zu bitten! Ich bin geistig gesund, kann sprechen, sehen, hören und wir sind in Turin und nicht in der Sahara oder im Dschungel!«

»Sehen tust du aber nicht so gut«, stellte Livietta sofort fest.

»Du hältst die Klappe. Mit Brille sehe ich sehr gut und ich hatte meine Brille auf und meine Ersatzbrille dabei. Und wenn ihr nicht aufhört, sag ich nicht, wo ich war. Jetzt trinke ich erst mal einen Punt e Mes und wehe, jemand lästert.«

Sie saß im Sessel, Glas in der Hand, Livietta auf dem Schoß, Potti balancierte auf einer Lehne und versuchte, das Kind von seinem Platz zu verdrängen, die Mutter tat beschäftigt, nur um nicht nach Hause zu müssen, Renzo saß in Erwartung einer Erklärung gegenüber: Sie fühlte sich belagert.

Ob die Pissnelke wohl Kinder hat?, überlegte sie, ich hab vergessen, sie zu fragen. Wahrscheinlich nicht, Kinder machen auch Schmutz, noch mehr als Hunde, außerdem kann man sie nicht vergiften. Einen Mann hat sie, auch wenn er Bagnasacco, nasser Sack, heißt. Als De Lenchantin geboren zu werden und als Bagnasacco zu enden, muss ganz schön bitter sein, ich verstehe nicht, warum sie sich nicht einen Antonielli d'Oulx oder einen Malingri di Bagnolo genommen hat. Aber Bagnasacco sieht wahrscheinlich anders aus, als er heißt, er ist bestimmt ein fünfunddreißigjähriger dynamischer Polo- oder Tennischampion, ein toller Surfer und Unterwasserangler, wenn er zu einem Auswärtsspiel auf den Chagos weilt, ein Baccardireklametyp, einer, der weiß, was Primerate, Management, Marketing, Jointventure, Dow Jones, Take-Over und Junkbonds bedeuten. Jedenfalls ein schönes Paar. Keine Kinder, keine Hunde, Luxusvilla in den Hügeln, Hausmeister-Gärtner, zwei Dienstboten: Warum, zum Teufel, ist sie Lehrerin? Wie kommt sie mit dem Grundsatzprogramm und den nie funktionierenden Klos zurecht?

»Und?«

»Was ›und‹?«

»Sagst du uns jetzt, wo du warst?«

»Bei Gina, wir haben Flik beerdigt. Er wurde vergiftet, und es würde mich nicht wundern, wenn es die Pissnelke von den Chagos war.«

»Warum ausgerechnet sie? Sie ist doch nicht die Einzige in Turin, die keine Hundefreundin ist.«

»Weil sie ganz in der Nähe wohnt, gleich hinter der Kurve.«

»Du bist auf dem besten Weg, paranoid zu werden,

trotz oder dank Punt e Mes. Und wenn du dich jetzt fertig zugedröhnt hast, könnten wir versuchen, etwas zu kochen, was genießbarer ist als das Essen heute Mittag.«

»Ich will eine Nudelsuppe aus Brühwürfeln und einen Vanilleshake«, meldete Livietta sich zu Wort.

»Wo hat dieses Kind denn eigentlich essen gelernt? Warum nicht gleich eine Dose Thunfisch mit Quecksilber und einen Farbstoffpudding!«, polterte der Vater los. Er rastete immer aus, wenn jemand etwas Falsches über das Essen sagte.

»Suppe können wir mit echter Brühe machen, steht im Kühlschrank. Milchshake passt zwar nicht so gut, ist aber gesund. Außerdem haben wir eine neue Küchenmaschine, die soll sich schließlich rentieren.«

»Was heißt rentieren? Die ist doch kein Rentier!«

»Nein, das heißt … Schau im Wörterbuch nach und dann deck den Tisch.«

»Wieso soll ich im Wörterbuch nachschauen, wo du doch Lehrerin bist und alle Wörter weißt?«

Sie erklärte es also und entfettete währenddessen die Brühe – sie hatten sich auf echte Brühe geeinigt –, brachte sie zum Kochen, suchte Suppennudeln, rieb Parmesan, holte Fleisch, Eier, Zwiebeln und Senf, denn damit die Küchenmaschine, die auch ein Fleischwolf war, sich wirklich rentierte, hatte Renzo beschlossen, ein Tatar zuzubereiten, das außer ihm niemand mochte. Der Gerechtigkeit halber mixte sie einen Vanilleshake und die ganze Zeit stand Potti im Weg, damit auch ja niemand vergaß, dass er auch noch da war. Sie dachte an das Dienstboten-Ehepaar: Sie steht in der Küche und er serviert, und zwar an einem anständig, nicht von Livietta gedeckten Tisch, das Besteck am richtigen Platz, pro Person zwei oder auch drei Gläser, der Wein in einer Kristallkaraffe, zu jeder Mahlzeit frische weiße Servietten aus flämischem

Leinen, Suppenterrinen und Servierplatten statt Töpfen mit angekokelten Griffen.

»Mama, weißt du, was Alice heute gemacht hat?«, sagte Livietta beim ersten Löffel Suppe.

»Was denn?«

»Sie hat zwei Rotzbollen aus der Nase geholt und auf meine Bank geklebt.«

»Das heißt Nasenpopel. Und du?«

»Ich hab drei rausgeholt und auf ihre Bank geklebt.«

»Gut so.«

»Meine waren kleiner, aber dafür schwarz, und ihre waren fast weiß, warum?«

»Weil sie reich ist, in den Hügeln wohnt, weniger Smog atmet und deshalb helleren Nasenschleim hat.«

»Marxismus für Kinder: Die Farbe des Nasenpopels als gesellschaftliches Unterscheidungsmerkmal«, mischte sich der Vater ein.

»Quatsch Marxismus, das ist eine objektive Feststellung. Außerdem ist weißer Nasenpopel genauso gut wie schwarzer: Beide sind gleich eklig.«

»Ich find's nicht eklig, das machen alle. Und wenn Männer allein im Auto sitzen, bohren sie auch immer in der Nase. Frauen nicht, warum?«

»Frauen sind nicht solche Schmutzfinken, und da du eine Frau bist, könntest du es auch bleiben lassen.«

»Ich bin keine Frau, ich bin ein kleines Mädchen und bohr nur in der Nase, wenn mich niemand sieht. Außer heute Morgen, aber da hab ich nicht angefangen.«

Es war schwierig, bei Livietta das letzte Wort zu behalten.

Zweites Kapitel

»Signor Antoniutti hat das Wort!«

»Preside ... ich glaube ... ich weiß nicht, ob das allen Kollegen klar ist, aber ich denke schon ... Ich glaube, dass die Frage des Ausgleichs für die abgeschafften Feiertage derzeit völlig falsch gehandhabt wird. An unserer Schule ... an unserer Schule haben sich Gepflogenheiten eingeschlichen, über die jetzt mal offen gesprochen werden muss, weil ... weil diese Entscheidungen von oben nicht länger hinnehmbar sind ... nicht länger hinnehmbar sind *(Stimmengewirr)* vor allem unter dem Blickwinkel des Mitspracherechts, das dem Lehrkörper gesetzlich zusteht!«

(Anschwellendes Stimmengewirr)

»Außerdem ... außerdem – Calzavecchia, lass mich bitte ausreden – kennen wir alle die eklatanten Ungerechtigkeiten und die ... die inakzeptablen Stellungnahmen der Schulleitung. Daher schlage ich vor ... ich schlage vor, eine Lehrerkommission zu bilden, die den Zeitplan bezüglich des Ausgleichs für die abgeschafften Feiertage selbst verwaltet.«

(Radau im Lehrerzimmer)

»Ruhe bitte! Ruhe! Signor Antoniutti, Sie wissen, dass die Schulleitung für die Gewährleistung des Unterrichts zu sorgen – das ist sogar ihre primäre Pflicht – und erst in zweiter Linie zu prüfen hat, ob die Wünsche der Lehrerschaft damit vereinbar sind ...«

Kurz gesagt, geht es um Folgendes: Antoniutti beschwert sich, er hat nämlich einen freien Tag als Ausgleich (sprich bezahlten Urlaub) für den Samstag verlangt, um sein Wochenende zu verlängern, denn Montag ist sein freier Tag, und das hat man ihm verwehrt, während es doch der Calzavecchia oder Berilli (eklatante Ungerechtigkeit) gestattet wurde; die Direktorin ihrerseits redet sich mit der Gewährleistung des Unterrichts heraus, sie gibt nicht nach und betont, die Regelung der Ausgleichstage sei ihre Sache (mein Bauch gehört mir).

Wetten, dass jetzt alles aufs Tapet gebracht wird: Entscheidungsbefugnisse der Spitze und der Basis, Ministerialrundschreiben, Schulamtskommentare, die Handhabung an den anderen Schulen in Turin und Provinz, die abartigen Methoden, mit denen das Gesetz zur Mitsprache der Lehrer seines demokratischen Inhalts entleert wird, der systematisch untergrabene Beteiligungsspielraum, der rechtliche Status von Schulleitung und Lehrpersonal an Oberschulen und womöglich noch die Verfassung, das *Statuto Albertino*, Hammurabis Gesetzessammlung und die Theokratie. Diesbezüglich enttäuschen die Lehrerkollegen die Erwartungen nie, sie liefern einem nämlich immer hervorragende Gründe, um stinksauer zu werden oder sich zu amüsieren, je nach anfänglicher Gemütslage. Heute neige ich dazu, mich zu amüsieren, ich bemühe mich zumindest: Einen so blauen Himmel bieten nicht mal die Paramount-Farbfilme der Fünfzigerjahre, es ist weder kalt noch zu warm, es ist windstill und der Smog hat trotzdem keine tödlichen Werte, schlichtweg ein wunderschöner Tag. »*Dermàgi ch'a n'ampìcu gnun* – schade, dass niemand aufgeknüpft wird«, würde meine Großmutter sagen, wenn sie noch lebte, und damit einen makabren Humor beweisen, der so gar nicht zu einem gottesfürchtigen, ruhigen alten Frauchen mit stets ordentlich gekämmtem weißem Haar, Spitzenkrägelchen und kameebesetzter Brosche passte. Die arme Großmutter hatte sich in die Obhut eines widerlichen Bestatters der Firma *Amen* begeben, der die Produkte seines Hauses wie Schönheitscremes oder umweltfreundliche Putzmittel anpries: »*Theben* ist unser ganzer Stolz, Signora, ein Sarkophag, der den Jahrhunderten trotzt, doch wenn Sie ein schlichteres Modell bevorzugen, können Sie zwischen *Cassandra, Via Crucis* und *San Pietro* wählen und den letzten Schliff auf Ihren persönlichen Geschmack abstimmen lassen, es sei denn, Sie finden Gefallen an *Byzanz*, dieses klassische Modell, dieser Evergreen mit dem Dekor im amerikanischen Stil bietet einen Komfort, den ich als ganz außerordentlich bezeichnen möchte ...« Das muss man gewiss am eigenen Leibe erfahren haben.

»Wir stellen hiermit fest, dass wieder mal die kurzsichtigste Bürokratie herrscht« – das ist nicht Antoniutti, sondern die Rendina, die genauso redet wie er – »und dass an dieser Schule jeder innovative Vorschlag zur Realisierung eines größeren Spielraums zur demokratischen Teilnahme an der Gestaltung der ...«

Über den Ausgleich für die abgeschafften Feiertage bestimmt weiterhin die Direktorin, und so Gott will, kann man zu Punkt zwei der Tagesordnung schreiten, während Antoniutti, Rendina und Misoglio empört eine Zigarette rauchen gehen, gefolgt von der Calzavecchia, die auf sie einredet, sie habe an jenem Samstag nicht freigemacht, sondern sei krank gewesen, sie könne nichts dafür, dass sie ausgerechnet an jenem Samstag vor dem Sonntag und dem Montag, der ein Feiertag war, Mittelohrentzündung bekommen habe, und am Mittwoch (Dienstag hat sie frei) sei sie schon wieder in der Schule gewesen, trotz der – stechenden! – Schmerzen im Ohr, während jeder andere den Arzt geholt hätte und bis zum Wochenende zu Hause geblieben wäre.

Ich glaube, ich gehe auch eine rauchen, sagte sie sich, dann spare ich mir ein paar *Vorschläge zur Dauer der Unterrichtsstunde*. Die Stunde – steht im Wörterbuch – ist der vierundzwanzigste Teil des mittleren Sonnentages und entspricht sechzig Minuten oder dreitausendsechshundert Sekunden, doch an vielen Schulen gilt diese Definition nicht und jedes Jahr wird von neuem darüber diskutiert, wie lange eine Stunde dauert, wie viel ein Kilo wiegt, wie lang ein Meter ist. Dabei beruft man sich jedes Mal wieder auf die allseits bekannte Unzuverlässigkeit der öffentlichen Verkehrsmittel – Turin liegt am Fuß des Kilimandscharo – oder auf die vermutete Zartheit der Heranwachsenden, dieser mit Proteinen und Vitaminen angereicherten Bohnenstangen, die locker bis vier Uhr morgens in der Disko durchhalten. Alle möglichen Statements flogen ihr um die Ohren, als sie aufstand:

»Wir dürfen das Phänomen der Pendler nicht vergessen, das, wie jeder weiß ...«

»Es ist bekannt, dass an den amerikanischen Colleges ...«

»Die Psychologie des Lernens weist nach, dass die Aufmerksamkeitskurve umgekehrt proportional zur ...«

Sie stolperte über die Füße von Sambuelli, der mitten in dem Chaos demonstrativ und mit Genuss im *Itivuttaka* las und dabei nicht mal das Glossar konsultierte, riss im Flur das Fenster auf, um außer Nikotin auch noch ein bisschen Kohlenmonoxid zu inhalieren, und blickte dann träge auf die Straße hinunter. Der Tag war nach wie vor wunderbar, trotz Streit über den Feiertagsausgleich und Diskussion über die Dauer der Schulstunde, die Luft leuchtete noch, der erste rötlich gelbe Schimmer schmückte noch die Platanen und die Rosskastanien. Auch der Verkehr war wie immer: irres Gehupe, schrilles Reifengequietsche beim Anfahren an der Ampel, für Herzkranke lebensbedrohliche Bremsmanöver. Ein großes blaues Auto löste sich vom Bürgersteig und drängte rücksichtslos auf die Fahrbahn, begleitet von einem Hupkonzert und vermutlich auch von Verwünschungen; ein Geländewagen, der von einem Panzer abstammen musste, verließ schwungvoll das Gewühl und parkte perfekt ein. So was passiert mir nie, dachte sie bei sich, ich finde nicht mal an Ferragosto einen Parkplatz und so lässig kriege ich das sowieso nicht hin, ich hab ja schon mit einem Cinquecento Schwierigkeiten, mit einem Geländewagen käme ich nur in der Wüste zurecht, aber da gehört der ja auch hin. Die Autotür ging auf, erst kam ein wohl geformtes Damenbein zum Vorschein und dann eine ganze Frau: die De Lenchantin. Logisch: Wer sonst kommt zu spät zu einer Lehrerkonferenz und kann nicht mal die Ausrede anbringen, der Bus sei nicht gekommen? Sie hat zwar den Feiertagsausgleich und teilweise die Stundendauer verpasst, aber den schmackhaften dritten Tagesordnungspunkt kann sie sich ja noch zu Gemüte führen: die unvermeidlichen *Vorschläge zu neuen Lehrmethoden,* die – bis sie erschöpfend geprüft sind und dann aufs nächste Jahr verschoben werden – mindestens zwei Stunden in Anspruch nehmen.

Sie wartete, bis die Schritte im Flur verhallten (sie hatte weder Lust, sie zu grüßen, noch, sie nicht zu grüßen), ließ noch ein paar Augenblicke verstreichen, damit Bianca ihren triumphalen Einzug in den Saal halten konnte, und löste sich dann von den Platanenästen, schloss das Fenster, nahm das Feuerzeug und die Zigaretten, die sie auf das Fensterbrett gelegt hatte, und einen Knopf, der von ihrer Wolljacke abgegangen war, und kehrte zurück. Diesmal achtete sie auf Sambuellis Füße, die sich selbstständig gemacht hatten und den Durchgang inzwischen völlig blockierten, stieg über sie hinweg, erreichte ihren Stuhl, befreite ihn von Blazer, Tasche und Terminkalender, setzte sich und stellte fest, dass sich auf dem Nachbarstuhl – dem erstbesten Stuhl – überraschenderweise

Bianca niedergelassen hatte. Die, was noch überraschender war, ein klangvolles, erfreutes Ciao an sie richtete. Sie war dermaßen erstaunt, dass sie nach einer reflexhaften Erwiderung erst mal nicht wusste, wohin mit dem ganzen Kram in ihren Händen, Zigaretten, Feuerzeug, Knopf, Terminkalender, Tasche, Blazer; als sie ihre Gedanken sortiert hatte und sich wieder normal bewegte, legte sie Zigaretten, Feuerzeug und Knopf in das vorderste Fach der Handtasche, den Blazer über die Lehne, die Tasche auf die Knie und den Terminkalender auf die Tasche. Da sie sicher gleich vergaß, wo sie den Knopf hingesteckt hatte, schlug sie im Kalender Freitag, den 10. Oktober auf, unterstrich *Klamotten aus der Wäscherei holen* und *Hausverwaltung zahlen* (keines von beidem hatte sie erledigt) und schrieb dazu: *Jackenknopf braune Tasche*. Dabei überdachte sie ihr Verhältnis zu Bianca. Nach dem ersten Streit über Hunde hatten sie kein Wort mehr miteinander gewechselt und sich nur lahm zugenickt, wenn sie sich beim Betreten oder Verlassen eines Klassenzimmers begegneten und nicht so tun konnten, als sähen sie sich nicht. Das mit der Pissnelke war ein bisschen voreilig, überlegte sie, es ist unwahrscheinlich, dass sie Ginas Hund getötet hat, trotz Chagos und Geländewagen. Vorsichtig linste sie nach rechts: schönes flaschengrünes Kostüm aus flaumweicher Wolle, das abends beim Ausziehen bestimmt nicht knistert, wahrscheinlich Kaschmir, dafür müssten Renzo und ich jeder ein Monatsgehalt hinblättern, am Rock ein Seitenschlitz, unter dem – sie beugte sich leicht nach rechts – der Spitzensaum eines Seidenunterrocks hervorlugte. Sie musterte sie weiterhin verstohlen, während Bianca zerstreut die linke Hand hob, um eine Haarsträhne zurückzuschieben: Bei dieser langsamen, zögernden Bewegung glitten Ärmel und Rolex nach unten und sie sah – das heißt, sie fotografierte das

Bild trotz Kurzsichtigkeit gestochen scharf auf die Netzhaut – ein kompliziertes mehrfarbiges Tattoo. Ein zwei Finger breites Tattoo, ein Band, das nach Ohnmachtsanfällen und Schmerzensschreien (oder literweise Novocain) aussah, so was machen Hippiemädchen, Schlagersängerinnen, Go-go-Girls, unterbezahlte wütende Sekretärinnen achtzigjähriger Notare, angehende Gattenmörderinnen aus der Provinz ... Aber dann bietet sie ja doch Überraschungen, dieses Tattoo ist wie eine offene Wunde des Möglichen (nur um spaßeshalber Kierkegaard zu zitieren), es ist ein Spalt auf flüchtige Ausblicke, auf Schichten, die unter Designeraccessoires, unter der Kühle der Hitchcock-Blondine verborgen liegen. Man denkt zwar bei Tattoos und Piercings heutzutage nicht mehr gleich an Lebenslängliche, holländische Lkw-Fahrer, harte Kerle in frühen Krimis, Gassen hinter dem Hafen von Marseille oder – um in der Gegenwart zu bleiben – Punks, Satanisten, Skinheads, Leute vom Szenezentrum Leoncavallo, Pergolese, Scarlatti, aber bei einer adligen Lehrerin, die Hunde hasst, weil sie dauernd pinkeln, kacken, sabbern, Haare verlieren, ist das tätowierte Armband einer ägyptischen Hollywoodsklavin schon recht merkwürdig. Das Urteil über die Lehrerin musste erst mal ausgesetzt werden.

Das Stimmengewirr war zu lautem Geplapper angeschwollen, ein Zeichen, dass ein Beschluss gefasst war, und alle schrieben hastig etwas in ihre bescheidenen hellgrünen Terminkalender aus echtem Kunstleder, die das Lehrpersonal der Mittel- und Oberschulen jedes Jahr von der Sparkasse bekommt und in denen am Ende jeder Seite alberne und unnötige Informationen über das Wissen im Allgemeinen und im Besonderen, zu Arbeitshypothesen und -strategien, zum Lehrplan und so weiter und so fort stehen. Sie löste sich etwas schwerfällig von ihren persönlichen Betrachtungen und schlug ebenfalls den Kalender auf – wieder am Freitag, dem 10. Oktober –, um zu notieren, was man beschlossen hatte, wobei sie allerdings noch nicht begriffen hatte, worum es sich handelte. Sich bei Bianca zu erkundigen, kam nicht infrage: Die brauchte sie nicht über ihre peinliche Unaufmerksamkeit in Kenntnis zu setzen. Also wandte sie sich an Tosi, der links von ihr saß und auf einem Kaugummi herumkaute:

»Was habt ihr beschlossen?«

»Dass eine Stunde fünfzig Minuten dauert, nur die erste hat fünfundfünfzig Minuten und die letzte fünfundvierzig Minuten. Pause ist nach der dritten Stunde, von zehn Uhr fünfunddreißig bis zehn Uhr fünfundvierzig. Aber am Samstag ist die Pause kürzer und es ist früher Schulschluss.«

»Also wie gehabt.«

Das braucht sie sich nicht aufzuschreiben. Doch Bianca macht sich Notizen, aber sie ist neu an der Schule und muss sich alles notieren. Vielleicht sag ich was Nettes zu ihr, nichts Verbindliches, um Himmels willen, nur ein paar Worte, um das Eis zu brechen. Sie machte sofort einen Rückzieher: Von wegen hellgrüner Terminkalender, Bianca klappte gerade einen Kalender in rötlichem Echtleder zu, der vermutlich weich war und richtig nach Leder roch und auf dem in Goldlettern *The New Yorker Diary* prangte. Chagos, Hundephobie, Fliks Ermordung, Geländewagen, Jetset-Firlefanz: Das alles kam ihr säuerlich hoch, als hätte sie ein Magengeschwür, und lähmte ihre Worte und Bewegungen. In das New Yorker Diary zu notieren, dass die Stunden fünfzig Minuten dauern, Hausmeister Altissimo den Schlüssel zum Arzneischrank hat, die Clerici für die Kassettenrekorder zuständig ist, die Aufsicht in der Bibliothek von einer noch zu gründenden Kommission unter Vorsitz von Antoniutti (zur Freude desselben) geregelt wird, empfand sie als Ohrfeige für alle, die nicht so weich gebettet waren, als unverzeihlichen Snobismus. Sie ist und bleibt mir unsympathisch, ich habe sie für blöd befunden und werde sie *in omnia saecula saeculorum* blöd finden, bisweilen stimmt das Gefühl, und was zählt, ist der erste Eindruck.

Doch die gute Laune war unwiderruflich dahin und die *Vorschläge zu neuen Lehrmethoden* streuten Salz in die Wunde. Als alles vorbei war, und da war es sechs Uhr durch, hätte sie am liebsten dem Nächstbesten einen Tritt gegen das Schienbein versetzt, aus Ärger und Wut über einen mit nutzlosem Geschwätz und Anfällen von Frauenfeindlichkeit vertanen Nachmittag. Unterwegs genehmigte sie sich in der Bar einen Punt e Mes, dann, sagte sie sich, erspare ich mir eine Standpauke wegen meiner Leber, wegen meiner Launenhaftigkeit, wegen meines Hangs zu Depressionen. Und mit dem Punt e Mes werde ich mit dem üblichen Freitagabend-Chaos fertig und bringe die Flut von Vorhaben, die Livietta sich für das Wochenende bestimmt ausgedacht hat, besser auf die Reihe: Samstag um halb zwei Ginevra abholen, leb wohl Mittagschlaf, mit den beiden ins Kino gehen und einen von Blinden gemachten Zeichentrickfilm oder rührselige Abenteuer von Kindern, die verwaist sind und/oder sich in der Wüste verirrt haben, über sich ergehen lassen, eine Runde durchs Kaufhaus *Rinascente* und Rast in der Eisdiele, passt auf, dass ihr nicht kleckert, und schon sind Jacken und Kleider mit Eis verschmiert, schnell nach Hause, Caterina kommt noch, die zum Abendessen bleiben wird und eine Collage mit Pyramiden basteln will, Klebstoff, Schere, Farbe, Schnipsel in der ganzen Wohnung, Potti spinnt, weil er mitmachen will, Sandra kommt, um Ginevra abzuholen, die dableiben will, Trotzanfälle, Geschrei, eine Ohrfeige, Ginevra bleibt zum Abendessen, aber Sandra kann sie später nicht abholen, weil sie noch was vorhat, das macht nichts, ich bring sie dir dann morgen früh, wenn ich die Zeitung holen gehe, und inzwischen ruft Caterina schon zu Hause an, sie bleibe auch zum Schlafen, in dem großen Bett ist ja genug Platz für drei.

Renzo saß lesend im Wohnzimmer und es war ungewohnt still.

»Wie war's?«

»Wie immer. Pure Zeitverschwendung.«

»Du siehst wieder so bedrückt aus.«

»Nein, ich bin bester Laune.«

»Die versteckst du aber gut. Ich habe mit Beppe, Anna und Paolo ausgemacht, essen zu gehen: Hast du Lust?«

»Klar. Wo steckt denn Livietta? Es ist so still.«

»Livietta?«

»Livia, Livietta, meine, vielmehr unsere Tochter. Wo ist sie?«

»Aber ... aber wolltest du sie nicht abholen? Du hast nichts davon gesagt, dass ich sie holen soll ... Ich dachte ... ich geh ja sonst immer, aber wir haben nicht darüber geredet und da dachte ich ...«

Er hatte sie ganz einfach vergessen: Nach dem Büro war er, anstatt Livietta abzuholen, in die Buchhandlung gegangen und hatte den Katalog einer Ausstellung im Whitney Museum gekauft, in dem er bis eben in aller Ruhe gelesen hatte.

»Wenn ich dich daran erinnere, dass du sie abholen musst, sagst du, ich würde dir immer mit demselben Kram auf den Wecker gehen! Ist dir klar, dass es schon fast sieben und fast dunkel ist und das Kind allein in der Stadt rumläuft oder weiß der Himmel wo steckt? Du bist verantwortungslos, du bist ...«

Trotz ihrer Panik schaffte sie es, sich zu bremsen: Es war zu bequem, den Scheißnachmittag, der hinter ihr lag, an Renzo auszulassen, sie mussten auf der Stelle Livietta suchen, aber wie? Einer muss zu Hause am Telefon bleiben, die Oma darf nichts wissen, die stirbt sonst vor Angst und dann liegt sie uns ein halbes Jahr lang damit in den Ohren, dass ihr das nie passiert wäre, wir könnten Barbara oder Caterina anrufen, möglicherweise ist sie zu ihnen gegangen, sie wohnen ja ziemlich nah, verdammt, wir wollten ihr nach dem Umzug keinen Schulwechsel zumuten, und jetzt muss sie durch die halbe Stadt, setz du dich ins Auto, pass auf, dass du keinen Unfall baust, und ich ... ich rufe Laura an, sie soll sofort kommen, nein, erst rufe ich ihre Klassenkameradinnen an, und wenn sie nirgends ist, lieber Gott, mach, dass sie bei einer Freundin ist, dann laufe ich die Straßen ab, aber welche? Es sind mindestens fünf oder sechs, und wenn wir sie nicht finden, rufen wir die 113 oder die Polizei an ... Beeil dich, was sitzt du noch herum?

Renzo hatte einen glasigen Blick wie jemand, der in den OP geschoben wird, stülpte auf der Suche nach dem Autoschlüssel, den er auf den Tisch gelegt hatte, seine Hosentaschen um, sie blätterte hastig im Telefonbuch, das ihr aus den Händen rutschte, sie hatte nicht daran gedacht, dass sie mit dem Adressbuch, das neben dem Telefon lag, schneller gewesen wäre, und da klingelte es an der Tür. Sie stürzten beide los, stießen zusammen und rissen die Tür auf. Livietta stand gesund und munter da, mit dem Schulranzen auf dem Rücken und strengem Gesicht.

»Toll! Ihr hockt gemütlich zu Hause und habt mich einfach vergessen. Weiß die Oma das?«

Sie nahmen ihr Ranzen und Jacke ab, umarmten sie, sie musste ein Glas Wasser trinken, weil sich ihr Mund ganz starr anfühlte, Livietta wollte kein Wasser, sondern ein Nutella-Brötchen, sie sieht überhaupt nicht verängstigt aus, sondern hat nur einen Riesenappetit; jetzt, wo sie die

Eltern zu Recht ausgeschimpft hat, macht sie sogar einen ganz vergnügten Eindruck.

»Ich hab eine Zeit lang gewartet, vor der Schule war niemand mehr, bloß Rita von der 3c, ihre Eltern arbeiten und holen sie nicht ab, aber sie wohnt sowieso praktisch hinter der Schule. Dann hatte Rita keine Lust mehr und ich auch nicht und da bin ich dann heim.«

»Bist du alles zu Fuß gelaufen? Hast du den Weg noch gewusst?«

»Nur ein Stück zu Fuß, der Schulranzen war so schwer, da hab ich dann die Tram genommen.«

»Die Tram? Wusstest du denn, welche du nehmen musst?«

»Ich hab die Drei genommen. Ich hätte auch die Sechzehn nehmen können, aber die Drei war eher da. Die Oma hat mir die Tram gelernt. Wenn wir spazieren gehen, zeigt sie mir immer, wo sie fahren, die Oma lernt mir wenigstens was Brauchbares.«

»Und die Fahrkarte?«

»Ich hatte keine, ich bin schwarzgefahren. Das machen alle. Und wenn einer kontrolliert hätte, glaubst du doch nicht, dass der sich mit einem armen kleinen Mädchen anlegt. Die Drei hält fast hier vor dem Haus, die Sechzehn auch, aber die hab ich nicht genommen. Mama, warum verbesserst du mich eigentlich nicht? Du brauchst einen Punt e Mes, du bist ja ganz weiß im Gesicht. Für morgen hab ich mich mit Ginevra verabredet, sie kommt um halb drei, und wenn du magst, können wir in den Zirkus gehen, das macht dir bestimmt Riesenspaß, Ingrid hat gesagt, dass da Affen sind, die einen um Bonbons anbetteln, du magst Affen doch so gern, einverstanden?«

Sie war einverstanden, Zirkus war nicht die schlechteste Aussicht, außerdem hätte sie in diesem Augenblick zu allem Ja und Amen gesagt, sie wäre mit Livietta sogar

Karussell gefahren, was ihr ein Graus war, aber gottlob war nicht Karneval, und es gab nicht viele Karussells. Renzo hatte ihr inzwischen eine großzügige Dosis Punt e Mes eingeschenkt und sich ebenso unbescheiden am Whisky bedient, vielleicht um sich für das – wie er vermutete – unvermeidliche Nachspiel der Geschichte zu wappnen. Sie beschloss, großherzig zu sein, der Punt e Mes, der zweite an diesem Nachmittag, stimmte sie wohltuend nachsichtig, außerdem hatte sie keine Lust, sich den hoffentlich erholsamen Abend zu verderben.

Im *Tempo Perso*, einem Restaurant, das bekannt war für seine unverfälschten Speisen und die nervenaufreibende Langsamkeit, mit der diese – eingedenk des Namens *Die verlorene Zeit* – serviert wurden, erwartete Beppe sie bereits. Sie hatte sich in Schale geworfen – bordeauxrote Hose und Seidenbluse in einem etwas helleren Farbton, Blazer ohne abgerissene Knöpfe, Make-up, Puder, Lidschatten, Lidstrich –, was wohl nicht zu übersehen war, denn nachdem Beppe sie wie immer umarmt hatte, betrachtete er sie einen Augenblick und sagte dann:

»Kommst du aus dem Jungbrunnen? Du siehst toll aus, man merkt dir an, dass alles gut läuft.«

»Stimmt, ich habe gerade meine einzige Tochter verloren und wiedergefunden.«

Renzo zuckte leicht zusammen, er befürchtete verspätete Vorwürfe, doch sie beruhigte ihn mit einem Augenzwinkern.

»Wir haben vergessen, sie von der Schule abzuholen, aber sie ist allein nach Hause gefahren und hatte nicht mal Angst. Wir umso mehr.«

»Dann scheint dir die Angst gut zu bekommen, du bist doch wirklich gut drauf.«

Dann diskutierte er mit Renzo über das Konzertprogramm im *Lingotto*, und sie entspannte sich vollkommen.

Nein, gut drauf bin ich nicht, da täuscht Beppe sich, obwohl er mir zugetan ist und über den geschulten Blick des Psychiaters verfügt, aber der Tag ist endlich so weit und hält noch drei oder vier genussvolle Stunden für mich bereit: ein gutes Essen, echte Freunde, bei denen ich nicht irgendwas darstellen muss, ein bisschen Klatsch, aber nicht zu boshaft. Paolo und Anna kamen, er mit seinem Brummbärgesicht, das Livietta immer zu gespieltem Erschrecken hinriss, und sie mit diesen unglaublichen lachenden Augen, fast wie von einem kleinen Mädchen. Die *Vol au vent* mit Käsefüllung entschädigten, als sie endlich kamen, für das Warten, der Blätterteig war knusprig mürb und nicht pappig, die geschmolzene Fontina ohne Klümpchen und in der richtigen Konsistenz. Auch das Geplapper der anderen Gäste hielt sich in einer erträglichen Lautstärke und Anna seufzte befriedigt:

»Wunderbar, ein Abendessen wie in alten Zeiten!«

»Fehlen bloß die Katze und der Nachtfalter, aber die schlichte geblümte Tischdecke haben wir.«

»Wie bitte?«

»Hör nicht hin, sie macht einen auf Lehrerin«, mischte sich Renzo ein.

»Ich bin Lehrerin. Natürlich mit den entsprechenden Berufskrankheiten. Ich zitiere, aber ich lasse mich nicht tätowieren und lege mich nicht auf den Chagos nackt in die Sonne.«

»Und wer macht so was?«, fragte Paolo neugierig.

»Eine Kollegin von mir.«

»Womit wir wieder bei der Pissnelke wären«, stöhnte Renzo.

»Welche Pissnelke? Eine Leidenschaft deines Gatten?«

»Um Himmels willen, Beppe, ich kenne sie gar nicht. Die Pissnelke hat nur den Fehler, dass sie keine Hunde mag, aber seit ein paar Tagen ist sie ihre Obsession. Sie redet beim Mittag- und beim Abendessen von ihr, wahrscheinlich träumt sie nachts auch von ihr.«

»Erzähl doch mal«, bat Beppe sie.

»Im Sitzen oder im Liegen? Sie ist bestimmt keine Obsession, sie geht mir nur auf den Wecker. Und ab und zu rede ich von ihr, weil ich sie jeden Tag treffe, öfter als Tony Blair oder Madonna, die nicht zu meinem Bekanntenkreis gehören.«

»Und warum geht sie dir auf den Wecker?«, drängte Beppe, inzwischen von Berufs wegen interessiert.

»Weil sie zu blond, zu groß, zu tätowiert ist, weil sie Hunde umbringt, auf den Chagos Ferien macht, einen Panzer-Geländewagen fährt, weil sie arrogant ist und nach verstopftem Spülbecken mieft. Reicht das? Aber bezahlen werde ich dich nicht.«

»Wie heißt sie denn?«

»Bianca De Lenchantin.«

»Ah, die De Lenchantin! Abgesehen von Hunden und Spülbecken hast du sie gut getroffen«, mokierte sich Paolo.

»Kennst du sie?«

»Ja, und es stimmt, sie ist wirklich blöd. Aber man muss ihr zugute halten, dass sie eine der besten Sammlungen der Stadt aufgebaut hat: Melotti, Fautrier, de Kooning, Manzoni, Kounellis ... all so was.«

Der Pilzrisotto – extra für die Herrschaften zubereitet, log der altersschwache Kellner, um die lange Wartezeit zu rechtfertigen – lenkte das Gespräch endlich an andere Gestade.

Drittes Kapitel

Am Montag, dem 13. Oktober, hatte es in einer Tour Ärger und Schereien gegeben. Der Montag ist immer ätzend, die Schüler sind nur am Gähnen, ich ebenfalls, dann kommen sie auch noch tröpfchenweise daher – zwei um zehn nach acht, drei um Viertel nach acht, einer um zwanzig nach acht: Ich hab den Bus verpasst, mein Wecker hat nicht geklingelt, mein Mofa geht nicht, oder auch ohne jede Ausrede – und ich erkläre jedes Mal von neuem, dass die Schule keine Bar ist, dass Pünktlichkeit etwas mit Rücksicht gegenüber den Mitmenschen zu tun hat und so weiter, und dann kann man natürlich nicht abfragen, die Befreiung vom Abfragen am Montag ist ein erworbenes Recht, und wer es verwehrt, ist mindestens ein Reaktionär. Und weil man mit so genannten Übungen zum Textverständnis – fehlerhaft abgeschriebenes Gestöpsel, durchsetzt von detaillierten und nicht gerade geflüsterten Berichten über die sonntäglichen Entgleisungen – gleich das Handtuch werfen würde, kann man bloß noch erklären, was gerade dran ist, etwa die Struktur von Dantes *Vita nuova* oder die Verbindung zwischen der Tradition der Ritterepik und Ariosts *Orlando furioso*, und hoffen, dass jemand gegen neun, halb zehn eine Frage zum Thema stellt und nicht nur den Mund aufmacht, um zu sagen, dass er aufs Klo muss.

Diesmal kam gegen elf eine hoheitsvolle Hausmeisterin herein und sagte ihr, ihr Mann sei am Telefon: Was zum Teufel kann da passiert sein, er ruft mich nie in der Schule an, entschuldigt Kinder, ich bin gleich wieder da, und als Allererstes überhäufte Renzo sie mit Vorwürfen, dass sie nie ihr Handy dabeihabe, und wenn sie es dabei habe, schalte sie es aus. Sie verzichtete darauf, sich zu rechtfertigen, und bat ihn, zur Sache zu kommen, bei der es sich um Folgendes handelte: Liviettas Lehrerin hatte ihn angerufen, weil in dem Viertel Gas ausgetreten war, und man hatte die Kinder vorsichtshalber in den Park gebracht, aber um halb eins mussten die Eltern sie an der Schule abholen. Renzo hatte um zwölf einen geschäftlichen Termin und wusste nicht, wie lange der dauern würde, dann wollte er in einem Imbiss einen Happen essen, weil es zu stressig wäre, nach Hause und wieder zurück zu fahren, und da die Großmutter in Chieri bei einer Cousine war, müsste sie sich um Livietta kümmern. Sie hatte kein Auto dabei, sie fuhr nie mit dem Auto zur Schule, bei den vollen Straßen am Morgen, Kreiseln, Einbahnstraßen und Busspuren war sie zu Fuß schneller, aber es war ein langer Marsch von ihrer zu Liviettas Schule, man musste eine Tram nehmen, und möglichst die richtige. Doch es zeigte sich, dass die Schüler über die Trambahnen besser Bescheid wussten als über den *Rasenden Roland*. Perretta erklärte ihr erstaunlich präzise, wo der 63er (Bus) hielt, der besser sei als die Kombination von 12 und 3 (Tram), mit der sie zwar an derselben Haltestelle ankomme, aber viel länger brauche. Sie befolgte die Anweisungen genau, war aber trotzdem zu spät bei Livietta, die auf dem Boden saß und sich, obwohl es überhaupt nicht kalt war, in die Hände blies und *Little orphan Annie* sang. Unter dem wütenden Blick einer Hausmeisterin, die sie hatte beaufsichtigen müssen.

Zu Hause gab es auch ein Theater wegen Vernachlässigung, diesmal vonseiten des Hundes: Gemäß seiner inneren Uhr, nach der Präzision zu urteilen eine Piaget, war die Befriedigung seiner körperlichen Bedürfnisse aus reiner Willkür fast eine Stunde hinausgeschoben worden.

Während Livietta fragte, ob Brot da sei (es ist keins da, ich habe vergessen, welches zu kaufen, und der Rest ist vom Samstag, also hart, das heißt altbacken), und sich dann über die Kekse hermachte, leinte sie Potti an, dann brachte sie ihn runter, und er – der sonst Pipi machte, als schenke er Jahrgangschampagner aus, zwei Tropfen hier, fünf da – machte diesmal alles auf einmal, einen richtigen dampfenden See, und zerrte sofort wieder an der Leine, weil er in die Wohnung zurück und fressen wollte.

Der Hund stillte seinen Hunger, und sie hatten wegen Abwesenheit des *pater familias* den kleinen Trost, nicht groß kochen zu müssen und – mit Liviettas unpassendem, aber treffendem Ausdruck – ›Kuddelmuddel‹ essen zu können: eine Art Pastete aus der Tube auf Toastbrot geschmiert, das glücklicherweise im Kühlschrank lag, allerdings verdächtige grünliche Flecken aufwies, drei übrig gebliebene Tomaten, zwei Ecken Schmelzkäse und ein Stück Torrone. Sie wusste genau, dass sie das mit Magenzwicken würde büßen müssen, aber jetzt genoss sie erst mal die Lust an der kleinen Sünde.

Als sie ihren Espresso trank und Livietta sie daran erinnerte, dass sie sie zur Englischstunde bringen müsse (drei Jahre mühseliger Fahrerei und das Ergebnis war *»My name is Livietta. What's your name? How do you do? Where are you from? I'm Italian. How are you? I live in Turin. How old are you? Do you want a cup of tea?«* und Ähnliches. Mehr hatte ihr die, wenn man so sagen will, amtliche Lehrerin, eine in einem fünfzigstündigen Schnellkurs zur Englischlehrerin umgeschulte Stadtangestellte und ehemalige Zoowärterin, nicht beigebracht), als sie nun ihren Espresso trank, nachdem sie gepustet hatte, um sich den Mund nicht zu verbrennen, klingelte das Telefon.

»Tante, liebes Tantchen, ich sitze furchtbar in der

Klemme, ich bin echt am Verzweifeln, nur du kannst mir helfen, du hilfst mir doch, oder? Sag nicht Nein, du willst doch nicht, dass ich mich aus dem Fenster stürze, ich weiß echt nicht mehr weiter ... Du machst das doch mit links in zehn Minuten oder so ...«

Von wegen mit links: Valentina brauchte eine Idee, das heißt, man musste ihr helfen, einen Entwurf aufs Papier zu bringen, das heißt ihr einen richtig schönen Aufsatz mit dem Thema *Die Entwicklung des Naturbegriffs von den Vorsokratikern bis Bacon* schreiben, simpel wie Pfefferminzbonbonlutschen. Dieses Aas von Philosophielehrerin hatte Valentina morgens dazu verdonnert, den Aufsatz bis zum nächsten Tag zu schreiben, andernfalls bekäme sie eine schlechte Note und würde für den Rest des Vierteljahres nicht mehr ausgefragt, dann gäbe es ein Ungenügend im Zeugnis. Sie tat, als glaubte sie ihr, das sparte Zeit, und als sie aufgelegt hatte, erlaubte sie sich, leise zu fluchen.

»Also kein Mittagschlaf. Du bist doch dann nicht schlecht gelaunt, oder?«, erkundigte sich Livietta.

»Ich bin jetzt schon schlecht gelaunt. Siehst du nicht, dass mir die Flammen aus den Nüstern schlagen?«

»Komm, hör auf. Du sollst lieber nicht schlecht gelaunt sein, weil du musst mir auch was erklären.«

»›Weil du musst‹ sagt man nicht. Was muss ich dir denn erklären?«

»Die Gleichungen. Ich weiß, dass man Nullen hintun oder streichen muss, aber ich weiß nie, wann ich sie hintun oder streichen muss, und deshalb kommt nur ab und zu das Richtige raus. Die Lehrerin hat gesagt, weil wir heute früher aushaben, tätest du mir das erklären. Machst du das, bevor Valentina kommt oder hinterher?«

»Man sagt nicht ›tätest‹.«

»Ist doch egal, du weißt schon, was ich meine.«

»Das ist überhaupt nicht egal. Es heißt ›könntest du es mir erklären‹, wie oft soll ich das denn noch sagen?«

»Du bist ja jetzt schon schlecht gelaunt, ich hab's doch gewusst.«

Valentina kam kurz darauf, als sie zur Pflege ihrer Gereiztheit gerade einen weiteren Espresso trank; sie hatte weder Heft noch Kugelschreiber und auch keine Philosophiebücher dabei, aber dafür brachte sie ihrer kleinen Cousine eine große Schachtel Glasperlen mit. Die sofort alle auf den Boden kullerten.

Die Vorsokratiker, Sokrates, Platon, Aristoteles, die Stoiker, die Epikuräer ... es gab so viele vor Bacon, und anscheinend hatten alle etwas zur Natur zu sagen gehabt: Von wegen zehn Minuten, wenn man einen anständigen Aufsatz schreiben wollte, kam das einer Doktorarbeit gleich.

Sie bewaffnete sich mit einem philosophischen Wörterbuch und Werken des guten alten Abbagnano und verwarf alle Ambitionen und didaktischen Ziele: Sie fragte Valentina nicht, was sie über das Thema wusste, sondern diktierte knallhart drauflos, inklusive Kommas und Punkte und Großbuchstaben. Die Nichte schrieb brav mit und war in Gedanken wahrscheinlich ganz woanders, die Materie war ihr wohl auch nicht sehr vertraut. Als es um den Panpsychismus bei Giordano Bruno ging, klingelte wieder das Telefon. Sie befürchtete neuerliche Scherereien und war versucht, es zu ignorieren, doch Valentina wollte eine Pause machen, weil ihr die Hand wehtat. Sie schlurfte zum Telefon, meldete sich mit einem nicht sehr leutseligen Hallo, aber es war Gina, und so war sie sofort milde gestimmt.

»Jetzt hat es Bisin getroffen. Nein, er ist nicht tot, ich habe es rechtzeitig gemerkt, ich bin gleich mit ihm zum Tierarzt und er ist wohl außer Gefahr. Aber ich bring sie um, deine Scheißkollegin! Wenn die mir unter die Finger kommt, schlag ich ihr die Fresse mit einem Hammer ein, ich dreh dieser Sau den Hals um und schmeiß sie in eine Grube, da kann sie dann verfaulen!«

»Bist du sicher, dass sie es war? Was ist denn passiert?«

»Gestern am späten Abend hat sie uns durch ihren Gärtner sagen lassen, Bisin sei in ihren Garten eingedrungen und hätte das Azaleenbeet verwüstet. Er kann da gar nicht reingegangen sein, damit geht's schon mal los: Die Mauer ringsum ist riesig und vorne ist ein Tor, sie haben Angst vor Einbrechern und schließen immer alles ab, wie soll Bisin denn da reingekommen sein? Er ist schließlich nicht Mandra. Und dann hat der Gärtner noch gesagt, dass die Signora sehr verärgert ist, und wenn das nochmal vorkommt, wird sie Maßnahmen ergreifen. Es ist nicht nochmal vorgekommen, vorausgesetzt, dass es überhaupt vorgekommen ist, aber Maßnahmen hat sie trotzdem ergriffen: Heute Morgen hat sie versucht, ihn umzubringen. Gottlob ist Bisin robust wie ein Stier; als ich von der Schule kam und er da in seiner Kotze lag, wusste ich gleich, was passiert war, ich hab' ihn ins Auto verfrachtet und bin zum Tierarzt gerast, jedenfalls ist er gerade noch davongekommen. Ich bin zu ihrer Villa, ich hab' ja keinen Gärtner als Gesandten, aber angeblich war sie nicht da. Früher oder später muss sie ja nach Hause kommen, und dann wird sie was erleben, das garantier ich dir.«

»Hast du dir überlegt, Anzeige zu erstatten?«

»Anzeige erstatten! Als ob das irgendwas nützen würde, es braucht schon mindestens sechs durchgeschnittene Kehlen – allerdings nicht von Hunden –, damit die Polizei sich in Bewegung setzt. Nein, das erledige ich selber, und ich verspreche dir, dass die meine Hunde nicht mehr anrührt.«

»Soll ich später zu dir kommen?«

»Nein, ist schon gut, die knöpfe ich mir alleine vor. Ich ruf dich heute Abend an, falls es was Neues gibt.«

Hastig entließ sie Galileo und Bacon, die eine bessere Behandlung verdient hätten, verabschiedete Valentina – Tantchen, du hast mich echt gerettet, wenn du nicht wärst ... –, zog Livietta hoch, die immer noch Perlen aufklaubte und fürchtete, Potti fräße sie ihr weg – bleiben sie in seinem Bauch, wenn er sie frisst, oder macht er dann verziertes Kacka? –, schloss den Hund, seinen wütenden Protest ignorierend, in der Küche ein, überlegte es sich nochmal und nahm ihn mit, mogelte sich schlecht und recht durch den Verkehr, fuhr wie immer, die Finger zur Beschwörung gekreuzt, ein Stück gegen die Einbahnstraße und setzte Livietta bei der Englischlehrerin ab.

»Pass gut auf und ...«

»... versuch was zu lernen. Ja, Mama, keine Sorge.«

Sie hatte Renzo nicht gefragt, ob er die Kleine wieder abholen würde, sie hatte Livietta die Gleichungen nicht erklärt, sie hatte kein Brot gekauft und auch das Abendessen nicht vorbereitet, sie hatte nicht mal einen Blick in die Zeitung geworfen: Sie wollte schon vor Selbstmitleid zerfließen, als der Gedanke an Bisin, Gina und die Pissnelke sie wieder ereilte. Diesmal ist sie bestimmt die Schuldige, sei es persönlich oder als Auftraggeberin. Aber warum muss eine, die vom Leben alles geschenkt bekommen hat, groß, blond, schön, reich und so weiter, einen so tiefen Hass auf Hunde schieben, ich verstehe ja den Ekel vor Kakerlaken und Kanalratten und meinetwegen auch vor Schlangen, aber Hunde haben liebe Augen – fast wie Esel, aber die sind sperriger und schlagen aus –, sie wedeln um dich herum, und auch wenn sie dir vor lauter überschwänglicher Freude ein Azaleenbeet verwüsten, geht doch die Welt nicht unter. Zumal Azaleen doofe Blumen sind und nicht mal riechen. Aber auch wenn

Hunde dich ekeln wie die lila Kotze von Betrunkenen, auch wenn du dich vor ihnen fürchtest wie vor einem Tyrannosaurus, weil dir als kleines Mädchen mal einer hinterhergekläfft hat, wer gibt dir, du Scheißweib, das Recht, sie zu töten? Und dann benimmst du dich auch noch so dilettantisch dabei, du lässt praktisch deine Visitenkarte da, oder nein, dilettantisch vielleicht nicht, eher arrogant, ich bring deinen Hund um und weide mich an deinem Schmerz und deiner Wut. Wenn es wirklich so war, dann hat sie verdient, dass Gina ihr den Hals umdreht. Den Hals umdrehen: Was heißt das eigentlich genau? Erwürgen oder Kehledurchschneiden sind Handlungen, die irgendwie das Vorhandensein eines Halses erfordern, Erdrosseln ebenso, was das Gleiche sein dürfte wie Erwürgen, das klingt alles grässlich, auch Bauchaufschlitzen, was mit dem Hals gar nichts zu tun hat, und Schlachten und Verstümmeln, jedenfalls kann ich mir die Prozedur bestens vorstellen, aber den Hals umzudrehen ist schwieriger, dazu ist eine körperliche Kraft notwendig, die Ginotta vielleicht doch nicht hat, vielleicht sagt man das bei Hühnern, nein, da sagt man eigentlich Schlachten.

Für das Abendessen könnte ich ein gegrilltes Hähnchen kaufen, falls ich an einer Rosticceria vorbeikomme, gegrillte Hühner haben keinen Hals mehr, der ist bereits umgedreht und abgeschnitten, aber Renzo mosert bestimmt, und meine Mutter wird auch noch da sein, sie kommt irgendwann aus Chieri zurück und dann müssen wir sie wohl zum Essen holen. Ein Huhn zu viert mit einer schönen Beilage könnte reichen, gemischter Salat oder auch Bratkartoffeln, und Käse und Obst muss ich auch noch einkaufen, es ist nichts da, zurzeit kriege ich weder den Einkauf noch sonst was auf die Reihe. Ich steige jetzt aus, nein, ich parke auf der anderen Straßenseite, hier stehe ich im Parkverbot, da drüben ist eine

Lücke und mit einem Dutzend Rangiermanövern müsste ich mich einfädeln können und dann ... Rosticceria, Brot, Käse und Obst. Und anschließend die Gleichungen. Kopf hoch, andere Leute haben schon schwierigere Unternehmen in Angriff genommen. Eisenhower mit der Landung in der Normandie zum Beispiel.

Sie schaffte es einzuparken, schleifte Potti mit, weil es in der Stadt von Giftmördern wimmelte, die sich von geschlossenen Autotüren und -fenstern bestimmt nicht abhalten ließen, und machte sich auf die Suche nach einer Grillküche oder einem Feinkostladen. Sie fand einen vier Häuserblocks weiter, ein schönes großes Geschäft mit vielen appetitlichen Fertiggerichten, vielleicht ein bisschen zu farbig und zu perfekt, ein bisschen zu sehr Claes Oldenburg, um auch gut zu schmecken, aber man kann ja schließlich nicht alles haben. Rekapitulieren wir: Huhn, Gorgonzola, Fontina, Mozzarella und eine üppige Portion Garnelensalat, dann bringt Renzo es nicht über sich zu protestieren, auch wenn die Garnelen wie immer nach Benzoe schmecken werden. Sie betrat den Laden.

»Signora, haben Sie das Schild an der Tür nicht gesehen?«

»Welches Schild?«

»Da steht *Hunden ist der Zutritt verboten.*«

Herrgott nochmal! Was ist eigentlich los, hat es einen Meteoritenflug, einen Atomunfall, eine Invasion von Monstern, eine Attacke dreiköpfiger Ungeheuer gegeben, und das erste Symptom ist eine allgegenwärtige Hundephobie? Aber die Frau sieht nicht aus, als sei sie zu allem entschlossen, vielleicht lässt sie sich überrumpeln.

»Tut mir Leid, das habe ich übersehen. Wären Sie so nett und würden einen Augenblick draußen auf ihn aufpassen, solange ich bei Ihrer Kollegin einkaufe?«

»Also eigentlich ...«

»Er ist herzensgut, heißt Potti und ist Europameister der Langhaardackel. Nehmen Sie die Leine, ich bin in einer Minute fertig.«

Knurrend folgte Potti der verdutzten Verkäuferin und sie brauchte natürlich länger als eine Minute, um ihren umfangreichen Einkauf zu tätigen. Mit Absicht. Pingelig begutachtete sie die Hühner, nein, das ist zu klein, geben Sie mir das andere, nein, nicht das blasse, ja, das da rechts; sie ließ sich eine Portion Garnelen abfüllen, überlegte nochmal und verlangte einen Behälter, in den mehr reinpasste, dann Mozzarella, aber aus Büffelmilch, und tun Sie ein bisschen Molke dazu, dann kann ich ihn im Kühlschrank aufbewahren, ich hätte auch gern Gorgonzola, kann ich den mal sehen? Der sieht aber trocken aus, haben Sie keine andere Sorte? Dann Fontina, halt nein, frischen sardischen Pecorino, keinen römischen, nein, nicht von dem Laib, der ist zu alt, ja, von dem, aber höchstens dreihundert Gramm. Sie verlangte auch zwei Päckchen Butter, eine Dose Lachs, den russischen bitte, keinen kanadischen, und drei Päckchen gemahlenen Kaffee aus dem Sonderangebot. Währenddessen beobachtete sie durch das Schaufenster Potti, der immer noch in einer Tour an der Leine zerrte und knurrte. Sie ließ sich alles in zwei Plastiktüten verstauen, kontrollierte den Kassenzettel, zahlte, steckte das Restgeld sorgfältig ins Portmonee und trat mit einem, wie sie hoffte, entwaffnenden Lächeln aus dem Geschäft.

»Danke, Signorina. Ihr habt Freundschaft geschlossen, wie ich sehe.«

Die Verkäuferin gab ihr die Leine und warf ihr einen vernichtenden Blick zu.

Sie holte Livietta ab, denn Renzo hätte es sicher vergessen, aber Kind, Hund und Einkaufstüten nach Hause zu bringen, stellte sich als so schwierig heraus, als müsste sie

Wolf, Ziege und Kohlkopf übersetzen. Dackel sind ungezogen und launisch und neigen nicht im Geringsten dazu, sich bei Kindern lieb Hund zu machen; Livietta ihrerseits hatte zwar nie offen erklärt, Potti im Besonderen, Dackel im Allgemeinen und Hunde generell zu hassen, doch ihre Haltung gegenüber Hunden schwankte zwischen völliger Gleichgültigkeit und kaum verhohlener Feindseligkeit. In ihrer reichhaltigen Plüschtiersammlung gab es Bären, Löwen, Affen, Tiger, Katzen, Esel, Seehunde, Schildkröten und auch zwei Furcht einflößende kleine Krokodile, aber keinen einzigen Hund. Als sie in der ersten Klasse Grundschule drei kurze Betrachtungen über Haustiere verfassen musste, hatte sie wörtlich geschrieben:

»Der Hund stingt.

Die Katze gehört zum Stamm der Katzen.

Der Kanarienfogel ist gelp und vornehm.«

Die Lehrerin hatte keine der drei kategorischen Feststellungen zu würdigen gewusst, weder Form noch Inhalt anerkannt und sie dazu verdonnert, alles nochmal zu schreiben. Die zweite Version, eine deutliche Provokation, lautete folgendermaßen:

»Der Hund pfurzt.

Die Katze nicht.

Der Kanarienfogel auch nicht.«

Das ließ die Lehrerin, vielleicht weil sie inzwischen über kindliche Verhaltensweisen im Bilde war oder weil sie auch nur ihre Arbeit machte, klugerweise durchgehen. Mit den Betrachtungen über die Familie war es noch schlimmer gewesen. Die sachlichste und harmloseste lautete:

»Die Mama flucht.«

Bloß wegen ein paar Herrgottnochmal bei den schlimmsten Zornausbrüchen. Kinder sind bekanntlich am Busen genährte Schlangen.

In diesem speziellen Fall wollte Livietta nicht auf der Rückbank neben Potti sitzen und Potti wollte nicht auf dem Beifahrersitz sitzen, weil hinten eine Tüte lag, die *Huhn, Huhn, Huhn* in seine Nasenlöcher johlte. Hühner, lebendig oder tot, waren sein Allerhöchstes. Befanden sie sich in ersterem Zustand, versuchte er sogleich, sie in letzteren zu befördern, waren sie nicht nur tot, sondern auch noch gebraten, sparte er sich das beschwerliche Federnkotzen. Sie musste mit ihm auf dem Schoß steuern, während er ihr vor Freude, dass er dort sitzen durfte, oder aus Frust, dass die Tüte so weit weg war, oder auch aus beiden Gründen den Rock voll sabberte. Die Psyche – des Hundes oder des Menschen – ist und bleibt ein Rätsel.

Zu Hause gab es auch Ärger. Sie war erst gute zehn Minuten da und hatte noch keine Zeit für ihren heimlichen Punt e Mes gehabt, als Renzo kam und sie zusammenstauchte, weil sie ihm nicht gesagt hatte, dass er sich den Ausflug zu der Englischlehrerin hätte sparen können. Er sei hingefahren, habe kurz gewartet, und nachdem Livia nicht gekommen sei und sich an der Sprechanlage niemand gemeldet habe, sei er vier Stockwerke zu Fuß hinaufgestiegen – das Haus, in dem Mrs. Evans wohnte, war nicht mal mit dem elementarsten Komfort ausgestattet –, nur um an einer Tür zu klingeln, die stur geschlossen blieb. Zurück auf der Straße, habe unter dem Scheibenwischer ein Strafzettel gesteckt. Polizisten seien nie da, wenn man sie brauche; wenn eine Ampel kaputtgehe, weil es zwei Tropfen geregnet habe, finde man den nächsten Polizisten in mindestens vier Kilometer Entfernung, wo er, Brust raus, mit einem Kollegen herumspaziere – am Gürtel nutzlos krächzend das Funkgerät oder was auch immer –, während im Stau munter drauflosgehupt und -geflucht werde und die Hörner gezeigt würden, aber wenn es darum gehe, dich zu erwischen, weil dein Auto fünf Minuten im Parkverbot stehe, wo es allerdings keinen Menschen störe, hätten sie die Gabe der Allgegenwart und der augenblicklichen Verflüchtigung.

Und das Abendessen war selbstredend ein einziger Graus. Die Garnelen schmeckten tatsächlich nach Benzoe (vielleicht ist das ihr natürlicher Geschmack und wir hegen unbegründete Erwartungen), das Huhn war in seiner Konsistenz ein Zwischending zwischen Pappe und Kaugummi und schmeckte undefinierbar, vielleicht nach Dioxin, auf jeden Fall unangenehm. Die Oma löste das Fleisch von einem Schenkel und verbreitete sich dabei eingehend und ziemlich wirr über die Ansprüche auf das Familiengrab in Chieri, über bevorstehende Leichenüberführungen, über die Aufbewahrung in Einzel- oder Mehrfachbeinhäusern. Mit den Hühnerknochen auf dem Teller fand sie das Thema deprimierend und eklig und sie bat ihre Mutter, damit aufzuhören.

»Stimmt, ich sollte bei Tisch nicht über Gräber und Bestattungen reden. Wenn man es recht bedenkt, sollte man sich einäschern lassen. In Turin kann man jetzt gratis ins Krematorium, alles auf Kosten der Stadt, hast du die vielen hübschen Plakate mit Urne und Engel gesehen? Man braucht weniger Platz, und hygienischer ist es auch. Du warst ja nicht dabei, als Tante Elvira exhumiert wurde und die Knochen in die Grabnische kamen, der Sarg war ganz morsch, er ist praktisch von selber aufgegangen, und was da drin war, war schrecklich, glaub mir, da vergeht einem der Appetit.«

Der war ihr längst vergangen.

Nach dem Essen, während sich Huhn und Garnelen im Magen der Schwerkraft widersetzten, versuchte sie, Livietta die Gleichungen zu erklären, doch anstatt den Nullen Aufmerksamkeit zu widmen, fragte Livietta ihr ein

Loch in den Bauch über die Schauerlichkeiten von Bestattungen und Krematorien. »Warum heißt das Krematorium, kommt da hinterher eine Creme raus? Kommen die Würmer auch aus den Augen und den Ohren raus? Sind sie rosa oder braun? Essen sie auch die Haare und die Fingernägel oder mögen sie die nicht? Ach komm, du ekelst dich doch nicht vor Würmern, die sind wie kleine Spaghettis, bloß ohne Sauce!«

»Ich finde Würmer furchtbar eklig und ich hasse Gleichungen. Lass sie dir von Papà erklären, ich rufe jetzt Gina an. Und dann putzt du dir die Zähne, aber richtig, keine Tricks, nicht nur die Zahnbürste nass machen, und dann ab ins Bett. Ohne Diskussion, einmal wenigstens.«

»Ich hab's ja gleich gewusst, dass du ohne Mittagschlaf schlecht gelaunt bist und dann sauer auf mich bist.«

Livietta hatte wieder mal das letzte Wort.

Hoffentlich konnte sie ein bisschen mit Gina quatschen. Vor allem wollte sie wissen, ob der arme Bisin über den Berg war, und dann wollte sie Genaueres über die Begegnung mit Bianca erfahren. Sie wählte: besetzt. Telefonierte sie etwa mit ihr? Nein, ein Streit am Telefon hat keine reinigende Wirkung, außerdem hat Gina gesagt, sie wolle sie beim Verlassen des Hauses oder bei der Rückkehr abpassen. Aber sie kann die Villa nicht den ganzen Nachmittag beobachtet haben, das ist langweilig und ermüdend, außerdem musste sie ihrem Hund beistehen, der gerade erst dem Tod entronnen war. Sie wählte wieder: immer noch belegt. Am besten wäre, Gina würde richtig hinlangen, aber wer wäre die Stärkere in der folgenden Prügelei? Die Pissnelke sieht aus, als würde sie Sport treiben, Tennis, Schwimmen, Segeln, Ski oder Fitness, unter ihren Kaschmirklamotten hat sie bestimmt gestählte Muskeln und stets einsatzbereite Sehnen, während Ginotta zwar im Garten arbeitet und mit dem Spaten, vielleicht auch mit Schaufel, Rechen und Harke umzugehen weiß, aber ich bezweifle, dass sie die Geräte bei der Hand hat, schließlich ist das kein Streit zwischen Bauern während der Mahd oder der Weinlese. Manchmal klagt sie über chronische Rückenschmerzen, und es würde mich nicht wundern, wenn die Pissnelke Expertin in Ju-Jutsu oder Karate wäre, der weiße Seidenanzug mit blauem, braunem oder schwarzem Gürtel stünde ihr ausgezeichnet. Die ist fähig und legt meine arme Ginotta der Länge nach hin und dann ist ihr Rücken dauerhaft geschädigt. Und sie bekäme auch noch mildernde Umstände, weil sie aus geringfügigem Anlass angegriffen wurde. Von wegen geringfügig, ein ermordeter und ein fast ermordeter Hund müssten für fünf Jahre Knast reichen! Harten Knast, nicht unbedingt mit Fußkette in einer nassen Zelle wie bei Luigi Settembrini, der zu lebenslänglichem Zuchthaus auf Santo Stefano verurteilt war, aber eben ein bisschen spartanisch und schlicht. Pritsche und Kübel. Aluminiumnapf für den Fraß. Eine sechs Kilo schwere stinkende Militärdecke voller Flöhe, von wegen Kaschmir oder Alpaka.

Das Telefon war immer noch belegt.

Aus der Küche ertönte ein näherer Streit. Livietta verstand nicht – besser gesagt sie weigerte sich zu verstehen –, wie die Gleichungen funktionieren, und zwar mit dem Argument, dass sie Hektoliter und Dekaliter noch nie gesehen habe. Sie musste eingreifen, damit die Angelegenheit nicht in Geschrei und Vorwürfe ausartete. Dabei dachte sie die ganze Zeit an Gina.

Auch am folgenden Morgen, Dienstag, dachte sie an Gina, weil sie in der dritten, ihrer freien Stunde – Diät hin oder her, ich gehe in die Via Garibaldi und gönne mir einen guten Espresso und ein frisches Croissant –, Bianca vertreten musste, die nicht gekommen war.

»Was hat sie denn, Grippe? Oder ist sie kurz mal auf den Chagos?«, erkundigte sie sich bei der stellvertretenden Direktorin, die eine alte Freundin war.

»Keine Ahnung, sie hat nicht angerufen und ist nicht vorbeigekommen. Sie fehlt unentschuldigt. Dienstags hat sie fünf Stunden am Stück, das ist ein guter Tag, um zu Hause zu bleiben.«

Sie ist nicht gekommen. Dann hat die Schlägerei wahrscheinlich stattgefunden; während ich Livietta zur Englischstunde brachte oder in diesem beschissenen Feinkostgeschäft einkaufte oder mir Tiraden über Gräber und Grabnischen anhörte, hat sie ihre schallende Ohrfeige oder ein paar Kratzer ins Gesicht oder einen Boxhieb aufs Auge gekriegt. Gute Ginotta. Du hast immer schon Charakter gehabt, vielleicht hast du die Pissnelke ja ein für alle Mal Mores gelehrt.

Viertes Kapitel

Die Ehefrau des bekannten Industriellen Terenzio Bagnasacco
LEHRERIN DER FIBONACCI-SCHULE ERWÜRGT
Ihr Mann hatte seit Montag keine Nachricht von ihr. Gestern
Abend der schreckliche Leichenfund auf einer Müllhalde

Ein brutaler Würgegriff, ein zerstörtes Leben. Die Leiche wurde auf einer Müllhalde hinter dem Corso Romano unweit der Bahnlinie Turin–Mailand abgelegt. Kurz vor zwanzig Uhr fand der Rentner Ilario Torassa, durch das Gebell seines Hundes aufmerksam geworden, zwischen zerrissenen Matratzen, kaputten Waschmaschinen und sonstigem Müll den Leichnam einer jungen blonden Frau. Die Tote ist die 32-jährige Lehrerin Bianca De Lenchantin, Ehefrau des Industriellen Terenzio Bagnasacco, mit dem sie in einer Luxusvilla in den Turiner Hügeln lebte. Der Tod ist etwa vierundzwanzig Stunden vor Entdeckung der Leiche eingetreten, die wahrscheinlich Montagnacht auf der Müllhalde abgelegt wurde. Als der Mann des Opfers gestern am späten Vormittag von einer Geschäftsreise aus Paris zurückkehrte und seine Frau nicht antraf, rief er besorgt alle Krankenhäuser an und setzte sich dann mit der Polizei in Verbindung. Man hat rekonstruiert, wie das Opfer den Montagnachmittag verbrachte: Bianca De Lenchantin fährt mit ihrem Cousin, dem Raumausstatter Marco Vaglietti, in das Geschäft *Alì Babà* in der Via dei Mercanti, um den Kauf eines kostbaren Perserteppichs abzuschließen. Kurz nach achtzehn Uhr verlässt die Frau das Geschäft allein, während sich Vaglietti aus geschäftlichen Gründen noch länger dort aufhält. Danach verlieren sich die Spuren der Frau, die mit dem Auto ihres Cousins in die Stadt gefahren war; sie war weder nach Hause zurückgekehrt noch hatte sie, ganz gegen ihre Gewohnheit, dem Personal telefonisch Bescheid gegeben, dass sie später komme. Nach den ersten Verlautbarungen des Gerichtsarztes ist der Tod am selben

Abend zwischen siebzehn und einundzwanzig Uhr eingetreten. Die Polizei versucht festzustellen, wo sich die Frau aufgehalten hat, nachdem sie sich von ihrem Cousin getrennt hatte, und forscht nach einem Terminkalender, den die Frau fast immer bei sich trug.

Der Artikel – sechs Spalten mit Fotos von der Müllhalde, dem Opfer und dem Cousin – war noch lange nicht zu Ende, aber sie konnte nicht weiterlesen, ihr Herz schien auszusetzen, ihr Magen verkrampfte sich. Unwillkürlich lehnte sie sich an ein Regal, während ihre Gedanken durch ein wirres Labyrinth flatterten. Tot. Erwürgt. Keine Grippe oder sonst eine Ausrede, sie hatte gestern nicht unentschuldigt gefehlt, sie hatte die unstrittigste und endgültigste Entschuldigung überhaupt. Blond, schön, reich und ermordet. Und blöd, aber man kann nicht mal sagen: Schone die Begrabenen. Sie ist noch nicht begraben. Über die Toten nur Gutes, der Tod macht alles gleich, nach dem Tod gibt es kein Vergnügen mehr, die Tugend überlebt den Tod, der Tod löst alles auf, gedenke, dass du sterblich bist, der bleiche Tod betritt mit gleichem Fuße ... was tue ich da eigentlich? Sie wurde Montagabend getötet, zwischen sieben und neun, während ich das Abendessen herrichtete, den Tisch deckte, das Fleisch für Potti klein schnitt. Und an sie dachte. An sie und an Gina. O mein Gott, mach, dass es nicht Gina war, das darf nicht sein. Ja, sie hat ihren Hund umgebracht und bei dem anderen hat sie es auch versucht – vielleicht, ganz sicher sind wir nicht –, aber das ist doch kein Grund, jemanden zu erwürgen. »Ich dreh dieser Sau den Hals um und schmeiß sie in eine Grube, da kann sie dann verfaulen«, so hatte Ginotta geredet. Aber das sagt man so dahin im Zorn, und schon während man es sagt, weiß man, dass man das nicht wirklich denkt, es ist ein heftiger, aber harmloser Wutausbruch ... Außerdem wurde sie nicht in eine Grube, sondern auf eine Müllhalde geschmissen. Obwohl da kein großer Unterschied besteht. Und dann auch noch von einem Hund gefunden zu werden, wo sie Hunde doch so sehr hasste, dass sie sie umbrachte: Das schien wie eine Wiedervergeltung, eine letzte Bosheit des Schicksals. Gina, sag, dass du es nicht warst! Du hast einen Mann, zwei Kinder, einen überlebenden Hund, eine Mutter, eine Schwester, eine unüberschaubare Schar von Tanten, an sie alle musst du doch gedacht haben, bevor du ihr den Hals umgedreht hast. Aber gestern, gestern Nachmittag, als ich dich endlich erreichte, hast du am Telefon so merkwürdig geklungen: »Nein, ich habe sie nicht mehr gesehen, ich glaube, ich lass es lieber, so sicher bin ich auch wieder nicht, dass sie es war, ich habe keine Lust auf so einen Streit zwischen Nachbarn, der sich dann über Generationen hinzieht, ich lasse Bisin eine Weile im Haus, es macht nichts, wenn er uns nicht bewacht, bei uns ist sowieso nicht viel zu holen. Entschuldige, ich muss jetzt aufhören, ich muss noch schnell einkaufen, gestern bin ich nicht dazu gekommen, und es ist nichts mehr zu essen im Haus …« Dieses Kleinbeigeben, dieses Hinnehmen von Kränkungen passt so gar nicht zu dir, Gina. Montagnachmittag hattest du keine Zeit zum Einkaufen, was hast du denn gemacht? Du hast sie umgebracht und die Leiche in den Kofferraum deines 2 CV gepackt und auf der Müllhalde abgeladen … nein, das geht gar nicht. In den Kofferraum deines Autos passt keine Leiche, und die Pissnelke, Pardon, Bianca starb zwischen sieben und neun. Zwischen sieben und neun hattest du Mann und Kinder am Hals, möglicherweise auch deine Mutter, die in der Nähe wohnt, vielleicht war auch die eine oder andere Tante auf einen Sprung bei euch, so leicht kannst du die nicht alle losgeworden sein. Oder hast du deine ganze Familie in die Rache, die fürchterliche Rache verwickelt? Die Kinder nicht, das glaube ich nicht, man nimmt doch seine Kinder nicht mit, damit sie live miterleben können, wie jemand erwürgt wird, so was tun nicht mal die Mafiosi im *Paten*, schon gar nicht eine kultivierte Italienischlehrerin mit liberalen und fortschrittlichen Ideen, die sich in der Umweltbewegung, für die Ausländerintegration, die Rechte der Palästinenser, den Schutz der Mönchsrobbe im Mittelmeer engagiert ... Auch deine Mutter und die etwaige Tante kannst du nicht mitgeschleift haben, deine Mutter und die Tanten en bloc sind so diskret wie die Posaunen des Jüngsten Gerichts, eine halbe Stunde später hätten das Weiße Haus und der Kreml Bescheid gewusst. Bleibt noch Diego. Aber der ist ein sanfter Mensch, eher depressiv als aggressiv, und seine Hände zittern dermaßen, dass er kein Glas einschenken kann, ohne zu kleckern, er hat gar nicht genug Kraft, jemanden zu erwürgen. Er kann auch nicht zugelassen haben, dass du es tust, während er Schmiere stand. Also allein, aber wie? Hast du gesagt, entschuldigt mich, ich muss kurz weg, ich habe noch was zu erledigen, und bist gegangen, ohne auf ihr: Wo gehst du hin, was hast du um diese Uhrzeit noch vor, worum geht es, zu achten. Wenn du nicht geantwortet hast, dann haben sie dir bei deiner Rückkehr die gleichen Fragen nochmal gestellt, und du konntest nicht so klar bei Sinnen sein, dass du dir in der Zwischenzeit plausible Erklärungen ausgedacht hast. Tisch decken, Wasser aufsetzen, Spaghetti reinwerfen, abgießen, anrichten, auf die Teller verteilen: Das sind Routinehandgriffe, die keine große Aufmerksamkeit erfordern, aber gehen sie einem nach einem Mord noch so leicht von der Hand? Schafft man es, dem Blick der anderen standzuhalten, eine Unterhaltung durchzustehen, die Kinder zurechtzuweisen, wenn sie mit vollem Mund sprechen und sich die Sweatshirts voll kleckern, ans Telefon zu gehen? Dein Telefon war den ganzen Abend besetzt. Hast du den Hörer daneben gelegt, weil du nicht drangehen wolltest, falls jemand anrief, oder hast du mit irgendeinem Bekannten telefoniert, um für ein verspätetes Alibi zu sorgen? Eine miserable Idee, das Telefon auszustecken, im Krimi bringt die Polizei die Mörder immer über solche Details zu Fall.

Der Ehemann könnte sie getötet haben oder der Cousin, der auf dem Foto in der Zeitung aussieht wie ein verwöhnter Beau. Von Beruf Raumausstatter. Heutzutage gibt es keine Raumausstatter mehr, die Spezies der Raumausstatter war in den fetten Jahren gefragt, als sich die Metzgereiverkäuferinnen die Wohnungen mit nagelneuen Barockmöbeln aus Saluzzo oder der Brianza bestücken ließen, die zuvor mit einer ordentlichen Ladung Schrot beschossen worden waren, um Wurmlöcher vorzutäuschen. Heutzutage greift man auf Innenarchitekten zurück. Mit Bart, Casual-Klamotten und ihrer unverwechselbaren Sprache: »Marmor ist zu hart für deine Küche mit ihren soften Farben, das Buffet muss auf der Jungfräulichkeit der Wand explodieren, die Wahl der Fliesen erfordert bedingungslose farbliche Strenge.« Ein Raumausstatter hat nicht mal einen Uniabschluss; wenn's hochkommt, hat er, ohne sich besonders hervorzutun, ein musisches Gymnasium besucht. Vielleicht hat Bianca sich an ihn gewandt, weil er ihr Cousin ist, und in Italien, auch in Turin, zählt die Zugehörigkeit zum Familienclan mehr als fachliche Kompetenz. Oder er ist das größte Teppich-Ass auf Erden, der Federico Zeri in Sachen Ladik, Ghiodes, Ferahan und so weiter. Von ihrem Mann kein Foto, wer weiß warum. Möglicherweise ist er der Hauptverdächtige, auch wenn in dem Artikel steht, er sei auf Geschäftsreise gewesen. Bestimmt hat die Polizei als Erstes die Alibis von Ehemann und Cousin überprüft.

Und das von Ginotta wird sie auch prüfen, falls die Geschichte mit den Hunden rauskommt.

Mittlerweile war es halb neun, aber kein Mensch hielt Unterricht. Kollegen und Kolleginnen blätterten immer wieder die Zeitungen durch, brachten mit den immer gleichen banalen Worten ihre Erschütterung und Fassungslosigkeit zum Ausdruck, setzten sich, standen wieder auf, kleine Grüppchen bildeten sich, gingen im Lehrerzimmer hin und her und lösten sich auf. Die Direktorin war in ein schwarzes Kleid mit weißen Tupfen eingezwängt und sah aus wie ein Perlhuhn, sie flatterte herum und merkte gar nicht, dass die Schüler alle im Flur herumstanden, wo es übrigens weniger chaotisch zuging als sonst. Ihr Thema war vielleicht auch das Verbrechen.

Es war zwecklos, Unterricht zu halten, und nach einer halben Stunde halbherziger Versuche gab sie es auf, sie war sowieso nicht bei der Sache. Zu Hause spulte sie automatisch das übliche Programm ab: Kurzbesuch bei der Mutter, Gassi gehen mit Potti, Kochen und Tischdecken. Als Renzo kam, merkte er sofort, dass sie verstört war.

»Hast du deinen Punt e Mes schon intus?«

»Keinen Tropfen. Ich hab's vergessen. Hast du die Zeitung gelesen?«

»Klar. Putschversuch in Uganda, asiatische Börsen im Sturzflug, Kürzung der Sozialausgaben in Amerika, Aufleben der Guerilla in Äthiopien, Shakespeare der Sohn eines libyschen Scheichs, Autobombe im Gaza, Zoff zwischen den Koalitionsparteien, Gesetzesvorlage über neue Maßnahmen gegen die Kriminalität. Wie gehabt. Zufrieden mit dem Kurzbericht?«

»Ich wollte wissen, ob du die Seite über Verbrechen gelesen hast.«

»Verbrechen und Nachrufe überblättere ich, im Gegensatz zu Witwen, Leuten über siebzig und dir.«

»Danke für die nette Gesellschaft. Aber heute musst du sie lesen, jetzt sofort, das Ragout und die Kartoffeln sind sowieso noch nicht fertig.«

Er las.

»Tot. Hast du sie umgebracht?«

»Am Montag zwischen sieben und neun Uhr abends war ich mit dir, Livietta und meiner Mutter hier und habe gekocht und dann gegessen.«

»Wenn ich mich recht erinnere, hast du nicht viel gekocht. Du hast nur ein widerliches Huhn ausgepackt, stinkende Garnelen und mehrere Käsesorten, die aus der Fernsehreklame hätten stammen können. Aber ich muss zugeben, dass deine Bratkartoffeln ganz gut waren.«

Ein hervorragendes Gedächtnis für Mahlzeiten. Seine Erinnerungen ordnen, bilden und richten sich nach Ossobuco, Spaghetti Carbonara, Schmorbraten und Minestrone.

»Wie viel Ragout willst du?«

»Viel. Einen Killer hast du bestimmt nicht engagiert, der ist zu teuer, so was können wir uns nicht leisten. Jedenfalls bist du sie losgeworden, vielleicht ja auch per Voodoo.«

»Mit Voodoo kann man nicht auf die Ferne Leute erwürgen.«

»Woher weißt du das?«

»Hab ich gelesen.«

»Du liest die Berichte über Verbrechen, Nachrufe, Voodoo-Bücher und das Telefonbuch. Empfiehlt das Kultusministerium diese Lektüre den Lehrern als Fortbildung oder machst du das auf eigene Faust?«

»Ich lese, was mir passt. Hast du mit deinem Stadtrat gestritten, dass du so aggressiv bist?«

»Nur ein bisschen.«

»Na toll. Und in bester internationaler Macho-

Tradition lässt du deinen Zorn an deiner Frau aus und in Ermangelung deiner Tochter trittst du womöglich noch nach dem Hund.«

»Ich habe den Hund noch nie getreten. Und du brauchst nicht so traurig zu tun, nur weil die Pissnelke tot ist. Du bist ja so scheinheilig wie eine Betschwester vom Lande.«

»Ich bin überhaupt nicht traurig und auch nicht scheinheilig. Ich mache mir Sorgen.«

»Weil du kein Objekt mehr hast, an dem du deine Paranoia auslassen kannst? Iss was, anstatt mich so anzustarren.«

»Ich mache mir Sorgen wegen Gina. Gina hat gesagt, sie erwürgt sie, und sie wurde erwürgt. Am selben Tag.«

»Mach dich doch nicht lächerlich. Das ist ein Zufall, ein ungünstiger vielleicht, aber nur ein Zufall. Ihr Mann wird sie umgebracht haben oder der Cousin oder ein Liebhaber oder eine Rivalin aus dem Jetset. Gibt's noch was nach dem Ragout?«

»Käse von vorgestern. Bis zum Abwinken.«

»Anstatt Gift zu verspritzen, solltest du Gina anrufen und fragen, ob sie die Pissnelke umgebracht hat oder nicht, dann musst du nicht mehr dran denken und bist wieder erträglich.«

»Nenn sie nicht mehr Pissnelke. Sie ist tot, jemand hat sie ermordet und auf einer Müllhalde abgeladen. Sie verdient Mitleid, zumindest der Form halber.«

»Du wirst langsam wie deine Mutter. Ruf Gina an, damit die Sache erledigt ist.«

»Ihr Telefon könnte abgehört werden.«

»Du verwechselst die italienische Polizei mit dem israelischen Geheimdienst. Ruf an oder red von was anderem. Oder trink einen außerplanmäßigen Punt e Mes. Vielleicht liegt es am Entzug, dass deine geistigen Fähigkeiten und dein Gespür für Lächerliches eingeschränkt sind.«

Grob, abweisend und zynisch. Das ist immer so, wenn er im Büro Zoff hat und mich zu seinem Sündenbock macht. Er kritisiert meine Lektüre, meine geistigen Fähigkeiten, meine Angst. Und nennt die arme Frau weiterhin Pissnelke. Aber ganz Unrecht hat er nicht mit meiner Heuchelei: Ihr Tod hat mich nicht erschüttert, ich habe, außer dass ich bestürzt war, kein echtes Gefühl gespürt, ich habe mich nur um Gina gesorgt, ohne über das Grauenhafte dieses Todes nachzudenken. Ich habe an Bianca nicht wie an einen Menschen gedacht, sondern wie an ein wandelndes Gestell für Kaschmir, Rolex und Chagos. Vielleicht bin ich die Blöde.

Den Mittagschlaf konnte sie streichen: Nervös und in Sorge, wie sie war, hätte sie sich nur herumgewälzt wie die Kranke bei Dante und hinterher auch noch das Bett machen müssen. Also stürzte sie sich in eine Arbeit, die sie verabscheute und die zu ihrer Angst sicherlich noch eine ordentliche Dosis schlechter Laune hinzufügen würde: die Schublade der großen Kommode aufräumen, in der sämtliche Familienmitglieder, vor allem sie selbst, immer die verschiedensten Sachen verschwinden ließen, die sie nicht aufräumen wollten oder die keinen eigenen Platz hatten. Wie vermutet, fand sie alles Mögliche: die seit über drei Monaten verloren geglaubte Akku-Taschenlampe, einzelne Handschuhe, Bänder und Schnüre, die von Geschenken stammten und in regelmäßig wiederkehrenden Anfällen von Knauserigkeit aufgehoben wurden, zerbrochene Kerzen von Geburtstagstorten, deformierten und nicht mehr brauchbaren Weihnachtsschmuck, ein Döschen steinharten Klebstoff, ein Paar stinkende Söckchen, die das Aas von Livietta nicht in den Wäschekorb geworfen hatte, gerissene Ketten, schlampig zusammengefaltete Papiertüten, Musikkassetten mit verwickelten Bändern, Bleistiftstummel, zu welchem Zweck auch immer aufgehobene Zeitschriften, eine umfangreiche Sammlung kleiner Hotelseifen und Weiteres mehr. Als der ganze Kram aus der Schublade schließlich auf der Kommode lag, schwappten Wut und Frust in ihr hoch. In spätestens zehn, vierzehn Tagen würde die Schublade wieder randvoll sein, wenn nicht mit diesen Sachen, dann eben mit ähnlichen. Sie war versucht, alles wieder reinzustopfen, doch dann holte sie tief Atem, als müsste sie für lange Zeit die Luft anhalten, und begann ihre Wanderung durch die Wohnung und räumte Taschenlampe, Söckchen, Handschuhe und so weiter dahin, wo sie hingehörten. Sie entledigte sich gerade der Zeitschriften, Tüten und Schnüre, als das Telefon klingelte.

»Ich bin's, Gina.«

»Ginotta! Ich habe gerade an dich ...«

»Ich bin bei meiner Schwester. Ich komme kurz vorbei und bringe dir das Buch von Perec, das du lesen wolltest, meine Schwester hat es gerade fertig. In Ordnung?«

»Klar.«

»In einer Viertelstunde bin ich da. Ciao.«

Lapidar. Eilig. Als wollte sie mir keine Zeit lassen, eine Frage oder eine Bemerkung dazwischenzuschieben, obwohl sie von einem sicheren Ort aus anrief. Merkwürdig außerdem: Ich will kein Buch von Perec lesen, weil ich schon alle gelesen habe, und das weiß sie genau. Perec ist auch so eine gemeinsame Leidenschaft. Offensichtlich muss sie mit mir reden und traut dem Telefon nicht, auch nicht dem ihrer Schwester. Sie verwechselt die italienische Polizei ebenfalls mit dem Mossad, würde mein neunmalkluger Mann sagen.

Gina sah so verstört aus, als wäre sie gerade einem Erdbeben entronnen. Sie blickte sich um, als ob sie noch nie in der Wohnung gewesen wäre, ließ sich kraftlos aufs Sofa fallen, steckte sich eine Zigarette an: Jetzt zitterten auch ihr die Hände. Natürlich hatte sie kein Buch von Perec dabei, und jetzt wusste sie nicht, wie sie das Gespräch anfangen sollte. Sie kam Gina zu Hilfe.

»Geht's Bisin besser?«

»Ja, er ist wieder gesund, fit wie immer. Hast du schon gehört?«

»Habe ich. Ich kann nicht behaupten, sehr betrübt zu sein, aber ein bisschen durcheinander bin ich schon. Ein schlimmes Ende.«

»Du hast doch nicht etwa gedacht …«

»Doch, habe ich, aber ich habe den Gedanken verworfen. Erstens weil ich dich kenne, dann weil ich dich mag und vor allem weil es nicht passt.«

»Was passt nicht?«

»Eine ganze Menge. Der Zeitpunkt des Todes zum Beispiel, und dann die Stelle, an der die Leiche gefunden wurde. Zu weit entfernt von deinem Haus, du wärst nicht mit diesem Bündel im Kofferraum quer durch die Stadt gefahren. Obschon ich froh wäre, wenn du sagtest, ich war es nicht, auch ohne auf die Bibel zu schwören.«

»Ich war's nicht, ich schwör's bei der Bibel und beim Leben meiner Kinder. Aber ich weiß jetzt schon, dass ich Scherereien kriege. Heute Morgen um Viertel nach acht war die Polizei bei mir.«

»Was wollten die?«

»Wissen, warum ich Montagnachmittag zu Signora De Lenchantin gegangen bin. Was ich ihr zu sagen hatte, in welcher Beziehung wir zueinander stünden, ob wir Streit hätten und weswegen.«

»Und du?«

»Ich habe gelogen und weiß selbst nicht, warum. Ich wusste nicht, dass Bianca tot ist, ich hatte nicht ferngesehen und noch keine Zeitung gelesen und sie sagten anfangs nichts davon, sie haben mir nur Fragen gestellt.«

»Warst du allein?«

»Ja, Gott sei Dank. Diego und die Kinder waren schon weg und ich musste erst um zehn in die Schule.«

»Bitte erzähl nochmal von Anfang an. Um Viertel nach acht bist du allein und da klingelt es.«

»Es klingelt und ich schaue aus dem Fenster: Am Gartentor stehen zwei mir unbekannte Männer. Ich gehe hinaus und frage, was sie wollen. Sie sagen: Polizei!, und zücken ihre Ausweise, wie im Film. Ich hab irre Angst gehabt, ohne jeden Grund. Sie verlangen, eingelassen zu werden, fangen an mit ihren Fragen und ich lüge ihnen was vor.«

»Ich hab' gesagt, du sollst der Reihe nach erzählen. Berichte doch mal sinnvoll, ohne gleich mit dem Ergebnis zu kommen.«

»Sie fragen, ob ich Signora Luigina Florio bin, ich sage Ja. Kennen Sie Signora De Lenchantin-Bagnasacco? Ich kenne sie, sie wohnt in der Villa nebenan, hinter der Kurve. Bis dahin entspricht alles der Wahrheit. Wann haben Sie das letzte Mal mit ihr gesprochen? Das weiß ich nicht mehr, und das ist auch noch wahr. Warum?, frage ich daraufhin. Und sie, wieder wie im Film: Beantworten Sie bitte unsere Fragen und sagen Sie, warum Sie sie Montagnachmittag sprechen wollten. Weil ich – und da fange ich an abzudriften – mich für den Schaden entschuldigen wollte, den mein Hund in ihrem Garten angerichtet hat. Und den Schaden auch bezahlen würde, wenn die Signora darauf besteht. Sie haben Montagnachmittag nicht mit der Signora gesprochen? Nein, der Hausdiener sagte, sie sei nicht da. Und was haben Sie danach gemacht? Ich bin wieder gegangen, habe meinen Haushalt erledigt und Hefte korrigiert.«

»Das wird ja wohl stimmen.«

»Quatsch. Nachdem ich dich angerufen hatte, habe ich

mich gegenüber ihrem Haus versteckt, ich wollte sie mir vorknöpfen, falls sie zurückkam oder wegging. Gegen fünf ist sie tatsächlich weggefahren, mit dem BMW ihres Cousins. Demnach war sie auch vorher da, wollte aber nicht mit mir reden.«

»Ob du bei dir zu Hause oder hinter einer Hecke versteckt warst, spielt keine Rolle. Hat dich jemand gesehen?«

»Weiß ich nicht. Autos sind viele vorbeigekommen, zu Fuß niemand. Aber es kommt noch schlimmer. Sie haben mich gefragt, ob jemand bestätigen kann, dass ich an dem Nachmittag zu Hause war. Ich habe Ja gesagt.«

»Und das stimmt nicht.«

»So ist es. Ich habe gesagt, dass eine Freundin angerufen hätte, etwa um halb sechs. Die Freundin wärst du. Wir haben über die Kinder geredet, dass sie nicht lesen und zu viel fernsehen. Originell, nicht wahr?«

»Originell nicht, aber glaubhaft. Aber es kann ihnen doch egal sein, wo du um fünf Uhr warst. Sie wurde erst zwischen sieben und neun umgebracht.«

»Das habe ich erst später in der Zeitung gelesen. Falls es stimmt.«

»Warum sollte das nicht stimmen? Hast du für den Zeitraum ein Alibi?«

»Ich war mit Mann und Kindern zu Hause. Und glücklicherweise haben zwei Kollegen von Diego angerufen, wegen einer gewerkschaftlichen Frage, ich bin drangegangen und hab Diego geholt. Sie haben stundenlang miteinander geredet.«

»Aber wieso machst du dir dann Sorgen? Du bist doch wohl nicht wutentbrannt in der Villa vorstellig geworden?«

»Nein, ich habe mich ganz damenhaft benommen. Aber die Geschichte mit den vergifteten Hunden hab ich der Polizei nicht erzählt. Wenn sie das rauskriegen …«

»Ich erzähl's ihnen bestimmt nicht, außerdem glaube ich nicht, dass sie sich herbemühen und mich danach fragen.«

»Warum nicht? Ich habe deine Personalien und deine Telefonnummer angegeben. Du bist Biancas Kollegin und außerdem mein Alibi für halb sechs.«

»Ich glaube nicht, dass sie sich auf ihre Kollegen stürzen. Die nehmen sich erst mal Ehemann, Cousin, den oder die eventuellen Liebhaber und Freunde der Familie vor. Man merkt, dass du keine Krimis liest, sonst hättest du nie ein falsches Telefongespräch ins Spiel gebracht, das lässt sich nämlich am leichtesten überprüfen. Vielleicht werden sie deinem Mann und deinen Kindern ein paar Fragen stellen. Hast du sie schon entsprechend instruiert?«

»Diego schon. Die Kinder hole ich nachher von der Schule ab, und dann erkläre ich ihnen, dass sie zu niemandem ein Wort über Fliks Tod und Bisins Vergiftung sagen dürfen. Aber wahrscheinlich haben sie das längst getan und alle Welt weiß es. Meine Güte, ich sitze echt in der Patsche. Und dich hab ich auch noch mit reingezogen.«

»Mach dir um mich mal keine Sorgen. Ich muss ja nur verschweigen, was mit den Hunden war, und das Telefongespräch bestätigen, ohne besonders ins Detail zu gehen. Du wirst sehen, die kommen gar nicht auf mich.«

Das war ein Irrtum. Am folgenden Morgen, Donnerstag, warteten zwei ihr unbekannte, aber ohne allzu große Mühe als Polizisten erkennbare Männer im Lehrerzimmer auf sie. Sie war um halb zehn gekommen, fünfzehn Minuten später fing ihre erste Stunde an, sie hatte schon die Zeitung gelesen und grübelte mit nach drei Tässchen Espresso klarem Kopf gerade über die Geschichte nach. Biancas Ehemann – konnte man zwischen und in den

Zeilen lesen – war entlastet, der Cousin ebenfalls: Beide hatten hieb- und stichfeste Alibis. Bagnasacco war Dienstagmorgen mit dem Flugzeug aus Paris zurückgekehrt, wo er am Vorabend einen geschäftlichen Termin gehabt hatte, der sich bis zweiundzwanzig Uhr hinzog. Cousin Marco Vaglietti, seines Zeichens Raumausstatter, hatte sich im *Alì Babà* aufgehalten, bis das Geschäft schloss, also bis halb acht, war dann mit dem Inhaber des Ladens einen Aperitif trinken gegangen, anschließend mit etlichen Freunden zum Essen in ein Restaurant an der Piazza Solferino, danach noch ins Kino, ebenfalls in Begleitung, und schließlich auf einen Whisky in eine Pianobar. Ein Alibi so kompakt wie die Cheopspyramide, wer weiß, ob er da telefonieren oder pinkeln gehen konnte, vielleicht hat er beides gleichzeitig gemacht dank Handy, das so ein Typ bestimmt immer dabeihat, nicht nur auf dem Klo, sondern auch beim Skifahren und beim Windsurfen. Vielleicht zu kompakt, meiner Meinung nach. Jedenfalls ist er nicht der Täter, es sei denn, sämtliche Teppichhändler, Barleute, Kellner und Freunde hätten sich abgesprochen und lügen, was mir undenkbar erscheint. Er könnte der Auftraggeber sein, aber in diesem Fall verkompliziert sich die Angelegenheit, denn dann wäre ein Wirrwarr ominöser Interessen, ein Hintergrund obskurer Geschäfte zu vermuten, jedenfalls wäre anzunehmen, dass er ein Doppelleben führt – parallel zu seiner Tätigkeit als Raumausstatter oder damit verbunden – und sie natürlich auch, die kühle und elegante Blondine, die mit dem ganzen Statussymbol-Schnickschnack ausgestattet und auch noch tätowiert ist. Doch wenn man es recht bedenkt, ist das Tattoo so fehl am Platz wie eine Fliege im Joghurt. Oder, viel einfacher, das Resultat eines spontanen Trinkgelages, eines unerwarteten Anflugs von Vulgarität, eines kleinen Rückziehers oder Ausrutschers vom normalen Leben einer Lehrerin, die dem Großbürgertum oder – ihrem Mädchennamen nach – dem Adel angehört.

Die Polizisten, wenn auch als solche gleich erkennbar und erkannt, sahen ganz flott aus, wie in den heutigen Fernsehfilmen: Jeans, Rollkragenpullover und Sakko – vielleicht eine neue Sorte Uniform – halblange Haare und keine Schuppen auf den Schultern, nicht gerade die Stirn eines Tom Wolfe, aber auch nicht die des *Australopithecus boisei*. Einer war sogar ziemlich hübsch, der Beweis, dass die Zeiten des Neorealismus vorbei und vergessen sind und das amerikanische Fernsehen Schule gemacht hat. Wenn die beiden, dachte sie, auch noch gepflegte Fingernägel haben und den Konjunktiv richtig anwenden, sind sie vielleicht Söhne oder Nachfolger von Kommissar Santamaria.

Sie ließen sein, was zu tun sie vorgaben (in eine Mappe zu schielen, aufgrund deren Lage der weniger Hübsche den Hals verrenken musste, um der Szene Glaubwürdigkeit zu verleihen), grüßten ebenfalls, standen artig auf und warteten, bis sie den Regenmantel ausgezogen und an die Garderobe gehängt und ihre Utensilien, Klassenbuch und Literaturgeschichte, Band zwei für die Zwölfte und Band drei, Teil eins für die Dreizehnte, aus der Schublade geholt hatte; all das ein bisschen zu langsam, als wollte sie Zeit schinden und ihre Gedanken ordnen, hätten die beiden meinen können und meinte sie selbst, wie geistesgestört damit beschäftigt, das Telefongespräch nochmal durchzugehen und zu registrieren, was sie empfand und wie sie sich benahm. Sie stellten sich vor: ein Kommissar und sein Stellvertreter, deren Namen sie auf der Stelle vergaß und die sie als den Hübschen und den anderen speicherte. Letzterer hielt ihr mit Taschenspielergeste seinen Ausweis unter die Nase – jetzt ist er da und jetzt ist er wieder weg, wie beim Hütchenspiel, das sie so faszinierte – und fragte sie gleichzeitig nach ihren Personalien: »Sie wären also ...«

»Ich bin ...«, präzisierte sie sofort, denn ihr waren dieser bürokratische Konjunktiv, der innere Zwiespalt von Mattia Pascal mitsamt Pirandello ein Gräuel.

Der Stellvertreter sagte, sie müsse ein paar Fragen beantworten. Sie setzte sich: Da sie Nietzsches Argwohn gegenüber nicht im Gehen gefassten Gedanken nicht teilte, fühlte sie sich immer tröstlich sicher, wenn sie einen Stuhl unter dem Hintern hatte. Es gibt keinen Grund zur Beunruhigung. Ginotta hat geschworen, dass sie sie nicht erwürgt hat, ich habe sie nicht umgebracht und ihr auch nicht den Tod an den Hals gewünscht, höchstens ein paar Ohrfeigen oder einen Kampf im Dreck – Blondhaar, Hermès, Rolex, Kaschmir, alles verschmiert –, aber wirklich geglaubt habe ich das nicht, denn die ist – war – im Stande, mit ihrem Blick einen Panzer zu stoppen, Ginas Wut hätte wahrscheinlich keinen großen Eindruck auf sie gemacht ... Aber woher kommt dann dieses Schuldgefühl, dieser unterschwellige Unmut, dieses schleichende Missbehagen? Die Autorität schüchtert mich ein, das Vermächtnis einer anachronistischen kleinstbürgerlichen Erziehung, dank derer auch der letzte geschwätzige, furzende Wachtmeister in Heiligkeit getaucht ist wie der Pantokrator der byzantinischen Mosaiken.

Der Hübsche nahm die Sache in die Hand und fing mit den Fragen an.

»Kannten Sie Signora De Lenchantin gut?«

»Nein. Obwohl wir Kurskolleginnen waren.«

»Heißt das, dass Sie dieselben Klassen unterrichteten?«

»Ja. Aber die De Lenchantin war erst seit Beginn des Schuljahres da.«

»Wie war das Verhältnis zwischen Ihnen?«

»Wir grüßten uns, mehr nicht.«

»Haben Sie nie miteinander gesprochen, was weiß ich, über Schule, Familie, gemeinsame Freunde ...«

»Nein. Die Signora war sehr verschlossen. Und ich glaube nicht, dass wir gemeinsame Freunde hatten.«

»Hat sie nie über Persönliches gesprochen?«

»Einmal.«

»Worum ging es da?«

»Um die Ferien.«

»Und was hat sie gesagt?«

»Dass sie sie auf den Chagos verbracht hat.«

»Wo?«

»Auf den Chagos. Das sind Inseln im Indischen Ozean, südlich der Malediven.«

»Mit weißen Stränden, Palmen, Mangos, Muscheln ...«

Sie musste schmunzeln (so fette Muscheln, wie die Möse von Antonella), was dem Kommissar nicht entging.

»Warum lachen Sie?«

»Ich lache nicht, ich schmunzle. Weil ich mir die Chagos genauso vorstellte, als die De Lenchantin davon sprach.«

»Sie mochten sie nicht.«

Entschlossen sah sie ihm ins Gesicht. Die Augen waren es, die ihn hübsch aussehen ließen, die Augen und die Wangenknochen. Und hübsch war kein passendes Adjektiv, denn es reduzierte und gleichzeitig betonte es die Merkmale dieses Gesichts. Jedenfalls war der Besitzer dieses Gesichts – ob hübsch oder nicht – ziemlich scharfsichtig und sie war eine miserable Schauspielerin.

»Nicht besonders.«

»Warum nicht?«

Sie konnte ja schlecht sagen: Weil sie Hunde nicht mochte. Weil sie (vielleicht) Flik getötet und es bei Bisin versucht hat. Weil sie groß, blond, schön, reich, elegant war und nach Spülbecken roch. Solche Motive behielt man aus allen möglichen Gründen besser für sich.

»Weil sie ziemlich arrogant war.«

»Und wie fanden die Schüler sie? Ebenfalls unsympathisch und arrogant?«

»Das weiß ich nicht. Ich ermuntere sie nicht zu dieser Art Vertraulichkeiten.«

»Haben Sie nie einen Schüler seine Meinung über Signora De Lenchantin äußern hören?«

»Nein. Ich tue mein Möglichstes, um nicht zu hören, was sie über mich oder meine Kollegen reden.«

»Wollen Sie damit sagen, dass sie keine hohe Meinung von den Lehrern haben?«

»Ich will damit sagen, dass sie keine hohe Meinung von der Schule haben, und ich finde, sie haben nicht ganz Unrecht.«

»Dachte Signora De Lenchantin auch so?«

Uff, diese peinlichen Manöver! Wer jemals einen Krimi gelesen oder gesehen hat, ist im Stande, sie zu durchschauen und sich an ihnen vorbeizumogeln. Tricks wie im Mittelalter, oder wie im Miozän, von dem sogar meine Schüler wissen, dass es ein bisschen früher war.

»Commissario, machen Sie einen auf Inspektor Columbo?«

Jetzt musste er auch schmunzeln. Und zum ersten Mal sah er sie nicht wie ein Möbelstück des Lehrerzimmers, sondern wie einen Menschen an.

»Entschuldigen Sie. Es ist nicht so leicht, über den eigenen Schatten zu springen. Sie fanden also das Opfer nicht besonders liebenswert, Sie sprachen nicht mit der Frau, grüßten sie höchstens. Aber Sie wissen, wo sie ihre Ferien verbrachte und wo sie wohnte.«

Wieder lächelte er, betont herausfordernd. Er ist ein bisschen besser als Columbo. Er hat zwei gesunde Augen, raucht keine stinkenden Zigarren, wirft keinen zerknitterten, schmutzigen Trenchcoat irgendwohin. Und seine Arbeit macht ihm Spaß.

»Genau. Das haben Sie treffend zusammengefasst. Aber die De Lenchantin wurde nicht mit einer Liane von den Chagos in ihrem Haus erdrosselt.«

Der Stellvertreter, der bis dahin die Rolle des steinernen Gastes gespielt hatte, begann jetzt die eine oder andere menschliche Regung wie Erstaunen oder Unruhe zu zeigen. Er blickte zwischen den beiden hin und her, als verfolge er einen unsichtbaren Tennisball.

»In welcher Beziehung stand Ihre Freundin Luigina Florio zu Signora De Lenchantin?«

»Ich bezweifle, dass es da eine Beziehung gab. Zu verschieden. Außerdem sind die Häuser in den Hügeln nachbarschaftlichen Beziehungen nicht gerade förderlich: Man hat nicht mal die Gelegenheit, sich bei Mieterversammlungen zu zerfleischen.«

Er schlug die Mappe auf, blätterte ein paar Seiten durch und las – oder tat, als läse er – ein paar Notizen: Er bereitete sich auf den letzten Hieb vor, vielleicht wollte er sich auch nur ein bisschen wichtig machen.

»Ich nehme an, Sie haben den verschwundenen Terminkalender nie gesehen.«

»Irrtum. Sogar mehrmals. Die De Lenchantin hatte ihn immer dabei, auch im Unterricht.«

»Können Sie ihn beschreiben?«

»Rötliches Leder. Auf dem Einband *The New Yorker Diary* in Goldlettern. Ein wunderschönes Stück.«

»Könnte sie ihn in der Schule gelassen haben?«

»In ihrer Schublade vielleicht, sie war eine der wenigen, die sie abschlossen.«

»Da ist er nicht. Könnte sie ihn irgendwo anders gelassen haben?«

»Das glaube ich nicht, sie wirkte nicht wie jemand, der seine Sachen irgendwo liegen lässt oder vergisst.«

Antoniutti und die stellvertretende Direktorin betraten das Lehrerzimmer; die dritte Stunde fing gleich an, sie bewaffneten sich ebenfalls mit Büchern und Klassenbüchern, grüßten und warfen ihnen neugierige und argwöhnische Blicke zu.

»Falls Ihnen noch etwas einfällt …«

»… rufe ich Sie in Ihrer Dienststelle an, wie im Fernsehen«, sagte sie, griff nach der Visitenkarte, die er ihr reichte, und stellte dabei fest, dass er Gaetano hieß.

Fünftes Kapitel

Während sie in der Elften Sonett und Kanzone erklärte – auch der Rap folgt einem Reimschema, nicht wahr? –, abab, abab oder abba, abba, Aufgesang, Abgesang, Stollen und Gegenstollen, und sie lauschten ihr trotz Rap so aufmerksam wie Siesta haltende Krokodile, während sie in der Zwölften drei Pechvögel mit sichtlich unverständlichen Fragen zum *Rasenden Roland* traktierte, während sie ihre Wohnung betrat und wieder verließ, um mit Potti Gassi zu gehen, während sie sich schlecht gelaunt eine Portion Kopfsalat zubereitete und zwei Scheiben Schinken auspackte – ihr Mann kam nicht zum Mittagessen – und sich dann, ihre tugendhaften Vorsätze in den Wind schlagend, mit Gorgonzola voll stopfte, während sie das bisschen Geschirr in den Geschirrspüler räumte, während sie sich einen halben Liter Kaffee kochte, ihn in kleinen Schlucken trank, um sich nicht zu verbrennen, und dabei zerstreut den Hund am Kopf kraulte, während sie all dies tat, dachte sie fortwährend an ihr Verhör, wie sie es nannte, und dann, immer weitere Kreise ziehend, an das Gespräch und die Telefonate mit Gina, an Biancas Verhalten, an ihren Mann, an den Cousin mit dem pharaonischen Alibi, an die absurde Vorstellung eines schönen Frauenkörpers auf einer Müllhalde. Nichts passte zusammen.

Commissario Gaetano – ein schöner Name, gottlob gibt es noch Leute mit ernsthaften, traditionellen Namen inmitten dieser Flut von Alexen, Christians, Yuris und der noch schlimmeren Jessicas, Samanthas, Deborahs –, Commissario Gaetano also und sein Kumpel haben im

Lehrerzimmer eigens auf mich gewartet, sie waren nicht dort, um sich aufs Geratewohl mit jemandem zu unterhalten, der zufällig anwesend war, nur um sich eine Vorstellung vom beruflichen Umfeld des Opfers zu machen. Sie haben auf mich gewartet: Möglicherweise hatten sie mit der Direktorin gesprochen und sich über meinen Stundenplan informiert und bauten darauf, von mir etwas Konkretes zu erfahren. Und ich habe brav etwas Konkretes geboten: den Auftritt einer Idiotin. Die unterschwellige Verärgerung war der Grund für mein Unbehagen, für mein defensives Verhalten, für den gereizten Ton oder das unnütze Abschweifen vom Thema gewesen. Was interessierte den Commissario schon meine Meinung über die Schule, er war ja nicht wegen einer soziologischen Untersuchung für das Polizeijournal gekommen, er suchte und sucht nach Hinweisen und Zusammenhängen, um einen Mörder oder eine Mörderin, aber eher einen Mörder, dingfest zu machen. Und ich glaube mich geltungssüchtig produzieren zu müssen, wie die Leute, die vor einem in die Luft geflogenen Haus in die Fernsehkamera winken oder im Restaurant besonders laut reden, damit auch jeder über ihre Angelegenheiten Bescheid weiß ... Man kennt sich nie gut genug und die Blödheit, auch die eigene, ist wirklich überraschend.

Wenn sie also etwas von mir erwarteten, dann hing das sicher mit Gina zusammen, die einfach nur das Pech hat, die Nachbarin des Opfers und zugleich eng mit einer Kollegin dieses Opfers befreundet zu sein; und die zwar mit dem Opfer nichts zu tun hatte, die Frau aber ausgerechnet am Tag des Verbrechens treffen wollte. Doch Gina hat ein Alibi, das nicht nur ihre Kinder und ihr Mann bestätigen können, sondern auch dessen Kollegen, mit denen sie am Telefon gesprochen hat. Und ich? Abendessen mit Mutter, Tochter und Mann, aber kein untermauerndes Telefongespräch. Vorher der Einkauf in dem Feinkostgeschäft und die Verkäuferin mit der Hundephobie, die sich bestimmt an mich und den Dackel-Europameister erinnert (eine ad hoc erfundene Lüge), die jedoch, falls sich ihre Aussage als notwendig erweisen sollte, aus purer Bosheit alles leugnen könnte. Ich sehe aber keinen Grund, warum sie notwendig sein sollte: Zum Zeitpunkt meines Einkaufs war Bianca noch am Leben. Wenn allerdings dem schönen Gaetano die Aussagen von Mutter, Tochter und Ehemann für die Stunden danach nicht reichen, dann müsste er die Tatsache, dass ich etwa um sechs Uhr mit einem ungehorsamen Hund in der Stadt unterwegs war, um etwas Essbares (mehr oder weniger essbar, aber das ist irrelevant) einzukaufen und dann ein dickköpfiges Kind von der Englischstunde abzuholen, dann müsste er dieses mein Herumgefahre in der Stadt in mütterlicher oder hausfraulicher Mission als Punkt zu meinen Gunsten verbuchen. Bevor man jemanden erwürgt, muss man sich psychologisch vorbereiten, sich mit Adrenalin aufladen, in der richtigen Stimmung sein. Vielleicht habe ich noch den Kassenzettel vom Feinkostgeschäft, ich stopfe die Zettel immer in die Hosentasche, bis sie ein dicker Knödel sind, und werfe sie erst weg, wenn ich die Klamotten in die Wäscherei bringe oder in die Waschmaschine stopfe, was meistens ein Desaster ist. Aber ich suche den Kassenzettel nicht, es bringt Unglück, zu viele Vorkehrungen zu treffen, die Götter oder das Schicksal oder wer auch immer nehmen das übel und drehen dir nur einen Strick daraus. So was nennt sich Rückfall in den Aberglauben oder, trivialer ausgedrückt, frühzeitige Verblödung. Außer meinem Verhör ist da noch die Sache mit Gina. Man kann festhalten, dass sie Bianca nicht umgebracht hat – ich glaube ihr, sie hätte nicht beim Leben ihrer Kinder geschworen, bei der Bibel vielleicht schon, weil sie Agnostikerin, wenn nicht gar Atheistin ist, und die Bibel ihr genauso viel bedeutet wie das Awesta oder der Koran, aber bei ihren Kindern ist auch sie abergläubisch –, und doch fügen sich ein paar Mosaiksteinchen nicht zu einem überzeugenden Bild.

Erstes Mosaiksteinchen. Das Telefongespräch vom Dienstagnachmittag, als sie so ausweichend und anders war als tags zuvor: Ich lass es lieber, ich will ja keine hundertjährige Fehde auslösen und so weiter, und die Eile, mich unter dem Vorwand des Einkaufens wieder loszuwerden. Irgendetwas musste zu dieser veränderten Haltung geführt haben: Diegos Frieden stiftenden Ratschläge vielleicht, aber warum sagt sie nichts davon? Ich glaube bestimmt nicht, dass Gina von sich aus ihre Meinung geändert hat, sie liebt Hunde zu sehr, als dass sie deren gewaltsamen Tod um des guten Tons willen einfach hinnähme.

Zweites Mosaiksteinchen. Ginas Reaktion angesichts der Polizisten, die irre Angst, genau so hat sie sich ausgedrückt, sie hat gelogen, nur ein bisschen, einverstanden, aber anscheinend unmotiviert. Aber auch mir wurde es ganz anders, als die Bullen vor mir standen, dabei habe ich, auch vor Freunden oder Verwandten, nie gedroht, Bianca den Hals umzudrehen und zum Verfaulen in eine Grube zu werfen. Dafür habe ich versprochen, falsch oder lückenhaft auszusagen, und das tatsächlich getan: »Ich bezweifle, dass es da eine Beziehung gab«, Gott sei Dank habe ich ›bezweifle‹ gesagt, damit klang die Aussage nicht so endgültig. Jedenfalls fühlte ich mich unbehaglich, weil ich ja wusste, dass ich schwindeln würde, aber Unbehaglichkeit ist etwas anderes als irre Angst, und wenn Gina, die mit Auszeichnung in Philologie promoviert hat, ›irre Angst‹ gesagt hat, dann war es irre Angst.

Drittes Mosaiksteinchen. Wozu brauchte Gina ein Alibi für halb sechs? Warum hat sie mich ins Spiel gebracht? Wer sich ein Alibi zurechtbastelt – egal ob echt oder falsch –, hat etwas zu verbergen. Wenn es nicht der Mord an Bianca sein kann, weil Bianca zu diesem Zeitpunkt noch gelebt hat, was ist es dann und wieso hat Gina es mir nicht gesagt?

Nun zu Biancas Verhalten. Sie ist zu Hause, als Gina sie aufsuchen will, aber der oder die Hausangestellte vermeldet, bestimmt auf ihre Anweisung hin, sie sei nicht da. Achtung: eine vorbeugende Anordnung, und das bedeutet, dass Bianca entweder eine Unterredung mit Gina abgelehnt (in diesem Fall liegt ihre Schuld an der Hundegeschichte auf der Hand) oder pauschal, ganz die große Dame, gesagt hat: Battista, ich bin für niemanden zu sprechen.

Wenn eine Frau sagt, sie sei für niemanden zu sprechen, dann tut sie das, weil sie müde ist, das Telefon ausschaltet und ein Schläfchen hält oder weil sie sich auf etwas Wichtiges, was keine Unterbrechung oder Ablenkung verträgt, konzentrieren muss oder auch weil sie stinksauer ist und ihre Ruhe haben will, um über ihren Ärger nachzugrübeln und den Knoten zu lösen. Die beiden letzten Hypothesen heben sich nicht gegenseitig auf, sie können sich sogar ergänzen. An Gaetanos Stelle – wieso behandle ich ihn eigentlich so freundschaftlich, wenn auch nur in Gedanken – würde ich mich darum kümmern, Folgendes, und zwar in dieser Reihenfolge, in Erfahrung zu bringen:

a) den genauen Wortlaut von Biancas Bitte, nicht gestört zu werden,
b) ob Bianca regelmäßig mittags schlief,
c) ob Bianca vor Ankunft des Cousins telefoniert hat,
d) in welcher Stimmung sie war.

Ich weiß ja nicht viel über Biancas Charakter, neige aber zu der Annahme, dass sie:

a) gesagt hat, sie wolle von niemandem gestört werden (ihre Gedanken kreisen bestimmt nicht nur um Gina, ob sie deren Hund nun vergiftet hat oder nicht),

b) keinen Mittagschlaf hielt (zu schlank und versnobt, um dem etwas plumpen und proletenhaften Laster des Nickerchens zu frönen),

c) sicher ein oder mehrere Telefongespräche geführt hat,

d) miserabler Laune war.

Nein, das gilt nicht, und sich selbst etwas vorzumachen ist der Gipfel der Scheinheiligkeit. Für a) und b), die irgendwie plausibel sind, wenn auch nicht in einem logischen, so doch wenigstens in einem psychologisch akzeptablen Sinn, mag das noch durchgehen, aber c) und d) sind vorgeschobene Axiome, bedürfen wie alle Axiome keines Beweises und sind noch dazu begründet in der anhaltenden Antipathie, die auch den gewaltsamen Tod überdauert. Torquemada, Berija oder auch Saint-Just: In deren Fußstapfen sollte man nun wirklich nicht treten.

Und doch ...

Und doch sind c) und d) nicht so gemeine Unterstellungen, irgendwie leiten sie sich aus a) und b) her: Ich will mit niemandem sprechen, weil ich wütend bin, und ich will selbst entscheiden, an wem ich meine Wut auslasse, und das nicht dem Zufall überlassen.

Und dann der Terminkalender, der sicher nicht einfach verschwunden ist, sondern vom Opfer oder vom Mörder versteckt wurde. Der ist höchstwahrscheinlich ein Mann, denn Frauen erwürgen normalerweise nicht, zumindest keine kräftigen und sportlichen Opfer wie Bianca. Im *New Yorker Diary* müssen, außer den Vermerken über die Dauer der Schulstunden und ähnliche Belanglosigkeiten, kompromittierende Notizen stehen. Notizen und Telefonnummern. Wer weiß, wo es steckt. Im Haus bestimmt nicht, Bagnasacco hat es vergebens gesucht und mit der Polizei darüber gesprochen, er hat ja selbst gesagt, dass sie ihr schickes Diary immer bei sich hatte. Auch am Montagnachmittag? Das müsste man den Cousin oder *Alì Babà* fragen, was Gaetano sicher getan hat. Er wird auch beide, aber vor allem Ersteren, gefragt haben, was Bianca nach dem Teppichkauf vorhatte. »Ich weiß es nicht, sie hat mir nichts gesagt, meine Cousine war sehr verschlossen ...« O nein, mein lieber Vaglietti, das kannst du mir nicht weismachen, denn so wie du ihn darstellst, ist der Ablauf des Geschehens nicht logisch: Warum ist Bianca nicht mit ihrem eigenen Wagen in die Stadt gefahren? Wieso hast du sie danach nicht zu ihrem Termin begleitet? Was auch immer sie vorhatte, es war sicher kein Geheimnis für dich, sonst hätte Bianca es besser gehütet und verhindert, dass du neugierig wirst. Du wusstest, wo sie hinwollte, und wenn du es verschweigst, musst du gute, vielmehr schlechte Gründe dafür haben. Die gewiss nicht in der postumen Verteidigung von Biancas Ehre liegen, denn heutzutage regt sich kein Mensch mehr über Ehebruch auf und selbst eine Eiferin der katholischen Jugendorganisation *Comunione e Liberazione* ist bereit, ihn – entgegen den päpstlichen Direktiven – wie Steuerhinterziehung als eine lässliche Sünde zu betrachten. Bianca ist nicht zu ihrem etwaigen Liebhaber, sondern zu ihrem Mörder gegangen.

Ein ungewöhnlich schüchterner Schnauzenstupser von Potti holte sie aus ihren Gedanken: Sie hatte aufgehört, ihm den Kopf zu kraulen, und er bettelte um ein bisschen Aufmerksamkeit. Mit der geheimnisvollen Sensibilität des Hundes (gegenüber der sich Cartesius als blind, taub und auch dumm erweist) hatte er begriffen, dass Spielen – das zerrende, knurrende Ringen um den schmierigen Kautschukknochen oder das ebenso schmierige Gummistachelschwein – oder ausgelassene Zärtlichkeiten nicht auf dem Programm standen; er hatte sich mit ein wenig zerstreutem, mechanischem Kraulen wie Fingertrommeln auf der Tischplatte zufrieden gegeben, aber als auch das jetzt aufhörte, erinnerte er sie hundemäßig an seine Existenz.

»Ich weiß, dass du existierst. Du sabberst, also bist du, meine kleine Dickwurst.«

Während sie ihn weiter kraulte, und diesmal war sie mehr bei der Sache, dachte sie lustlos, dass sie sich allmählich aufraffen, etwas Konstruktives tun sollte, aber nichts Masochistisches wie Schubladenaufräumen oder Hemdenbügeln ... Kochen, ja, sie könnte endlich mal wieder etwas Anständiges, vielleicht sogar etwas Raffiniertes kochen, ein Abendessen, das Renzo verblüffen würde, wie der denkwürdige geschmorte Ochsenschwanz mit sämtlichen dazugehörigen Ingredienzien, einschließlich Pinienkernen, Rosinen und geraspelter Bitterschokolade, nach dem er angefangen hatte, ihr den Hof zu machen.

Vater und Tochter kamen spät, denn nach der unergiebigen zweimal wöchentlich stattfindenden Englischstunde hatte Livietta ihn zu Ingrid geschleppt, um einen Stapel Sammelbildchen abzuholen – eine Frage von Leben und Tod –, und noch in Jacke und Anorak machten sie sich mit einer Reihe bewundernder Ohs und Ahs und Uhs über sie lustig, als sie den Tisch sahen, der fast wie in einem Visconti-Film gedeckt war (Tischdecke aus flämischem Leinen, jede Menge Besteck und Gläser, funkelnde Glaskaraffen), und vor allem als sie eine Mischung von Düften schnupperten, die sicher nicht von dem berühmtberüchtigten Lehrerinnenschnitzel herrührten.

»Was ist denn passiert?«, fragte das Kind.

»Ich habe ein paar Köstlichkeiten zubereitet, eine für jeden und eine für alle.«

»Was heißt ›eine für jeden‹?«

»Das heißt, dass die *Quiche Lorraine* vor allem mir schmeckt, die Lamminnereien vor allem Papà, die Rösti dir und der Rohrzuckerkuchen allen, Cholesterin und Blutzuckerwerten zum Trotz.«

»Aber der Oma schmecken solche Schmatzmampfis bestimmt nicht.«

»Köstlichkeiten, nicht Schmatzmampfis. Ich weiß, dass sie die nicht mag, und weil ich nicht will, dass sie beim Essen den Mund verzieht und aussieht wie eine frühchristliche Märtyrerin, habe ich Fertigkäsetaschen für sie gebacken, die weder köstlich noch Schmatzmampfis, sondern ein Graus sind.«

»Stimmt gar nicht. Ich glaub, ich esse das Erste nicht, weil ich nicht mehr weiß, ob ich das mag, und nehm dafür eine Käsetasche.«

»Das schmeckt dir bestimmt, glaub mir. Aber meinetwegen kannst du auch eine Käsetasche essen. Früher oder später kommst du schon noch auf den Geschmack, das hoffe ich zumindest.«

»Die Oma ist auch nicht auf den Geschmack gekommen und lebt super damit. Ich will wie die Oma werden.«

Ihr Mann richtete sich endlich wieder auf: Er hatte die Lamminnereien begutachtet – und probiert –, die im Bain-Marie neben Käsetaschen und Rösti vor sich hin dampften, und lange die beginnende Goldfärbung der Quiche im Ofen beobachtet. Die Inspektion hatte ihn getröstet und großherzig gemacht.

»Magst du einen Punt e Mes?«

»Nein, kein Aperitif.«

»Was ist denn mit dir los? Du kochst wie ein Profi, verschmähst den Aperitif ... Ist das ein gutes oder ein schlechtes Zeichen?«

»Das weiß ich nicht, der Tag hat schlecht angefangen, aber der Nachmittag war schon besser, abgesehen von den Tränenströmen beim Zwiebelschneiden.«

»Warum hat der Tag schlecht angefangen?«

»Weil die Polizei mich vernommen hat.«

Sie berichtete, während sich die Köstlichkeiten ihrer Vollendung näherten, kurz von der Vernehmung und den anschließenden Überlegungen. Endlich einmal lauschte ihr jemand mit wohlwollender Aufmerksamkeit.

»Hatte deine Kollegin diesen verflixten Terminkalender am Montagmorgen denn dabei?«

Daran hatte sie nicht gedacht, auf die Idee war sie gar nicht gekommen. Sie hatte Millionen kleiner grauer Zellen bemüht, um hypothetische Verhaltensweisen und Motivationen zu rekonstruieren, sie hatte Mutmaßungen und Schlussfolgerungen von zweifelhaftem Wert angestellt, sie hatte im Geiste Ermittlungen betrieben, für die andere Leute zuständig waren, und hatte sich nicht die naheliegendste Frage gestellt. Zum zweiten Mal an diesem Tag – und mindestens zum millionsten Mal in ihrem Leben – schalt sie sich einen Dummkopf.

Die Quiche war eine Harmonie duftender Kontraste – auch Livietta musste zugeben, dass sie ihr schmeckte –, doch sie merkte es fast nicht; die Lamminnereien wurden sogar von der Mutter probiert, ohne dass sie angewidert das Gesicht verzog, und von ihrem Gatten, der sonst mit Komplimenten für Kochkünste geizte, für meisterhaft befunden, doch sie konnte sich nicht darüber freuen; die Rösti wurden von der Tochter in Beschlag genommen und ungerecht aufgeteilt wie der Kapaun in der Novelle von Franco Sacchetti, der lauwarme Zuckerkuchen – zweitausend Kalorien pro Bissen – rief fast obszönes

Lustgestöhne hervor, doch ihr kam es vor, als hielten ihre Geschmackspapillen Winterschlaf, sogar eine Käsetasche, wäre sie zufällig auf ihren Teller geraten, hätte sie geschluckt, ohne angeekelt zusammenzufahren. Der Terminkalender in rötlichem Leder thronte in ihren Gedanken und lähmte sie.

In der Nacht verfolgte er sie im Traum: Er war riesenhaft angewachsen und zeichnete sich wie Konstantins Kreuz am Himmel ab, sie stellte sich auf die Zehenspitzen, reckte die Arme, spürte, wie sich sogar der Zwischenraum zwischen dem letzten Lendenwirbel und dem ersten Kreuzbeinwirbel verlängerte und der ganze Körper sich streckte, als sie nach ihm greifen wollte. Und während der Kalender, riesig und unbewegt, hoch über ihr strahlte, spürte sie in den Händen eine imaginäre Kopie, sie befühlte mit den Fingerkuppen das weiche, leicht speckige Leder, strich die Nahtrillen entlang, fuhr mit dem Zeigefinger über den glatten Goldschnitt, schnupperte den Duft des Leders. Der Kalender war da und doch nicht da: Der in ihren Händen, dessen Form, Gewicht und Ausmaße sie spürte, stellte für das Licht kein Hindernis dar, während der andere, der am Himmel schwebte, nur den Schein seiner Dinglichkeit darbot, ungreifbar wie der Schatten des Anchises.

Am nächsten Morgen konnte nicht mal eine ganze Schale Kaffee sie aus ihrer Wahnvorstellung lösen: Sie fühlte sich wie in Trance, als schwimme sie in einem Zustand, in dem Bewusstsein und Sensibilität ausgesetzt hatten und die Grenzen zwischen Wirklichkeit und Möglichkeit verwischt waren. In der Schule öffnete sie die kaputte Tür des Metallschranks gegenüber ihrer elften Klasse, eine Tür, um deren Reparatur sich niemand kümmerte, weil in dem Schrank nur Bücher waren, zumal nicht illustrierte Klassiker, die zu klauen sich also niemand die Mühe machen würde, Bücher, aus denen sie einmal wöchentlich in der Klasse eine Passage las, die sie provokativ oder spannend oder einfach schön fand, was fast immer jenes befremdete Staunen auslöste, mit dem unverständliches oder verschrobenes Verhalten beäugt wird; als sie nun die Schranktür öffnete – die in den lockeren Angeln wie immer knirschte – und im dritten Fach vor *Erziehung des Herzens*, *Das verlorene Paradies* und Hopkins Gedichten ein rötliches Buch sah, wunderte sie sich kaum: Sie nahm das Buch heraus und in ihren Händen materialisierte sich das *New Yorker Diary*. Wie die Asche in den Händen von Sai Baba. Sie wunderte sich nicht, aber sie wachte auf und blickte um sich: Der Flur war wie durch ein Wunder menschenleer (in der Mitte der ersten Stunde machte noch niemand dringende körperliche Bedürfnisse geltend, die Zu-spät-Kommer – Schüler wie Lehrer – waren inzwischen alle da und die Hausmeister hatten sich verdientermaßen verzogen), und so war es ein Leichtes, den Kalender in der Handtasche verschwinden zu lassen.

Just in diesem Augenblick ereilte sie ein weiteres kleines Wunder: die gestochen scharfe Vision, dass Bianca Montagvormittag nach der Pause in ebendiesen Schrank ein oder mehrere Bücher zurückstellte, die sie in den vorhergehenden Stunden benutzt hatte. Weinroter Rock, graue Bluse und Blazer, Strümpfe mit Naht, die Handtasche unter den linken Arm geklemmt: ein perfekt aufgenommenes, aber eher zufällig in einer Erinnerungsschublade aufbewahrtes Foto.

Sie war ruhig, seelenruhig und klar im Kopf, ohne unbedingt sofort entscheiden zu wollen, was jetzt zu tun sei. Ich werde mir eine Pause genehmigen, verkündete sie sich selbst im Stillen und freute sich, dass sie so guter Dinge war. Ohne Eile ließ sie den Blick über die Bücher des ersten, zweiten und dritten Fachs wandern und entschied, was sie in der Elften lesen würde: *Das wüste Land*. Es war nicht April, der Flieder blühte nicht, es regnete nicht: Sie würden sie für verrückt halten.

Um halb eins neigte sich ihre selbst verordnete Pause dem Ende zu, aber sie beschloss, sie zu verlängern. Von der Bar *Negrita* aus rief sie ihre Mutter an, sie möchte sich um den Hund kümmern, ließ die unausbleiblichen Vorwürfe über den Anruf im letzten Moment über sich ergehen, aß einen gemischten Salat mit Thunfisch und Mozzarella, trank ein Glas Weißwein und einen Espresso und beschloss, sich von Eugenia die Haare schneiden und legen zu lassen. Renzo würde nämlich auch an diesem Tag nicht zum Mittagessen kommen. (Dreimal innerhalb einer Woche, dachte sie vage: Entweder ist ihm eine süße Marmorbusige über den Weg gelaufen oder er hat eine gute Kantine entdeckt, in der er sich voll stopfen kann. Sein Pech, da wird er fett.)

Schnell ging sie zu Eugenias Salon, den sie sich nicht ausgesucht hatte, weil er bequem zu erreichen gewesen wäre – zwanzig Minuten zu Fuß von zu Hause und eine Viertelstunde von der Schule –, auch nicht weil Eugenia sich so gut auf ihr Handwerk verstanden hätte – sie schnitt die Haare so lala, weder gut noch schlecht – und auch nicht weil sie billig gewesen wäre, denn auch die Preise lagen im Durchschnitt, vielleicht eher ein bisschen darüber als darunter. Es gab andere Gründe. Erstens das Ladenschild: nicht Coiffure oder Haute Coiffure oder Hair Dresser oder Hair Stylist oder, noch schlimmer, New Look oder Hair Academy, sondern: *Friseur*. Zweitens standen den Kundinnen weder alberne oder rührselige Frauenzeitschriften noch schlüpfrige Revolverblätter für Männlein und Weiblein, sondern drei Tageszeitungen zur Verfügung: *Stampa*, *Repubblica* und *Corriere*. Der dritte Grund lag in der lakonischen, an sture Schweigsamkeit grenzenden Art von Eugenia, die ihren Kundinnen nicht mit leerem Geschwätz auf den Wecker ging. Der vierte, aber nicht unwichtigste Grund hing mit dem Nichtvorhandensein sonstiger störender Geräusche zusammen, die da wären Schlager- und Reklameprogramme öffentlicher wie privater Radiosender mit gestotterten Grüßen an die Jessicas oder die Deborahs in Nichelino oder Venaria. All das ist Kultur und Kultur gehört belohnt.

Ich muss mir etwas überlegen und mich zu irgendetwas entscheiden, ich kann die Pause nicht endlos in die Länge ziehen. Ich hab das Ding hier in meiner Tasche, brandheiß, und muss was damit anfangen. Das Naheliegendste und Normalste wäre, den Commissario anzurufen, ihm zu sagen, dass ich den Kalender gefunden habe, und ihn ihm zu geben. Eigentlich hätte ich dieses Naheliegende und Normale schon um halb neun tun müssen, aber ich kann ja ein bisschen schwindeln und sagen, ich hätte ihn gefunden, bevor ich mittags gegangen bin. Ja, aber wenn ich noch mehr Zeit verstreichen lasse, wird er diese Lüge nicht hinnehmen: Wie bitte, Sie haben ihn um halb eins gefunden, und anstatt mich sofort anzurufen, haben Sie in der Bar etwas gegessen und sind dann noch zum Friseur gegangen? Genau das würde Gaetano denken und sagen, und völlig zu Recht. Ich könnte ihn ja auch morgen finden, das heißt, so tun als ob. Niemand hat mich gesehen, als ich den Terminkalender an mich nahm, und niemand weiß, dass er dort lag. Morgen krame ich ein bisschen in dem Schrank, das heißt, ich nehme ein Buch heraus und bringe es später wieder zurück, und nach der Schule tue ich meine Pflicht als brave Bürgerin. Und inzwischen?

Inzwischen war sie bei dem Friseurgeschäft angekommen, wo die Formalitäten wie immer knochentrocken abgehandelt wurden:

»Guten Tag.«
»Guten Tag.«
»Schneiden und legen, bitte.«
»Wie immer?«
»Ja, bitte.«

Da die einzige weitere Kundin bereits am Ziel ihrer Wünsche angekommen war, kam sie gleich in die Obhut der Gehilfin – die sich den Gepflogenheiten der Chefin grollend und gezwungenermaßen gebeugt hatte: kein Geplauder, keine Schlager, kein Kaugummigekaue: Kann es überhaupt etwas Schlimmeres geben? Ihr Haar wurde nicht sehr sanft gewaschen und gespült und schließlich landete sie unter der Schere der flinken, effizienten, in Schweigen gehüllten Eugenia. Das eingeschnappte Lehrmädchen pfiff darauf, von so einer blöden Chefin etwas zu lernen, und studierte mit finsterer Konzentration sein Spiegelbild. Nach dem Schneiden kam der Fön dran, mit dem Eugenia schnell und präzise wie ein Jongleur hantierte; da sie keine Energie mit überflüssigem Gequassel vertat, konnte sie diese voll und ganz auf die Ausübung ihrer Kunst verwenden. Sie beobachtete Eugenia immer mit einer Mischung aus Staunen und Bewunderung für die knappen Gesten, auch wenn das Resultat nie besonders denkwürdig war.

»In Ordnung?«
»Ja, danke.«
»Auf Wiedersehen.«
»Auf Wiedersehen.«

Die ganze Angelegenheit inklusive Bezahlen und Entgegennahme eines korrekten Kassenzettels hatte keine halbe Stunde gedauert. Und darin lagen der fünfte und der sechste Grund, Eugenia treu zu bleiben.

Doch jetzt konnte sie nicht länger mit sich selbst Verstecken spielen und sich auch keine weiteren Manöver ausdenken, um die Sache noch mehr hinauszuschieben: Um sich besser konzentrieren zu können, setzte sie sich nach wenigen Schritten in der Via Stampatori auf eine Bank und zündete sich eine Zigarette an, die erste des Tages. Ich muss zugeben, ich habe eine irre Lust, wie Ginotta sagen würde, ihn durchzublättern und zu lesen, diesen versehentlich liegen gelassenen und glücklicherweise entdeckten Kalender. Als Bianca am Montag die Bücher in den Schrank zurückstellte, hat sie den Terminkalender nicht zusammen mit der Handtasche unter den linken Arm geklemmt, sondern ihn in das dritte Fach gelegt, um mit der Rechten die Bücher an ihren Platz räumen zu können. Dann hat sie den Kalender liegen gelassen, was zweierlei vermuten lässt: Erstens war auch sie ein menschliches Wesen mit vorübergehenden Versäumnissen und Aussetzern, zweitens war sie wahrscheinlich aus irgendeinem Grund angespannt oder unruhig. Aus demselben Grund, aus dem sie nachmittags von niemandem gestört werden wollte? Aus demselben Grund, der sie zu der mysteriösen Verabredung am Abend geführt hat? Und diese Verabredung steht wahrscheinlich im *Diary*.

Na gut, ich kann der Versuchung nicht länger widerstehen und werde die Notizen in dem Kalender lesen, ich wusste ja schon heute Morgen, dass es so enden würde. Ich habe mich nur vor mir selbst in scheinheilige Tugendhaftigkeit gewandet, dabei bin ich bereit, mich splitternackt auszuziehen. Laxe Schlamperei oder liederliche Taktik, um den Genuss der Indiskretion hinauszuschieben und zu steigern?

Zu Hause öffnete sie die Tür vorsichtig wie ein Dieb, um dem Überfall der lauernden Mutter zu entgehen, brachte Pottis Begeisterung mit einem Maiskeks aus Pamparato zum Schweigen, den sie heimlich aus Liviettas Vorräten nahm (noch eine unvermeidliche Lüge um des lieben Friedens willen: Den habe ich gegessen), legte Schuhe und Jacke ab und öffnete dann endlich ihre Tasche, wobei ihr das Herz klopfte wie Jim vor Billy Bones Truhe. Und endlich befühlte und beschnupperte und drehte und wendete sie ihn nach Herzenslust, den schönen Kalender in rötlichem Leder, und sie genoss die Berührung und den Geruch, beglückwünschte im Stillen die unbekannten Handwerker, die ihn liebevoll hergestellt hatten, scherte sich nicht im Geringsten um das Puzzle ihrer Fingerabdrücke und empfand eine beinah kindliche Freude über das Gewicht, die Masse, das Volumen, eben die Stofflichkeit des Gegenstands.

Bis ihr abrupt einfiel, dass dieser Gegenstand einem Menschen gehört hatte, der zu einer Ansammlung durch die Obduktion verunstalteter anatomischer Teile verkommen war, zu Fleisch, Knochen und Haut, durchtrennt und durchforstet, ein in der Zersetzung begriffener seelenloser Stoff, dem die Ruhe der Grabstätte noch nicht gegönnt war.

Unter Montag, 13. Oktober, stand nichts von einer Verabredung am Nachmittag. Auch nicht am Vormittag. Eine leere Seite, wie auch die vom Tag vorher. Doch Samstag, der 11. Oktober, war ein einziger Strudel an Aktivitäten:

8–10.30 10. Cw. corr.
         12. Tr.
         12. Civ. The flea
11.00   Marta/Ego C.
13.15   Emanuela/Platti
15.00   Sanlorenzo

17.30   bei Bibi vorbeischauen
18.00   Capogrossi/GAM
21.00   Ferraris/Regio

Bei einem solchen Rhythmus wäre ich nach zwei Tagen tot. Sie ja auch, fiel ihr mit nicht ganz unfreiwilligem Sarkasmus ein.

Also: Schule von acht bis zur Pause. In der ersten Stunde muss sie in der zehnten Klasse die korrigierten Arbeiten zurückgegeben haben *(classworks correction);* in der zweiten Stunde hat sie die Zwölfte Übersetzungsübungen machen lassen *(translation);* die dritte Stunde war, ebenfalls in der Zwölften, der *civilisation* gewidmet: ein Hybridengebilde aus Geschichte, Geografie, Literatur, Gebräuchen, Folklore, also Magna Charta, Christmas in England, Robin Hood and the Merry Men, London's monuments … *The flea,* nicht *the flea market:* Was sollten die Flöhe? Zoologie gehörte nicht zu ihrem Lehrstoff. Sie warf einen Blick auf den Hund, der sich gerade kratzte, als könnte er ihr eine Antwort suggerieren. Auch Prophylaxe und Hygiene gehören nicht zu *civilisation.* Was ist es dann? Dann … kann das sein? John Donne, *The flea:* Plötzlich empfand sie tiefe postume Bewunderung. Aber Donne kommt in Büchern über *civilisation* für zukünftige Buchhalter sicher nicht vor, und damit klärt sich der Aufenthalt vor dem Schrank im Flur mit versehentlichem Liegenlassen des Terminkalenders. Nein, es klärt sich überhaupt nichts, denn hier sind wir beim Samstag und vor dem Schrank habe ich sie am Montag gesehen. Um elf trifft sie eine gewisse Marta; Ego C., was kann das sein? Sicher kein Nachname mit abgekürztem Vornamen, Bianca hatte gute Manieren und hätte das nicht so geschrieben; ein Ort vielleicht?

Sie blätterte durch das Verzeichnis am Ende des *Diary*

und fand unter dem Buchstaben E den *Ego Club* nebst Telefonnummern. Also Fitness mit Personal Trainer im exklusivsten Turiner Studio, gemeinsam mit Marta ... (rasch zum Buchstaben M geblättert) Marta Gabetti. Vermutlich, wenn auch nicht vermerkt, eine Dusche und dann ab in Richtung Pietro-Micca-Park, Via Meucci und Piazza Solferino, um sich um Viertel nach eins mit Emanuela (Bruzzone laut Verzeichnis) im *Caffè Platti* am Corso Vittorio zu treffen.

Wahrscheinlich haben sie ein paar dieser Köstlichkeiten auf Kaviarbasis zu sich genommen (kein Möchtegernkaviar vom Seehasen), die ich mir einmal pro Schaltjahr gönne. Danach: *Sanlorenzo,* Laden in der Via Santa Teresa oder an der Piazza Carlina. *Sanlorenzo,* das sind richtig teure Klamotten, typisch Turin und FIAT-Aristokratie, das heißt ohne Firlefanz, ohne Extravaganzen, das sind Stoffe, die einen verzaubern, wenn man sie sieht oder berührt, edle Ösen, Knöpfe, Kragen, Applikationen ... Klamotten, die ich gar nicht tragen könnte, weil sie mich einschüchtern, weil ich mich für unpassend halte, weil ich meinen Körper nicht besonders liebe, weil ich sie mir nicht genug wünsche ... Um halb sechs schaut sie bei Bibi (Cohen) vorbei: Man erfährt weder wo noch warum. Man weiß auch nicht, welchen Geschlechts Bibi ist, wahrscheinlich ist es eine Frau, aber das ist nicht gesagt, wo Turin sogar einen (männlichen) Politiker namens Giusi hervorgebracht hat. Auch Netanyahu wird Bibi genannt, vielleicht ist das ein hebräischer Unisex-Kosename. *Capogrossi/GAM* ist nicht schwer zu entschlüsseln: *Galleria d'arte moderna,* Capogrossi-Ausstellung. Wer hatte nochmal was von Biancas Interesse für moderne Malerei gesagt? Ah ja, Paolo: de Kooning, Fautrier, Melotti. Keine banale Wahl, wie *The flea*. Und zum Abschluss des Tages die Kirsche auf der Sahnetorte: mit der oder dem oder den Ferraris (anscheinend Olimpia und Sandro) im Teatro Regio zu einem Wohltätigkeitskonzert, diesem tröstlichen Fritto misto aus gutem Gewissen und Mondänität.

Ich weiß nicht, ob sich der Kalender als nützlich erweisen wird: Auf alle Fälle muss ich ihn von der ersten bis zu letzten Seite studieren, auch die Stellen, wo er schweigt, muss ich entziffern, die Namen und Telefonnummern der Freunde und Bekannten im Verzeichnis unter die Lupe nehmen, vielleicht ist der Mörder ja einer von ihnen und nicht ein Psychopath, der auf seinem Freigang zufällig vorbeigekommen ist, oder der Majordomus. Soll Gaetano sich darum kümmern: Ich beende hiermit mein Detektivspielchen und morgen kriegt er den Kalender. Morgen? O mein Gott, morgen ist Samstag, Samstag, der 18. Oktober, und ich habe samstags keine Schule: Wie kann ich da den Kalender im Schrank finden? Ich bin so strohdumm, hirnverbrannt, beschränkt, umnachtet, dass ich nicht mal weiß, welcher Tag ist. Von wegen Kay Scarpetta! Heute ist Freitag und nach Freitag kommt Samstag, das lernen Kinder mit drei Jahren, außer Renzo, der hat es mit zwölf gelernt, nicht weil er ein Spätzünder gewesen wäre, sondern weil er seine Kinderjahre wie ein armer kleiner Tarzan oder Mogli in der afrikanischen Savanne verbracht hat, mit Menscheneltern, die exzentrischer und unberechenbarer waren als Affen und Wölfe. Heute ist Freitag, und morgen arbeite ich nicht, es ist Freitag, Freitag, der 17. O mein Gott, nein! Der 17. bringt mir Unglück, alles passiert mir am 17.: Ich schlage Geschirr kaputt, verrenke mir den Knöchel, verliere die Schlüssel, schrappe irgendwo mit dem Auto entlang ... Aber Freitag ist auch mein Glückstag: Geburt, Uniabschluss, Hochzeit, Entbindung, Umzüge, Pottis Ankunft, alles an einem Freitag. Wieder dieser Aberglaube, demnächst lese ich noch Horoskope und lasse mir die Karten legen, tiefer kann ich dann wohl nicht mehr sinken. Aber was soll ich jetzt mit diesem verdammten Kalender machen? Zu spät, ihn dem Commissario zu geben, und ihn zu behalten kommt gar nicht in Frage, das ist nicht nur unfair, ich mache mich auch noch strafbar. Ich könnte ihn Biancas Mann bringen: Ich habe etwas gefunden, das Ihrer Frau gehörte und so weiter, und er übergibt ihn dann der Polizei, denn er scheint sauber zu sein. So hätte ich einen Vorwand, ihn kennen zu lernen, das Haus zu sehen, mich ein wenig umzuschauen. Ein bisschen komme ich wegen meines abstrusen Verhaltens sicher in Kalamitäten, aber es lohnt sich. Sie genehmigte sich eine weitere Pause, um sich zu beruhigen und wieder ins Lot zu kommen, trank ein Glas Wasser, schlug eine Telefonnummer nach und notierte sie, drehte ein paar unnütze Runden durch die Wohnung, bemühte sich, nicht daran zu denken, was Renzo sagen würde. Dann schmuste sie mit dem Hund: Sie wusste aus Erfahrung, dass er das beste Beruhigungsmittel war, ein natürlicher Angstlöser ohne lästige Nebenwirkungen, zumindest solange Livietta nicht da war.

Schließlich raffte sie sich auf: Als Erstes wickelte sie den Kalender in neutrales Packpapier und steckte ihn in ihre Tasche, dann schlüpfte sie wieder in Schuhe und Jacke, nahm den Zettel mit der Telefonnummer und verließ das Haus.

Im Corso San Maurizio schob sie sich zwischen bettelnden Zigeunerinnen und gestikulierenden Straßenhändlern durch, betrat eine Telefonzelle, bei der ein Türflügel fehlte, wählte die Nummer, die sie sich aufgeschrieben hatte, sagte einer arroganten und misstrauischen Frauenstimme ihren Vor- und Nachnamen, erklärte mit leichter Unsicherheit in der Tempuswahl, wer sie war – ich bin ... ich war eine Kollegin der Signora – und dass sie mit Signor Bagnasacco sprechen müsse.

»Warten Sie. Ich sehe mal, ob der Dottore im Haus ist.«

Das musste die Habsburgerin sein. Sie suchte ihn in der Hofburg oder in Schönbrunn.

Der Dottore war im Haus und seine Stimme klang müde und sachlich mit einem freundlichen, resignierten Ton, als erwarte er die soundsovielte Beileidsbezeugung. Die ersparte sie ihm, sie wiederholte Name, Nachname und Beruf und sagte ihm kurz und bündig, sie habe am Morgen zufällig den verschwundenen Kalender gefunden und wolle ihn ihm bringen. Jetzt habe sie noch ein paar Sachen zu erledigen, aber später, gegen sieben, könne sie kommen. Nein, das mache ihr nichts aus: Sie kenne die Straße, weil ganz in der Nähe eine Freundin wohne, Signora Florio. Seine Stimme klang schon lebhafter und ließ jetzt, wo sie nicht mehr so beherrscht war, einen leichten piemontesischen Einschlag durchklingen: Danke, das ist sehr nett von Ihnen, bis später. Er hatte nichts davon gesagt, dass er den Kalender der Polizei geben werde, und sie hatte sich nicht verpflichtet gefühlt, ihn darauf hinzuweisen.

Nach dem Telefonat ging sie in die Via Sant'Ottavio, betrat einen überfüllten Copyshop, stellte sich vor ein freies Kopiergerät, holte den gut getarnten Kalender aus der Tasche und fotokopierte ihn sorgfältig und geduldig, Seite für Seite, inklusive Telefonverzeichnis. Dann steckte sie die Kopien zusammen mit dem Original in die Tasche, zahlte und ging. Sie hatte (einschließlich Schnellhefter) zweiundzwanzigtausend Lire ausgegeben, aber sie brauchte sich über die relativ bescheidene Ausgabe nicht zu beschweren: Es gab noch weitere Details zu organisieren.

Als Mann und Tochter kamen, war bereits alles planmäßig eingeteilt: Livietta zu Gast bei der Oma, bei der sie Fertigmahlzeiten oder extra von der Großmutter gekochte Scheußlichkeiten (was, sofern überhaupt möglich, noch schlimmer war) essen und idiotische lärmende Sendungen glotzen würde, bis ihr die Augen zufielen, sie und Renzo hätten etwas zu erledigen, dann würden sie eine Pizza essen und anschließend ins Kino gehen – es gab einen Film von Neil Jordan – oder in ein Kabarett in einem heruntergekommen Theater in der Via Sacchi. Niemand widersetzte sich ihrer Entscheidungswut: die Oma nicht – sie freute sich immer, wenn sie ihr einen kleinen Strich durch die Erziehung machen konnte –, Livietta nicht, die ›Kuddelmuddel‹ essen konnte, ohne ausgeschimpft zu werden, Renzo nicht, der ungewöhnlich nachgiebig war.

»Wo warst du heute Mittag?«
»Wo wohl! Beim Essen.«
»Und wo?«
»Im *Sedano allegro,* einer kleinen Kantine, die vor kurzem aufgemacht hat. Ich hatte von Adriano gehört, dass sie dort göttlich kochen und zwei atemberaubende Kellnerinnen haben.«
»Und das sagst du mir einfach so ins Gesicht?«
»Wie denn sonst? Aber ist ja gar nicht wahr. Saverio und ich sind aus Neugier hingegangen, aber das Essen ist für gastronomische Analphabeten und die Kellnerinnen sind von der magersüchtigen Sorte, kein Arsch, keine Titten, rein gar nichts.«
»Und wenn sie einen dicken Arsch und Oversize-Titten gehabt hätten, was hättest du dann gemacht?«
»Nichts. Ich hätte sie mir angeschaut und ein bisschen fröhlicher gegessen. Erzähl doch lieber, was wir zu erledigen haben.«

»Wir fahren zum Haus meiner Exkollegin Bianca und bringen ihrem Mann den Terminkalender, den ich heute Morgen in der Schule gefunden habe.«

»Wieso ihrem Mann? Den musst du der Polizei geben.«

»Zu spät. Außerdem bin ich neugierig. Ich will das Haus sehen und ihren Mann kennen lernen.«

»Ganz schön makaber, deine Neugier.«

»Warum? Das Haus wurde nicht bombardiert und der Mann lebt: Was ist daran makaber?«

Sechstes Kapitel

Entgegen allen Erwartungen hielt Bagnasacco, was sein Name versprach.

Nachdem er anfänglich doch weich geworden war – vielleicht drückte ihn ja ein schlechtes Gewissen –, hatte Renzo, als der Besuch näher rückte, sich störrisch wie ein Esel gesträubt: Auf was für Ideen kommst du eigentlich, was soll denn das, wir stehen doch wie zwei Idioten da, vielmehr wie eine, weil ich bestimmt im Auto sitzen bleibe; dann folgte noch eine wirre und holprige Verteidigungsrede auf die männliche Vernunft im Gegensatz zur Launenhaftigkeit der weiblichen Psyche. Sie hatte ihn eine Weile grummeln lassen – sie waren, mit Stau vor einer Baustelle, stop and go an einer kaputten Ampel, stockendem Verkehr vor einem unfähigen Verkehrspolizisten, bereits Richtung Hügel unterwegs –, aber dann hatte sie die Geduld verloren, sei's wegen der nervenaufreibend langsamen Fahrt, sei's wegen des Rosenkranzgemurmels, das er permanent von sich gab, sei's weil sie nicht recht wusste, wie sie sich bei der bevorstehenden Begegnung verhalten sollte. So war sie ihm schroff ins Wort gefallen:

»Denkst du diesen Machoscheiß eigentlich wirklich oder redest du nur so, um unsere Ehe zu beleben?«

»Unsere Ehe ist schon ziemlich lebendig. Dank deiner Überspanntheiten, wenn ich das mal so nennen darf.«

»Ich und überspannt? Das fände ich gar nicht so schlimm. Aber du entwickelst dich langsam zu einem richtigen Spießer. Demnächst verknöcherst du im Zweireiher, sagst Sachen wie: ›Meine Empfehlungen an die werte Gattin‹, träumst von einem Mercedes oder einem Volvo ...«

»Punkt eins: Ich hasse Zweireiher und zu dem einzigen, den ich besitze, hast du mich gezwungen. Maßgeschneidert von deinem, wohlgemerkt *deinem* Schneider-Freund, dem ständig zugekifften Ganesh- und Herz-Jesu-Freak. Allerdings muss ich zugeben, dass der Anzug schön ist. Aber ich hasse ihn trotzdem und ziehe ihn nie an. Punkt zwei: Sprachgefühl ist kein Zubehör zum Uterus, also sind auch Männer manchmal damit ausgestattet. Punkt drei: Ich träume von Luxusautos nicht mehr und nicht weniger als du von den Nerzen aus dem Pelzhaus *Annabella*. So, und jetzt verstehe ich immer noch nicht, warum du nicht die Polizei angerufen hast.«

»Weil es spät geworden ist. Ich habe in der Bar was gegessen, bin zum Friseur und dann nach Hause gegangen, habe den Terminkalender durchgeblättert und bin wieder los, um ihn zu kopieren ...«

»Du hast ihn kopiert?«

»Ja, damit ich ihn in Ruhe lesen kann. Schließlich bin ich nicht Pico della Mirandola mit seinem phänomenalen Gedächtnis.«

»Großer Gott! Bist du unter die Amateurdetektive gegangen? Willst du Miss Marple spielen?«

»Du bist schon wieder verletzend, außerdem schlecht informiert. Miss Marple ist ziemlich alt und mir in keiner Weise ähnlich: Tee, Stricken, Gartenarbeiten und so weiter. Du solltest mal ein Seminar über zeitgenössische Detektivromane besuchen, einen Crashkurs über P.D. James, Patricia Cornwell, Alice Blanchard ...«

»Ja, während du wegen Unterschlagung von Beweismitteln und Gott weiß was sonst noch im Knast beziehungsweise in U-Haft sitzt.«

»Dann hättest du keine Zeit: Job, Livietta, Potti, und

mir musst du Orangen und Zigaretten bringen. Warum siehst du denn alles so schwarz? Wenn dir die Magersüchtigen die Laune vermiest haben, kannst du dich mit mir trösten, ich bin verständnisvoll wie alle Dicken.«

»Mollig, nicht dick. Nervig, feministisch, überspannt, aber zum Glück mollig.«

Er nutzte das Schneckentempo, nahm für einen Moment die Hand vom Lenkrad und tätschelte anerkennend die Außenseite ihrer linken Pobacke.

Die Villa war ein kompakter Bau aus den Dreißigerjahren, entworfen von einem Architekten, dem keine Kostengrenzen gesetzt worden waren: Park, hohe Mauer zum Schutz der Privatsphäre und für die Sicherheit, gepflasterter Vorplatz mit solidem Eisentor. Sie meldeten sich über eine Sprechanlage mit Videoüberwachung an, das Tor glitt lautlos in seiner Führungsrille auf und Renzo stellte den Wagen innerhalb des Parks ab. Als sie ausstieg, sah sie – rechter Hand vom Haus, zu Füßen eines Gingkos im leuchtenden Herbstkleid – ein in seiner dürren Trostlosigkeit sehr ordentliches Azaleenbeet: Nicht einmal ein primitives, ungeschicktes Riesenvieh wie Bisin hätte sein überbordendes Temperament daran verschwendet, sich an einem solchen Elend abzureagieren. Falls da etwas zerstört worden war – entschied sie ein für alle Mal –, war es das Werk eines blinden Maulwurfs.

Die Haushälterin, die sie an der Tür erwartete, entsprach exakt Ginas Beschreibung und dem Bild, das sie, die Haushälterin, vorab am Telefon von sich gegeben hatte, eine gelungene Personifizierung von Stirnrunzeln und Servilität.

»Treten Sie bitte ein«, zischte sie zärtlich wie ein Maschinengewehr und ging ihnen voraus Richtung Salon, wo Bagnasacco sie erwartete.

Der hätte in einer Baccardireklame nichts verloren gehabt, er war weder gut gebaut noch gebräunt, und man konnte ihn sich kaum als Polochampion oder Amateursurfer vorstellen. Mittelgroß, mitteldick, Haare schon etwas ausgedünnt, das Gesicht grau vor Schmerz, Müdigkeitsfalten an Stirn und Augen: Sie fühlte plötzlich Sympathie für diesen Mann, der so fehl in seiner Rolle und so fehl am Platz war, diesen Mann in Grau auf einem grellen Farbfoto. Sie stellten einander vor, schüttelten Hände, bitte nehmen Sie Platz, er selbst setzte sich wieder auf das Sofa; auf der Armlehne stand gefährlich ein zur Hälfte mit bernsteinfarbener Flüssigkeit gefülltes Glas, eher Bourbon als Limonensaft.

»Waren Sie mit Bianca befreundet?«

»Nein. Wir waren nur Kurskolleginnen.« Sie holte das *New Yorker Diary* aus der Handtasche und reichte es ihm. »Den habe ich heute Morgen gefunden, als ich ein Buch suchte. Er lag in einem Schrank im Flur gegenüber dem Zimmer unserer zehnten Klasse.«

»Glauben Sie, Bianca hat ihn dort vergessen?«

Im Stillen hielt sie fest, dass er zum zweiten Mal ›Bianca‹ gesagt hatte und keine Albernheiten wie ›meine arme Frau‹. Auch er hatte Sprachgefühl.

»Ich nehme es an. Montagmorgen habe ich nach der Pause gesehen, dass Bianca Bücher in diesen Schrank zurückstellte. Beim Einräumen muss sie den Kalender abgelegt haben, und dann hat sie ihn vergessen mitzunehmen.«

»Merkwürdig, sie war in allem sehr ordentlich.«

»Ich habe mich auch gewundert. Aber nach dem Pausentrubel ist jeder mal zerstreut.«

Bagnasacco nickte nicht sehr überzeugt, griff nach seinem Glas, erinnerte sich an seine Gastgeberpflichten und bot ihnen einen Aperitif an. Sie hatten nichts dagegen. Während er nach der Haushälterin rief und ihr entsprechende Anweisungen gab, machte sie eine Bestandsaufnahme des Mobiliars und sonstigen Inventars im Salon und Renzo verrenkte sich in seinem Sessel, um die Bilder an der Wand in seinem Rücken besser sehen zu können. Als die Haushälterin mit Tablett, Gläsern und Eisbehälter, alles auf Hochglanz poliert, und einer ganz normalen Flasche Punt e Mes hereinkam, ließ er jeden Rest von Förmlichkeit fahren, stand auf, gab ein pleonastisches »Ich darf doch« von sich, pflanzte sich vor einem Vedova auf und begann seinen Museumsbesuch, unbeirrbar und konzentriert wie im *Centre Pompidou* oder in der *Tate Gallery*. Nein – dachte sie amüsiert und erleichtert –, er wird wohl nie zum Spießer, wenn er sogar bei einem beileidsartigen Besuch so aus der Rolle fallen kann. Sie musste daran denken, dass er einmal in Amsterdam eine freundliche Dame mittleren Alters zu Tode erschreckt hatte: Sie war überraschend im Hotelflur aufgetaucht, als er Frankensteins Monster spielte (Livietta war damals vier und konnte nicht einschlafen, wenn der Vater nicht vorher eine Show als Godzilla, Dracula, King Kong oder lebende Mumie abzog).

Sie trank ein paar Schluck Punt e Mes – Bagnasacco hatte seinen Bourbon inzwischen geleert, Renzo verweilte vor einem Castellani im Format eines Pingpongtisches – und bemühte sich, das unterbrochene Gespräch wieder aufzunehmen und vor allem zu sagen, was ihr auf den Nägeln brannte. Sie wusste nicht, wie sie anfangen sollte, obwohl sie in Gedanken dutzende von Ansätzen durchexerziert hatte, von ›gestern früh hat der Commissario‹ bis ›ich fand, den Kalender sollten Sie haben‹. Das Problem bestand darin, sich mit Nichtgesagtem durchzulavieren, an der Lüge vorbeizudribbeln, eben ein Minimum an Würde zu bewahren, nachdem sie so mies indiskret gewesen war. Sie hüstelte gerade erbärmlich wie in einem schlechten Pfarreitheater, als Bagnasacco ihr gottlob zu Hilfe kam.

»Ich danke Ihnen sehr, dass Sie ihn mir gebracht haben«, sagte er und blickte kurz auf den Kalender auf seinen Knien. »Ich habe ihn Bianca geschenkt. Am Jahresende kommen immer so viele Kalender ins Haus, aber den habe ich gekauft. Das Leder gefiel mir, die Farbe und dass es so weich ist. Ich habe ihn gekauft und Bianca geschenkt. Morgen früh rufe ich Commissario Berardi an und bringe ihn ihm. Vielleicht kann die Polizei ja …«

Erst da schien er zu merken, dass er den Kalender noch nicht aufgeschlagen hatte, dass er noch nicht nachgesehen hatte, ob die fatale Verabredung vom Montag drinstand, und seine Gesichtszüge zerfielen mit einem Mal, als wäre die Willenskraft, die sie bis dahin zusammengehalten hatte, plötzlich erloschen. Zweifel, Ängste, Gemeinheiten, Heucheleien, Kompromisse einer jahrelangen Ehe geronnen zu Panik, zu der Panik, angesichts einer endgültigen Gewissheit noch mehr leiden zu müssen.

»Da steht nichts, am Montag ist nichts eingetragen«, plapperte sie drauflos. Zum Teufel mit der Heuchelei, er tat ihr einfach Leid. Und nur ein Idiot hätte völliges Desinteresse und Diskretion für glaubhaft halten können.

Renzo löste die Situation auf seine Weise. Unbekümmert um gegenwärtige, vergangene und künftige Ängste und Dramen hatte er schweigend seine Runde fortgesetzt, er hatte innegehalten, kehrtgemacht, einen Schritt zurückgetan, um jedes Detail aus einem immer neuen Blickwinkel betrachten zu können. Am Ende eines längeren Getänzels vor einem Siebzig-auf-eins-zwanzig wandte er sich um und verkündete mit Glas in der Hand und im Vernissagenton: »Das ist der schönste De Kooning, den ich je gesehen habe. Fantastisch. Es gibt nicht viele, die so herausragend sind.«

Sie wunderte sich nicht, aber Bagnasacco durchfuhr ein heilsamer Ruck, auf den hin er aufstand, zu dem Gast trat und den De Kooning mit neuen Augen betrachtete.

»Ich habe ihn vor zwei Jahren in Zürich gekauft, zusammen mit dem Fautrier.«

»Eine wunderschöne Sammlung. Ich könnte sie ganze Abende lang genießen.«

»Ehrlich gesagt hat meine Frau mich dazu überredet. Ich war bei Maggi, da Milano, Cremona, Chessa stehen geblieben und dann habe ich alles verkauft und mich umorientiert. Der erste Kauf war der Manzoni, dann kamen die anderen hinzu, Melotti, Fontana und der Capogrossi, mein Lieblingsbild. Was halten Sie davon?«

»Ja, ein wunderbarer Rahmen.«

»Nicht wahr? Ich habe ihn bei Palmieri erstanden, solche Rahmen bekommt man nur dort. Der alte hat das Bild erdrückt, da beschloss ich, ihn auszuwechseln. Kommen Sie, ich zeige Ihnen einen Twombly von 63, der Ihnen bestimmt gefällt.«

Vergessen, sie haben mich vergessen wie einen Regenschirm im Zug. Eben schien der Witwer noch völlig gebrochen und jetzt plaudert er über milliardenteure Gemälde. Wer stirbt, hat seinen Frieden, und wer bleibt, weiß sich zu trösten. Und mein lieber Gatte scheint immer aus dem Drehbuch auszubüchsen, stiehlt aber allen die Show. ›Der schönste De Kooning, den ich je gesehen habe, fantastisch, wirklich herausragend …‹ Jetzt kriegt er gleich einen Orgasmus vor Twombly, der, neben Singenkönnen und Pokerface, zu seinen unerreichbaren Träumen gehört. Und den Punt e Mes habe ich auch schon ausgetrunken, verdammt. Männliche Verständigung klappt sofort, auch in den unpassendsten und unerwartetsten Situationen, Auslöser sind die Tore von Inzaghi, die Beine der Parietti, die Leistungen des neuesten

Ferrari oder der Rang eines De Kooning. Und wir armen Frauen sind ausgeschlossen, immer schon. Aber er versteht von Malerei mehr als ich, er ist tatsächlich im Stande, sich eine Stunde lang mit einem Detail zu beschäftigen und ganze Abende lang eine Linie oder einen Spachtelzug zu betrachten. Serviert ihm einen guten *risotto alla certosina* und stellt ihn vor einen Twombly, und er wird geraume Zeit wunschlos glücklich sein, wie eine Maus in einer Käserei. Ich bin dafür nicht so geeignet. Aber wenn ich ihn nicht morgens wecken würde, wenn ich nicht unsere Finanzen regeln würde, wenn ich nicht – meistens zu spät – Kfz-Steuer, Abos, Versicherungen verlängern würde, wenn ich nicht wäre …, dann gäbe es eine andere Frau, die wahrscheinlich größer, dünner, blonder, überhaupt ganz toll wäre.

Was kümmern mich gute Manieren und die unsichtbaren Augen der Habsburgerin, ich schenke mir jetzt noch einen Punt e Mes ein und ertränke meinen Ärger und mein Gefühl der Verlassenheit.

Bevor sie ihr unmanierliches Vorhaben in die Tat umsetzen konnte, traten die beiden Gatten ein: Sie schlugen sich zwar noch nicht gegenseitig auf die Schulter, benahmen sich aber schon so kumpelhaft wie zwei Klassenkameraden, die sich nie aus den Augen verloren haben. Liebenswürdig plauderten sie über den Kunstmarkt, zweihundertfünfzig, dreihundert Millionen Lire, eine halbe Milliarde, als ginge es um Artischocken, sie trank einen ordnungsgemäß angebotenen zweiten Punt e Mes, und die Tote in ihrer Kühlzelle war Lichtjahre entfernt.

Auf der Heimfahrt wollte Renzo sich mit ihr über den Abend austauschen, doch sie hatte sich aus Groll darüber, dass man sie wie Luft behandelt hatte, eingeigelt und ließ (beharrlich schweigend) die kleinen und großen Villen an sich vorüberziehen, mit den dunklen Flecken dazwischen, die die spärliche Straßenbeleuchtung nicht aufzulösen vermochte.

»Komischer Typ, der Witwer. Wieso schießt du eigentlich nicht gleich los mit deinen Kommentaren?«

»Zu deinem Verhalten oder wozu?«

»Zu meinem Verhalten gibt's wenig zu sagen. Hätte ich mir etwa betrübt die Haare raufen oder vor Kummer jaulen sollen, wolltest du das?«

»Ich wollte, vielmehr hätte gewollt, dass du dich nicht auf Besuch im Castello di Rivoli oder im Guggenheim Museum betrachtest.«

»Ach komm! Du bist indiskret bis dorthinaus, liest einen Terminkalender, der dir nicht gehört, fotokopierst ihn, schleichst dich hinterlistig in ein fremdes Haus, und wer sich danebenbenimmt, bin ich.«

Pause. Ein paar Sekunden, um die Stichhaltigkeit der Bemerkung zu prüfen. Dann taute sie plötzlich auf.

»Komisch, sagst du? Ganz anders als erwartet. Ich hatte ihn mir groß, sonnengebräunt, athletisch oder zumindest mit Erobererkinnladen vorgestellt. Dabei ist er ein lieber Papi. Als Erscheinung, meine ich. Anders als andere Milliardenscheffler wirkt er nicht wie ein Raubvogel oder ein Pirat: keine Arroganz, kein schneidender Ton, kein stahlharter Blick. Er passt in kein Klischee.«

»In keines *deiner* Klischees. Und die sind, wenn du die Tautologie erlaubst, ziemlich schubladenmäßig. Woraus bastelst du dir deine Vorstellungen zusammen? Aus TV-Ladenhütern?«

»Die bastel ich mir zusammen, wie's mir passt. Es liegt doch auf der Hand, dass Leute wie Agnelli, Falk, der verstorbene Gardini oder Marchini von einem anderen Schlag sind. Ein bisschen mehr Glamour, Herrgott nochmal.«

»Klar. Elegante Erscheinung, entschlossener Blick, Segelboote und Regatten. Aber unser Cavaliere hat seine Milliarden ohne den ganzen Firlefanz gemacht, mit dem Gesicht eines Barmanns und den Manieren eines Staubsaugervertreters. Und der hier anscheinend auch. Oder er hat sie geerbt.«

»Und sie hat ihn des Geldes wegen geheiratet. Mag ja sein, dass ich Klischeevorstellungen habe, wie du mir unterstellst, aber zum Vergnügen würde ich mich von so einem nicht vögeln lassen.«

»Wahrscheinlich würde er auch keinen großen Wert drauf legen, du bist nicht der Milliardärs-Frauentyp. Die wollen, wie soll ich sagen, repräsentativere Frauen: lange Beine, Löwenmähne, toller Busen, Schauspielerinnen oder Topmodels oder wenigstens Prinzessinnen.«

»Dann wäre ich also Ausschussware.«

»Das nicht gerade. Du bist ein Nischenprodukt, ein Artikel für Liebhaber, für jemanden, dessen Vorstellungen nicht von den Massenmedien geprägt sind, eben für einen wie mich.«

»Ich weiß nicht, ob das wirklich ein Kompliment ist. Auf die Löwenmähne pfeife ich, aber lange Beine und einen tollen Busen hätte ich schon gern.«

»Wozu denn? Du hast gerade gesagt, du würdest mit Bagnasacco nicht vögeln.«

»Nicht zum Vergnügen. Für Geld vielleicht schon.«

»Die Hure in dir kannte ich ja noch gar nicht. Seit wann gibt's die?«

»Ich habe ›vielleicht‹ gesagt. Seine Hände sind nicht verschwitzt und das ist schon mal positiv, er riecht nicht unangenehm, weiß sich zu benehmen und macht den Eindruck, als wäre er schnell fertig. Wenn ich die Augen schließe und an Jeff Bridges denke, könnte ich das hinkriegen.«

»Wie bitte? Du denkst beim Vögeln an Jeff Bridges?«

»Dreh mir doch nicht immer das Wort im Mund herum. Erstens: Meine Augen sind offen, wie du ja wissen müsstest. Zweitens: Ich bin eine gute, treue Ehefrau. Drittens: Irrealis der Gegenwart, Neben- und Hauptsatz im Konjunktiv zwei, wenn ich mit Bagnasacco vögeln würde, hielte ich die Augen geschlossen und so weiter. Aber sag mal, hast du in letzter Zeit vielleicht in fremden Hühnerställen gescharrt?«

»Nein, ich bin ein guter, treuer Ehemann.«

»Weil du dein Nischenprodukt gefunden hast?«

»Klar, und auch aus Trägheit.«

»Sehr schmeichelhaft. Lass uns aufhören, sonst prügeln wir uns am Ende noch. Wie ist der Twombly?«

»Toll. Man könnte ihn auf der Stelle klauen, wenn man Fort-Knox-Alarmanlagen und Nazi-Dobermänner zu überlisten wüsste.«

»Dobermänner gibt's keine. Sie hasste Hunde, weißt du das nicht mehr? Aber mit diesen Milliarden an den Wänden könnte ich nicht mehr ruhig schlafen. Die Habsburger wirken Furcht erregend, aber ein kleines Überfallkommando könnte sie ohne weiteres außer Gefecht setzen.«

»Woher willst du das wissen? Vielleicht ist er Champion im Pistolenschießen und Experte in Kriegskunst.«

»Und bei ihr flutschen vergiftete Klingen aus den Schuhen und in den Manschetten hat sie bulgarische Regenschirmspritzen versteckt.«

»Aber etwas ist sonderbar, und ich kann mir keinen Reim drauf machen.«

»Was denn?«

»Zwischen den ganzen Prachtstücken, De Kooning, Dubuffet, Klein und so weiter, hängen zwei faule Fische: der Manzoni und der Capogrossi.«

»Die sind falsch, meinst du?«

»Wie Judas. Gut gemacht, aber nicht sehr gut, nicht

von einem Hebborn, damit wir uns recht verstehen. Wozu hängt man zwei Kopien mitten unter diesen Bilderschatz, der durch die Bank echt ist? Entweder deponiert man alles in einem Safe, damit man ruhig schlafen kann, oder man hängt alles auf und lässt den Dingen ihren Lauf.«

»Bist du sicher, dass sie gefälscht sind?«

»Hundertprozentig. Ich bin kein Geldscheffler, ich bin nicht raubvogelmäßig veranlagt, aber ich erkenne eine Fälschung. Natürlich nur von bestimmten Künstlern.«

»Dann haben sie sich von einem Galeristen bescheißen lassen.«

»Das würde ich ausschließen. Wenn du hunderte Millionen lockermachst und nicht von gestern bist, verlangst du Garantien, bombensichere Expertisen. Und kaufst nicht bei halbseidenen Galeristen.«

»Die echten sind vielleicht in einer Ausstellung. In der *GAM* ist gerade eine Capogrossi-Ausstellung.«

»Ich habe sie gesehen und dieser Capogrossi war nicht dabei. Und seit wann hängt man eine Kopie anstelle eines Gemäldes auf, das man zu einer Ausstellung gegeben hat?«

»Keine Ahnung. Die Leute sind sonderbar. Bagnasacco ist sonderbar. Er wirkt wie ein Provinztierarzt, ist aber ein steinreicher Industrieller, er sieht aus, als würde er naive Kunst aus Bali kaufen, sammelt aber das Beste, was Europa und Amerika zu bieten haben. Seine Frau wirkte blöd, hochnäsig und blasiert, hat aber John Donne gelesen und war tätowiert.«

»Kann man nicht blöd sein und Donne lesen?«

»Nein, das kann man nicht. Blöde Leute lesen andere Sachen, vor allem keine Gedichte. Oder sie lesen überhaupt nicht.«

»Und kann jemand, der tätowiert ist, nicht auch blöd sein?«

»Doch. Aber wer sich tätowieren und womöglich Brustwarzen, Nase, Bauchnabel und so weiter piercen lässt, hüllt sich für gewöhnlich nicht in Kaschmir.«
»Und?«
»Sie war eben auch sonderbar.«
»Und nicht blöd. Aber so, meine Liebe, fällt ja deine ganze Weltsicht in sich zusammen, dein schönes Kindergarten-Gotham-City. Du wirst von vorn anfangen müssen.«

Siebtes Kapitel

Zwanzig Jahre später. Nicht im Sinne von d'Artagnan, der das alte Quartett wieder zusammenzubringen versucht, mit der Fronde, Anna von Österreich, Cromwell und so weiter. Zwanzig Jahre später in einem ganz und gar persönlichen Sinn. Die Zeiten im glorreichen A-Kurs der zehnten, elften Klasse am d'Azeglio-Gymnasium mit dem Verehrer, der nach der Schule auf dem Bürgersteig gegenüber dem Portal wartet. Frederico studierte Jura, hatte Sinn für Ironie und war freundlich und zerstreut, und wenn ich ihn jetzt treffe, macht er den Eindruck, als frage er sich, ob ich wirklich ich bin. Zwanzig Jahre vergehen, und wieder wartet jemand vor der Schule auf mich, kein Verehrer oder Ehemann, sondern – oje – Commissario Gaetano. Dass ich nochmal von ihm hören würde, war zu vermuten gewesen, nicht aber, dass er mich hier abpassen würde.

»Haben Sie mir keine Veilchen mitgebracht?«
»Bitte?«
»Seit dem Gymnasium hat niemand mehr nach der Schule auf mich gewartet. Das ist ja wie eine Zeitreise.«
»Und er hat Ihnen Veilchen mitgebracht?«
»Manchmal. Und er hat sich nicht geniert. Vor allem deshalb mochte ich ihn. Aber ich nehme nicht an, dass Sie gekommen sind, um mir den Hof zu machen.«

Er grinste, vielleicht ein bisschen verlegen. Gut, ich habe ihn aus dem Konzept gebracht, auch Polizisten lassen sich gelegentlich verunsichern. Wer weiß, wo sein Stichwortgeber abgeblieben ist.

»Was halten Sie von einem Aperitif statt Veilchen?«

»Das finde ich nicht so rührend, aber trotzdem: Ja, danke.«

»Suchen Sie die Bar aus?«

»Nein, ich möchte geführt werden. Außerdem gibt's da nicht viel auszuwählen: Es ist egal, wo man hier in der Gegend hingeht.«

»Dann laufen wir ein paar Schritte und gehen ins *Mulassano*.«

»Großartig. Womit bewiesen wäre, dass auch Polizisten Gefühle haben.«

»Dachten Sie etwa nicht?«

»Ich dachte gar nichts. Ich hatte nie mit Polizisten zu tun. Ein paarmal mit den Carabinieri, als mein Auto oder die Handtasche geklaut war.«

»Und haben die Gefühle?«

»Der, der meine Anzeige wegen der Handtasche aufgenommen hat, hatte keine. Er hat geschrieben, ich hätte mich durch fehlende Papiere ausgewiesen. Wortwörtlich. Die Kopie liegt in meinem privaten Horrorkabinett.«

»Und was haben Sie da sonst noch?«

»Zeitungsartikel, von Debilen verfasste Gebrauchsanweisungen, eine ganze Menge. Das Prachtstück ist ein kleines Büchlein, herausgegeben vom Kultusministerium. Es heißt, ich schwör's, *Didaktik der Unfallverhütung im Lateinischen* und lehrt anhand entsprechender Stellen bei Lukrez, Vergil, Ovid und so weiter, wie man Kindern beibringt, dass man nicht in Steckdosen fasst oder den Gashahn fest zudrehen muss. So etwas gehört in den Tresor. Seinerzeit auf Kosten des Steuerzahlers gedruckt.«

»Aber Sie unterrichten doch gar nicht Latein.«

»Nicht mehr, ich habe die Schulart gewechselt.«

»Warum?«

»Interessiert Sie das wirklich? Wir können auch übers Wetter reden.«

»Darüber habe ich schon im Aufzug mit meinem Nachbarn und im Büro mit ein paar Kollegen geredet. Warum haben Sie die Schule gewechselt?«

»Weil ich dachte, hier sei ich nützlicher. Die Kinder, die aufs Gymnasium gehen, haben ein paar Chancen mehr. An den Fachoberschulen erwerben sie, sofern sie es schaffen, technische Kenntnisse und praktische Fähigkeiten: eine Amortisierung berechnen, eine Fläche vermessen, einen Fernseher reparieren. Alles sehr nützliche Dinge, natürlich, aber es sind Dinge, die Maschinen und Computer besser können oder können werden. Ich finde, es braucht noch etwas anderes: Das versuche ich ihnen beizubringen.«

»Gelingt Ihnen das?«

»Manchmal. Auf lange Sicht kann man ein paar Früchte ernten. Auch wenn die Verzweiflung immer lauert und die Lust aufzuhören auch.«

»Was meinen Sie mit ›aufzuhören‹?«

»An ein Gymnasium zurückzukehren, an eines mit ein bisschen Tradition, oder bei den Nonnen zu unterrichten.«

»Das passt eigentlich nicht zu Ihnen.«

»Stimmt. Aber ich hätte manchmal Lust, mich zu verkriechen. Bisweilen reichen guter Wille und Ironie nicht mehr.«

Außerdem bin ich fast vierzig, dachte sie. Aber sie sagte es nicht. Und wenn er nicht dumm ist – und das ist er nicht –, hat er sich schon ausgerechnet, wie alt ich bin: Autobiografisches mal beiseite, die Krähenfüße sprechen Bände. Er weiß sowieso schon alles aus dem Computer: Alter, Geburtsort, Familienstand, Adresse, da braucht er gar nichts auszurechnen. Wahrscheinlich weiß er auch, ob ich gerne Sauerkraut esse, die Ära des Großen Bruders ist längst angebrochen. Wenn ich nicht zu Hause anrufe, werden sie mich wieder verloren glauben. Gassi gehen, Gemurre der Mutter, Essen für den Ehemann: Sollen sie doch selber schauen, wie sie weiterkommen, sollen sie doch ohne mich zurechtkommen. Die Kleine isst in der Schulmensa, und wenn sie nicht in die regelmäßige kollektive Vergiftungsaktion gerät, muss ich mir keine Sorgen machen. Und er, wie alt ist er wohl? Ein bisschen jünger als ich, um die fünfunddreißig, das beste Alter für einen Mann. Ich weiß nichts von ihm außer Name und Beruf; ich weiß, dass er nicht aus dem Piemont stammt, das ja, denn er hat nicht diesen Gianduia-Tonfall, mit dem Filmemacher, wenn sie eine Figur aus dem Piemont bringen, immer besonders originell sein wollen. Oder er hat Sprechunterricht genommen. Er trägt keinen Ehering, aber das besagt gar nichts, ich trage meinen auch nur zu offiziellen Anlässen, also fast nie. Er hat mich nicht angegriffen, er lädt mich zu einem Aperitif ein, er geht mit mir spazieren: Warum? Aufdringlich ist er jedenfalls nicht.

»Manchmal reicht es auch nicht, empört zu sein.«

Sie blieb stehen, fuhr herum und sah ihm ins Gesicht. Entweder spielt er mir was vor oder er öffnet mir sein Herz. Im zweiten Fall wären der Aperitif, der Spaziergang, die Geduld zu erklären. Die Situation verspricht eine interessante Entwicklung: Zwei Unbekannte treffen sich zufällig nach einem Verbrechen, sehen sich wieder, gehen miteinander spazieren, gestehen einander, was sie bewegt, woran sie glauben. Meryl Streep und Robert De Niro, Celia Johnson und Trevor Howard.

»Empörung ist eine gute Waffe. Aber in Ihrem Beruf droht sie zum Bumerang zu werden.«

»Stimmt. Göttliche Gleichgültigkeit wäre besser.«

»Mögen Sie Montale?«

»Warum?«

»Weil Sie ihn gerade zitiert haben. Entschuldigen Sie, das ist eine Berufskrankheit. Ich verkruste in meiner Rolle, wie mein liebenswürdiger Mann sagt.«

Sie waren fast da. Um die Mittagszeit strahlte die Piazza Castello noch einen Rest früherer urbaner Anmut aus, ehe sie sich dann in einen überfüllten, nach Hamburgern stinkenden afro-orientalischen Suk verwandelte. Im erhabenen Kitsch des *Mulassano* – aufgesetzter Marmorprunk wie in einer Metzgerei, nachsichtige, geschliffene Spiegel, maßvoll überladener Stuck – bewies er ritterliche Manieren, als er ihr den Mantel abnahm, Stühle rückte, bestellte. Während sie ziemlich einsilbig mit ihrem Mann telefonierte (mir ist etwas dazwischengekommen, wenn du nicht zu Hause isst, dann ruf meine Mutter an, sie soll mit dem Hund rausgehen, ciao, bis später), servierte der Kellner die Aperitifs und ein Sortiment mikroskopisch kleiner ›Schmatzmampfis‹ – Köstlichkeiten –, denen nicht mal der heilige Antonius in der Wüste hätte widerstehen können.

Nach dem zweiten Schluck Campari kam man endlich zur Sache und er fragte sie nach dem Terminkalender.

»Ich habe ihn Freitagmorgen in dem Schrank im Flur gefunden. Dort hatten Sie offenbar nicht nachgesehen. Ich wollte ein Buch holen und da lag der Kalender im dritten Fach. In dem Augenblick fiel mir ein, dass ich die De Lenchantin gesehen habe, als sie nach der Pause Bücher in den Schrank zurückstellte.«

Welche Erleichterung, die Wahrheit zu sagen. Aber das dicke Ende kam erst noch.

»Was meinen Sie – hat sie ihn vergessen oder absichtlich dagelassen?«

»Jetzt glaube ich, dass sie ihn vergessen hat. Sie muss in Gedanken oder wegen irgendwas nervös gewesen sein.«

»Wissen Sie das oder stellen Sie sich das so vor?«

»Ich stelle es mir so vor. Wir standen uns nicht nahe, das habe ich bereits gesagt.«

»Warum haben Sie mich nicht sofort angerufen?«

»Wollen Sie die Wahrheit oder die bequeme Version?«

»Möglichst beides.«

»Bequeme Version: Ich fand, dass dem Witwer dieser so ganz und gar persönliche Gegenstand seiner Frau zustand. Ich weiß, dass das kein Grund ist, das brauchen Sie mir nicht vorzuhalten. Die Wahrheit: Ich hatte große Lust, den Witwer kennen zu lernen und das Haus zu sehen. Der Kalender war ein wunderbarer Vorwand.«

»In der bequemen Version haben Sie natürlich nicht in den Kalender geschaut.«

»Natürlich nicht. Aus Diskretion, aus Höflichkeit, aus Respekt: Entscheiden Sie selbst. Die Wahrheit ist viel billiger: Ich habe reingeschaut – nicht sofort, erst wollte ich meine Neugier und meine Tugendhaftigkeit in einem Pseudowettstreit gegeneinander antreten lassen –, und nachdem die letzten Seiten nichts Entscheidendes enthüllten, fühlte ich mich bestärkt in meinem Beschluss, ihn Bagnasacco zu bringen.«

Er sah sie an, ohne die Miene zu verziehen, und spielte mit dem Campariglas, und sie wollte am liebsten aufstehen und gehen, sich eine Zigarette anstecken, noch einen Campari trinken und freigesprochen werden, alles auf einmal. Es gelang ihr, sich das alles zu versagen, und sie blickte ihn entschlossen an. Wenn er mir Vorwürfe machen, wenn er seine Missbilligung zum Ausdruck bringen muss, dann soll er das gleich tun, damit die Sache erledigt ist. Die Situation gefällt mir nicht, ich gefalle mir nicht, auch wenn ich keine Mörderin bin. Aber er gefällt mir. Und vielleicht auch die Situation – obwohl sie mir Unbehagen bereitet –, weil sie ein bisschen zwiespältig und erotisch ist. Für mich natürlich. Er denkt an etwas ganz anderes, und jetzt auch noch dieses unsinnige Spiel, wer als Erster wegguckt. Es müsste von außen etwas dazwischenfahren, ein winzig kleines Wunder, der Kellner, der etwas bringt oder abräumt, ein umfallendes Glas, ein Erdbebenstoß, damit der Wettstreit unentschieden ausgeht. Doch es passiert gar nichts, jede Sekunde dauert eine Stunde, und ich möchte überall sein, bloß nicht hier.

»Sollen wir so weitermachen oder gehen wir jetzt zum Armdrücken über?«, fragte er schließlich mit leisem Lächeln in den Augen, aber ohne den Blick von ihr zu wenden.

»Das ist unfair, ich würde sofort verlieren. Aber ich verderbe mir die Augen und spätestens um eins bin ich blind.«

Sie lachten beide und beide sahen woanders hin: Das Spiel war unentschieden ausgegangen. Er ließ ein paar Sekunden verstreichen, zog dann ein gefaltetes Blatt aus der Jackentasche und reichte es ihr. Es war die Fotokopie der Seite vom 11. Oktober, der letzten, auf der Bianca etwas notiert hatte.

»Sie kennen die Seite ja schon, sagen Sie mir doch, was Sie daraus schließen.«

»Dass Samstag, der 11. Oktober, für die DL ein tödlicher Tag war. Entschuldigen Sie bitte, der Ausdruck ist unangebracht, sagen wir: ein aufreibender Tag.«

»Ist das alles?«

»Was wollen Sie von mir? Soll ich die Notizen entschlüsseln? Sie wollen doch nicht etwa sagen, dass Sie und Ihre Kollegen das nicht selber geschafft haben.«

»Doch, natürlich haben wir das. Aber ich wäre Ihnen dankbar, verehrte Signora ...«, er mokiert sich über mich, er nimmt mich auf den Arm, er lacht mich aus mit seinen Worten, seinem Lächeln, seinen Augen, »... wenn Sie mir Ihre Version mitteilten.«

»*Cw. corr.* heißt *classworks correction,* also Rückgabe der korrigierten Klassenarbeiten in der Zehnten, *Tr.* heißt *translation* oder Übersetzung in der Zwölften, *Civ.* heißt *civilisation,* dazu gehört auch *The flea.*«

»Der Floh, ich verstehe nicht.«

»Das ist ein Gedicht von John Donne. Was mich ziemlich gewundert hat.«

»Wieso?«

»Weil die DL nicht so aussah, als würde sie Donne so sehr lieben, dass sie ihn einer Horde stumpfsinniger Jugendlicher vorliest und erklärt.«

»Und wie sieht jemand aus, der Donne liebt, liest und erklärt?«

»So wie ich, zum Beispiel. Aber ich will mich gar nicht loben. Wer Cavalcanti, Donne, Baudelaire und so weiter liebt, passt selten in den rüden Mainstream. Doch die DL aalte sich in diesem Strom, und nicht nur auf den Chagos. Fitness, Tennis, berühmte Modeschöpfer, mondänes Leben und – als Tüpfelchen auf dem i – ein Tattoo, wenn auch nicht so ordinär oder anarchistisch wie die Tätowierungen der englischen Lkw-Fahrer. Aber sie las Donne: ein hübsches Rätsel.«

»Und was halten Sie von dem Witwer?«

»Commissario, was soll das, veranstalten wir hier einen Kaffeeklatsch?«

»Nein. Ich frage Sie nur nach Ihrem Eindruck. Und schließlich waren Sie es, die getrickst hat, um ihn kennen zu lernen.«

»Ich verstehe: Tratsch als eine Art Alternativstrafe. Aber warum interessieren Sie sich so für meine Meinung?«

»Weil Sie gegen den Strom schwimmen.«

O Gott, vielleicht macht er mir den Hof. Oder vielleicht macht er sich lustig, wie vorhin. Aber ich flirte, ganz klar. Ohne Titten und Hintern (die nicht so toll sind) zu bemühen, ohne präsidentensexmäßig aufgespritzte Lippen zu plustern, ohne mit Giraffenwimpern zu klimpern (die sind länger als die eines kleinen Rehs, man muss nur weit genug klettern, um sie sehen zu können), sondern mit Worten, denn diese Art gefällt mir am besten, es ist sogar die einzige, die mir wirklich gefällt. Die simple Kunst des Mordens als Vorspiel zu einem aufregenden Flirt.

»Ich finde den Witwer sympathisch. Er sieht so harmlos aus, dabei hat er bestimmt ein bisschen nachgeholfen, bis er seine Milliarden beisammenhatte. Verliebt in seine Frau und sehr traurig über ihren Tod. Ich kann mir nicht vorstellen, dass er den Mord in Auftrag gegeben hat. Und um unseren Klatsch noch weiterzutreiben: Ich kann ihn mir auch nicht als Ehemann der DL vorstellen.«

»Darauf wollte ich hinaus. Haben Sie Lust, noch einen Campari zu trinken und die Frage zu vertiefen?«

Ich habe Lust, natürlich habe ich Lust. Ich genieße es, noch einen heimlichen Campari zu trinken, ich genieße diese Pause von den Alltagspflichten, diesen unerlaubten Aufenthalt in der Bar, während meine Familie glaubt, ich müsse mich mit irgendwelchen schulischen Unannehmlichkeiten herumschlagen. Und ohne geschwindelt zu haben: Ein Minimum an sprachlicher Kompetenz (mir ist etwas dazwischengekommen) reicht aus, um die Gedanken der anderen auf die gewünschte Spur zu bringen. Und manchmal – ich gebe es zu – genieße ich es zu tratschen, und dann auch noch mit Zustimmung oder auf ausdrückliche Bitte der Polizei. Und – schlussendlich – gefällt mir vor allem er.

Mithilfe eines zweiten Campari und ein paar köstlicher Tramezzini, die aber auch nicht viel größer waren als die vom Haus servierten Häppchen (immerhin verhinderten sie einen unziemlichen Vollrausch), legte sie minuziös ihre Zweifel an der Ehe De Lenchantin-Bagnasacco dar. Sie zu attraktiv in ihrer kühlen Unnahbarkeit, er zu gewöhnlich, vorstellbar eher als Organisator von kirchlichen Aktivitäten, Gründer von Ferienkolonien für schwindsüchtige Kinder, verdienstvolles Mitglied der *Famija Turineisa* denn als erotischer Gegenpart. Aus Leidenschaft habe sie ihn also bestimmt nicht geheiratet, denn Eros sei zwar blind, aber nicht blöd, und schieße seine Pfeile nicht einfach ins Blaue. Vielleicht spiele Geld eine Rolle, wie in den Romanen aus dem neunzehnten Jahrhundert (die schöne verarmte Adlige gibt sich dem jeweiligen Don Gesualdo hin), vielleicht sei es auch nur ein Irrtum gewesen, begangen aus Langeweile oder Trotz. Biancas Freundinnen – die Martas, Consolatas, Orsolas, Angelicas, die mit ihren Telefonnummern im Terminkalender stünden – wüssten sicher Bescheid. Ebenso, wenn nicht besser, Bescheid wüssten sie über den Zustand der Ehe und eventuell vorhandene Nebenbuhler. Natürlich genieße sie seine (des Commissario) Gesellschaft und das Gespräch, den angenehmen Ort und die Stärkung, aber sie frage sich, wieso sich die Polizei in Zeiten von Computer, Internet, Informationen in Echtzeit, globalen Personendateien, Wanzen und Maulwürfen immer noch der Ermittlungsmethoden von Hercule Poirot bediene. Der gesellschaftliche Status des Opfers und einige nicht unerhebliche Aspekte der Tat mochten wohl zum Modus Operandi des gewieften belgischen Detektivs passen, aber selbst wer – wie sie – fest davon überzeugt sei, dass das Leben die Literatur nachahme (am Anfang sei immer das Wort), könne diese – sagen wir philologische – Gewissenhaftigkeit wirklich nur übertrieben finden. Und sollte sich am Ende die Erkenntnis von Ionesco, demzufolge die Philologie zum Verbrechen führe, verhängnisvollerweise als wahr herausstellen, würde sich die ganze Angelegenheit spiralförmig um sich selbst drehen, wie die Katze, die sich in den Schwanz beiße, und die auf diese Weise geführten Ermittlungen brächten ein weiteres Verbrechen hervor.

Er schien ziemlich amüsiert, vielleicht erfüllte auch der Campari fleißig seine Aufgabe. Sie hätten, sagte er, in der Tat vorsorglich ihren Rat befolgt und die Martas, Consolatas und so weiter befragt, und jetzt werde in verschiedene Richtungen ermittelt und keine Hypothese ausgeschlossen. Ob sie damit einverstanden sei? Ob ihr Nachrichtenprosa lieber sei als philologische Gewissenhaftigkeit?

Nein, die war ihr nicht lieber, und sie fühlte sich allmählich verunsichert, weil er allzu bereit war, sich in ihren Gedankenlabyrinthen zurechtzufinden. Wir können nicht hier sitzen und dummes Zeug quatschen, wir kommen demnächst ziemlich ins Schleudern – ich oder er oder alle beide – und das wird uns ganz schön peinlich sein. Also lieber Schluss machen. Sie sah auf die Uhr, wies darauf hin, dass sie Familie habe, dankte für Campari und Tramezzini, erhob sich und fügte überflüssigerweise hinzu, sie müsse jetzt wirklich gehen. Er stand ebenfalls auf, half ihr in den Mantel, drückte ihr die Hand.

»Ich hoffe, wir sehen uns wieder, Signora. Und wenn Sie etwas entdecken oder finden, dann rufen Sie mich bitte an. Diesmal sofort.«

»Ja, Commissario, das werde ich tun.«

Sie verließ das Lokal und wusste nicht, wo sie hingehen sollte. Nach Hause nicht, aber wohin dann? Turin ist nicht New York und auch nicht Rom mit ihrem Dauerspektakel für Leute, die gierig sind nach Gesichtern und Geschichten hinter diesen Gesichtern, Turin ist verschwiegener und langweiliger, und wenn du den barocken und den klassizistischen Glanz in- und auswendig kennst, wenn du dir nicht die Nase platt drückst an Schaufenstern mit der ganzen Palette an Überflüssigem, von sündhaft teuren Designersachen über mehr Schein als Sein und immer weiter runter bis zu dem widerlichen Schund aus Kunstleder, Kunstplastik, Kunstscheiße, wenn du nicht nochmal in eine Bar einkehren kannst, dann weißt du um zwei Uhr nachmittags wirklich nicht, wohin mit dir. Ihre Beine trugen sie wie von selbst in die Via Garibaldi und vom erstbesten Telefon aus rief sie Elisa an und hoffte, dass sie einen guten Tag hatte und nicht gerade ihren Mittagschlaf hielt. Sie hatte Glück: Sie sei fertig mit essen und erwarte sie zum Kaffee.

Elisa war sechsundachtzig Jahre alt, und obwohl sie gut ihre Großmutter hätte sein können, behandelte sie sie von jeher wie eine Gleichaltrige. Sie war deshalb weder gekränkt noch protestierte sie, obwohl der Gedanke, ihre Freundin – denn um eine Freundin handelte es sich – betrachte sie als Gleichaltrige, sie manchmal doch ein wenig irritierte. Elisa war klar, großzügig, unerschütterlich wie der K2 und vergnügt, herrisch und dogmatisch. Und vor allem war sie das historische Gedächtnis jenes Turins, das für Kultur, politisches Engagement, Kunst, Skurrilität und die mondäne Gesellschaft gestanden hat und steht. Eine Goldgrube für ganze Scharen liebenswürdiger Studentinnen mit Notizbuch und/oder Kassettenrekorder auf der Suche nach Informationen für die seltsamsten Diplomarbeiten: die Ausflüge von Croce während der Ferien in Meana, die knauserigen Teeeinladungen mit ein paar strohtrockenen Billigkeksen bei Luigi Einaudi und Donna Ida auf Sommerfrische in Gressoney, Paveses unglückliche Lieben, die Inszenierungen des großen Lateiners – des Lehrers von Raf Vallone –, der sechs oder sieben Konsonanten verschluckte, oder die Anekdoten über die Schüssel voller Gebisse, unter denen man sich nach chirurgischen Eingriffen im San Giovanni Vecchio das eigene heraussuchen musste ...

»Ich habe dir einen guten Kaffee gemacht. Meinen habe ich schon getrunken, ich hab's nicht mehr ausgehalten.«

Ehrlich gesagt war Elisas Espresso der schlechteste, den man in Turin und Umgebung und vielleicht auf der gesamten Halbinsel trinken konnte, egal ob mit *napoletana*, *moka* oder Espressomaschine für den Hausgebrauch zubereitet. Wie er trotz der guten Qualität des zudem frisch gemahlenen Rohstoffs so wässrig und billig schmecken konnte, war ein ungelöstes Rätsel, Elisa jedenfalls fand ihn gut und nie hatte ein Gast ihr widersprochen.

»Magst du eine große oder eine kleine Tasse?«

»Eine kleine, bitte, nur einen Schluck. Hast du Lust auf einen Schwatz?«

»Klar, sonst hätte ich nicht gesagt, dass du kommen kannst.«

»Was weißt du über die Familie De Lenchantin?«

»Interessiert dich das wegen des Mordfalls?«

»Ja, die Tote war eine Kollegin.«

»Ich kannte ihren Vater gut, Conte Bernardo, und auch ihre Mutter Natalia. Der Vater sah glänzend aus, war witzig, ziemlich gebildet und vor allem reich. Er lebte als Privatier und war hinter den Frauen her, vor allem hinter den verheirateten, aber sehr taktvoll und diskret. Dann, mit etwas über vierzig, hat es ihn erwischt: In London, glaube ich, lernte er Natalia kennen, zwanzig Jahre jünger und ebenfalls schön, aber völlig verrückt und unberechenbar.«

»Inwiefern verrückt?«

»Sie lebte in einer eigenen Welt. Sie stammte aus einer berühmten russischen Familie, die 1917 geflohen war, soviel ich weiß mit Koffern voller Diamanten, Smaragden und Rubinen, denn vierzig Jahre später reiste sie immer noch durch Europa von Badeort zu Badeort und Pferderennbahn zu Pferderennbahn, als hätte Nikolaus II. gerade erst abgedankt. Natalia war liebenswürdig und rastlos und gelegentlich verschwand sie für ein paar Monate, um Verwandte zu besuchen, hieß es. Mit ihrem Mann verband sie die Leidenschaft fürs Glücksspiel.«

»So verrückt finde ich das bisher nicht.«

»Ich bin noch nicht fertig: Eines Tages begegne ich ihr, wohlgemerkt vor fast vierzig Jahren, auf dem Ponte della Gran Madre. Wir begrüßen uns, plaudern ein bisschen, und dann nimmt sie mir behutsam die Brille von der Nase, lächelt und sagt: Du bist schöner ohne, und wirft sie in den Po. Sie lächelt nochmal und zieht von dannen. Mit De Lenchantin hat sie eine Tochter bekommen, Bianca, und als das Kind ein paar Monate alt war, ist sie zu einer ihrer Reisen aufgebrochen und nie mehr zurückgekehrt. Das Gerede war groß, aber ihr Mann hat nie ein Sterbenswörtchen gesagt, als ginge ihn das alles gar nichts an. Die Kleine wurde von Kindermädchen erzogen und der Vater ist vor drei oder vier Jahren gestorben, nicht mehr ganz so reich von wegen Poker und Roulette.«

»Ende der Geschichte?«

»Ja, aber ich habe noch eine. Der Conte hatte eine Schwester, Cecilia, die war auch schön – die ganze Sippe De Lenchantin war schön –, aber langweilig wie der Regen.«

»Ich mag Regen.«

»Langweilig ist er trotzdem. Cecilia hatte einen Händler geheiratet, der Holz aus Brasilien importierte und meistens auf Reisen war, geschäftlich und auch um nicht von ihr und ihrem Gezeter erstickt zu werden. Sie jammerte nämlich in einer Tour über ihr Unglück: über ihre zarte Gesundheit und dass die Ärzte ihr von einer Schwangerschaft abgeraten und ihr verboten hatten, ihren

Mann auf seinen Reisen zu begleiten, dass sie sich allein fühlte und angefangen hatte, Portugiesisch zu lernen, weil sie früher oder später … Jedenfalls reist sie eines schönen Tages nach Brasilien, aber nach gut zwei Wochen kommt sie in Zink plombiert zurück. Der Witwer ist nicht besonders betrübt, er löst die Wohnung auf – sie hatten eine schöne Wohnung im Corso Re Umberto –, macht immer seltenere Stippvisiten nach Turin, wo er dann im Hotel absteigt oder bei seiner Schwester wohnt. Und eines Tages bringt er dieser unverheirateten Schwester eine Überraschung mit, ein wenige Monate altes Kindchen, das sie großziehen soll. Alle dachten, die Mutter sei Kreolin oder Mulattin oder eine dieser farbigen Schönheiten aus den Tropen, aber als sie das Kindchen sahen, hatte es ein hübsches europäisches Gesichtchen und überhaupt nichts Exotisches. Es trug den Namen des Vaters und von der Mutter hat man nie etwas gehört. Willst du noch einen Espresso?«

»Nein, danke.«

»Natürlich willst du einen. Ein Tässchen gibt es noch, ich mache ihn rasch nochmal heiß.«

»Lass nur, er ist ja noch warm.«

»Kaffee trinkt man entweder heiß oder gar nicht.«

»Dann gar nicht.«

»Ach was, du bist doch verrückt nach Kaffee. Außerdem tut mir ein bisschen Bewegung gut und ich mag es nicht, wenn eine Freundin so förmlich ist.«

Pause, Kaffee. Den sie mit angehaltener Luft schluckte, um die Kollision mit ihren gut funktionierenden Geschmacksnerven zu mildern.

»Ich sagte, die Mutter sei spurlos verschwunden, aber dazu habe ich meine eigene Meinung, obwohl ich nie mit jemandem darüber gesprochen habe. In einem Sommer vor etwa dreißig Jahren bin ich in Paris bei meiner Cousine Virginia, die in zweiter Ehe einen französischen Mathematiker geheiratet hatte. Wir reden über gemeinsame Bekannte, und da stellt sich heraus, dass sie ein paar Monate zuvor Natalia – die ihrem Mann damals schon davongelaufen war – am Flughafen Orly getroffen hat. Ich fliege nach Brasilien, ich lebe jetzt dort, hat sie lächelnd erklärt und Virginia hat keine indiskreten Fragen gestellt, auch weil sie gesehen hat, dass Natalia eindeutig schwanger war. Kannst du das richtig kombinieren?«

»Das Kindchen mit dem europäischen Gesicht. Das Kind der russischen Natalia und des quasibrasilianischen Schwagers.«

»Das Kindchen, das jetzt um die dreißig sein dürfte, ist Biancas Halbbruder. Und wenn du's recht überlegst, auch ihr Cousin.«

»O mein Gott ... Jetzt sag bloß, dass der Holzimporteur Vaglietti und sein Sohn Marco heißt ...«

»So ist es. Eine schöne Geschichte, nicht wahr? Da stecken Sophokles, Tolstoj und Ken Follett drin. Ich hätte Eintritt von dir verlangen können, wie im Kino.«

Achtes Kapitel

Unsere Liebe Frau von den Katastrophen lag nicht auf der Lauer, um mir was vorzujammern oder mir Schuldgefühle einzuflößen, sondern hatte diese Aufgabe an einen Zettel auf dem Küchentisch delegiert:
Der Hund hat Durchfall. Du hast kein Brot und kein Obst mehr. Die Waschmaschine ist voller Schmutzwäsche. Bin bei Mariuccia. Kuss. Mama.
Potti wirkte tatsächlich bedrückt, als hätte er Bauchweh oder schämte sich für seine Exkremente, er hatte sie mit schlaffem Wedeln begrüßt und blieb in seinem Korb liegen. Sie hockte sich hin, um ihn zu streicheln und zu trösten: Jeder hat mal Durchfall, musst dich doch nicht schämen, mein armes Dackelchen, du bist schön, wunderschön, sehr wunderschön wie alle Hunde, außer die von Ginotta, die sind gar nicht schön, Hunde sind liebenswerte Geschöpfe, wirklich gut gelungen bei dem ganzen Schlamassel während der Schöpfung. Du musst nämlich wissen, mein Pottolino, Er – Gott, Jahwe, Allah, Prajapati oder Werauchimmer – hatte nichts Konkretes oder ordentlich Geplantes im Sinn, als er anfing, mit Materie und Energie zu spielen, und eine Hand voll von diesem und eine Hand voll von jenem mischte, einfach so, um mal zu sehen, was dabei rauskommt. Denn wenn er sich das vorher überlegt hätte, hätte er doch keine Schnaken erschaffen, von denen du Filariose kriegst, keine Flöhe und Zecken, die Juckreiz verursachen und dich krankmachen, auch keine Wanzen, Milben und Läuse … Auch mit Krokodilen und Kobras und Boas hätte er uns verschont, wenn er nur ein bisschen besser überlegt hätte.

Das mit den Dinosauriern hat er später wieder gutgemacht, die hat er einfach gestrichen, aber er hätte konsequent sein und mit fast dem ganzen Rest genauso verfahren sollen. Bei den Säugetieren war er auch nicht so ganz bei der Sache oder er war unvorsichtig, wenn dir das lieber ist, oder vielleicht hat er auch einen Fehler gemacht, weil es das erste Mal war, vielleicht war es doch der Lapsus des ungeschickten Demiurgen der Gnostiker, aber bitte sag mir doch mal, wozu man einem kleinen Hasen ein süßes Gesichtchen mitgibt und es dann dem Fuchs, der ja auch sehr schön ist, zum Fraß vorwirft oder wozu man sich damit verausgabt, die Muskulatur eines Hirsches zu entwerfen, und dann stopft ihn sich der Löwe ins Maul. Oder der Mensch.

Meine Dickwurst, das alles ist absurd und unsinnig, auch wenn Naturschützer, Ökologen und Theologen sich lang und breit über die Ökonomie des Systems oder die Vollkommenheit der Schöpfung auslassen und dir die infame Nahrungskette als bewundernswerte Strategie der Natur verkaufen wollen. Von wegen bewundernswert, glaub mir.

Der Dackel glaubte ihr, vielleicht mit kleinen Vorbehalten aufgrund seines misstrauischen Dackelnaturells, und schleckte ihr zum Beweis Hals, Hände und Gesicht ab und sie ließ ihn ohne Sorge um die Hygiene gewähren, denn gegen Toxoplasmose war sie bestimmt längst immun.

Sie löste sich aus der Umarmung des Hundes und richtete sich schwerfällig auf, um ans Telefon zu gehen, aber auf ihr »Hallo, hallo« hin meldete sich niemand, sie hörte nur das Klicken, als der Hörer aufgelegt wurde. Was soll's, ich werfe erst mal die Waschmaschine an und später gehe ich in den Supermarkt: Brot, Obst, Putzmittel und ein Vorrat an Lebensmitteln, die nicht so leicht verderben, damit ich nicht wieder auf dem Trockenen sitze. Ich sollte besser einen Einkaufszettel schreiben: Nudeln – *spaghetti, linguine, conchiglie, pipe rigate* und *mezze penne* –, geschälte Tomaten, Mehl, Butter, Zucker, Kaffee ... Aber ihre Gedanken schweiften immer wieder ab.

Möglicherweise haben sie die schöne Geschichte, die Elisa mir erzählt hat, gar nicht im Computer, dieses Melodram à la Fassbinder und Almodóvar mit der rastlosen untreuen Russin, den schrägen Verwandtschaftsverhältnissen, dem von der ledigen Tante aufgezogenen Kind der Sünde, Südamerika, sinnliche Breitengrade, Samba und Macumba ..., und wenn sie sie nicht haben: Ich erzähle sie ihnen bestimmt nicht, erstens weil ich nicht glaube, dass sie etwas mit dem Verbrechen zu tun hat, zweitens weil es nur Vaglietti und wenige Vertraute etwas angeht, wessen Sohn er ist, drittens weil der Job des Polizeispitzels nicht das Ziel meiner Wünsche ist, auch wenn die Polizei in Gestalt eines gut aussehenden Commissario in Erscheinung tritt, mit spöttischen Augen und einem Geruch, der einen Urtrieb in meinem Gehirn weckt. Stiel einer unreifen Tomate, Thymian, Bienenwachs und keine Spur dieser grässlichen Deodorants, die verlogen sind wie die strahlenden Gebisse von Siebzigjährigen, er riecht nach Körper und Seife, Seife aus Aleppo vielleicht, in der Sonne getrocknet, um die Wohlgerüche des Orients einzufangen.

Allerdings lässt Biancas Geschwister-Vettern-Geschichte tief blicken und löst eine Lawine von Fragen und Sintfluten von Mutmaßungen aus. Bestimmt wusste das Kind der Sünde genau, wessen Kind es ist: Ledige Tanten mögen liebevolle und fürsorgliche Erzieherinnen sein, aber durch das Zusammenleben mit ihrem Schützling lassen sie sich bestimmt gelegentlich eine Bemerkung, eine leise Andeutung, einen Seufzer zu viel mit nach oben gewandtem Blick entschlüpfen, außerdem wird niemand dreißig Jahre alt, ohne legitimerweise nachgeforscht zu haben, aus welcher Gebärmutter er stammt. Marco Vaglietti weiß, wer seine Mutter ist, er weiß, dass Bianca seine Halbschwester ist, er hat als Cousin und Einrichtungsberater mit ihr Kontakt, aber wie ist – wie war – ihr Verhältnis in Wirklichkeit? Eng, würde ich sagen, denn in dem berühmten Terminkalender steht von Marco keine einzige Telefonnummer, keine von zu Hause, keine Büro- und keine Handynummer, ein Zeichen, dass Bianca sie auswendig wusste. Aus welchem Grund also rief sie ihn an oder traf sich mit ihm? Gut, weil sie Teppiche kaufen oder die Vorhänge wechseln oder ein Sofa neu beziehen lassen wollte, aber wenn – was anzunehmen war – das Haus nicht permanent neu eingerichtet wurde, wenn das Interieur nicht Biancas bevorzugtes Terrain zum Ausleben ihrer neurotischen Gefühlskälte war, dann musste die Beziehung mit dem Bruder und Cousin einen weiteren Beweggrund haben.

Und zwar? Der naheliegendste und wahrscheinlichste – von Sophokles bis zu Ken Follett – ist Sex: Bei diesem Ehemann, der so erotisch ist wie eine Krippenfigur, hat sie sich bestimmt nach einem heimlichen Schauder gesehnt, nach einem Fick wie im Kino – auf dem Eisbärfell vor dem Kaminfeuer, auf dem von Papier- und sonstigem Kram mit einer Armbewegung leer gefegten Schreibtisch, im strömenden Regen gegen eine Hausmauer gelehnt, in einer Loge des Teatro Carignano, während sich in der x-ten Pirandello-Aufführung ein Schauspieler theatralisch gebärdet.

Und wenn er zwar stark, athletisch, sonnengebräunt et cetera, aber nicht irgendwer, sondern der Halbbruder ist, dann ist der heimliche Schauder nicht mehr kribbelig, sondern sündig, denn zum Ehebruch kommt der Inzest hinzu, die Boshaftigkeit der bürgerlichen Komödie wird von der Hybris der Tragödie überlagert.

Doch Marco Vaglietti hat ein Alibi, der Ehemann ebenfalls, und da ich nicht an die Existenz selbst ernannter Rächer glaube, die auf eigene Faust inzestuöse Ehebrecherinnen liquidieren, muss es ein anderes Motiv für den Mord geben. Vielleicht eine Erpressung, bei der das Opfer sich wehrt und seinem Verfolger die Stirn bietet?

Es klingelte an der Sprechanlage: bestimmt Reklame im Briefkasten oder die Zeugen Jehovas oder der nervtötende Rotzbengel aus dem vierten Stock, der immer mit der ganzen Hand auf die Klingeln haut, am besten tat sie, als wäre sie nicht da. Doch als er wieder klingelte, wurde sie neugierig: Es war Ginotta, die immer zwei Stufen auf einmal nahm und in die Wohnung rannte, als sei einer hinter ihr her.

»Ich wusste, dass du zu Hause bist, ich habe gerade aus einer Telefonzelle angerufen.«

»Warum hast du wieder aufgelegt?«

»Ich mag nicht am Telefon reden. Weißt du, was mir passiert ist?«

»Nein.«

»Die Polizei, schon wieder: Sie haben mich vorgeladen, weil dringend was zu klären wäre. Ich musste in der Schule anrufen, damit mich jemand vertritt, und bin sofort ins Präsidium.«

»Was wollten sie?«

»Das Übliche. Warum ich Montagnachmittag zur De Lenchantin gegangen bin. Was ich danach gemacht habe, wer das bestätigen kann. Ich hab das Gleiche gesagt wie letztes Mal, auch dass du mich angerufen hättest, und sie machten ein Gesicht, als würden sie kein Wort glauben. Es war die Hölle. Was meinst du, was jetzt mit mir passiert?«

»Keine Ahnung. Mit wem hast du denn geredet?«

»Wer mich verhört hat, meinst du wohl. Das war ein regelrechtes Verhör, und sie haben alles protokolliert. Commissario Berardi.«

»Ach du meine Güte. Um wie viel Uhr war das?«

»Um elf war ich fertig, da hab ich nämlich auf die Uhr gesehen. Aber warum interessiert dich das?«

»Um elf ist er mit dir fertig und um halb zwölf fängt er mit mir an.«

»Was? Wer?«

»Der Commissario. Um halb zwölf hat er mit mir geredet.«

»Hat er dich nach dem Telefongespräch gefragt?«

»Nein. Das hat er mit keinem Wort erwähnt.«

»Wie erklärst du dir das?«

»Nur so: Er weiß, dass ich dich nicht angerufen habe. Anscheinend denkt er, dass du etwas verheimlichst, und hat sich die Mühe gemacht, die Telecom einzuschalten. Unter uns gesagt – sei mir nicht böse – glaube ich auch, dass du etwas verheimlichst, natürlich keinen Mord, aber irgendwas gibt's da. Magst du einen Espresso?«

»Ja, nein, ach lass. Mein Gott, ich sitze ganz schön in der Klemme … Was wollte er denn von dir?«

»Er wollte wissen, wieso ich Biancas Mann und nicht ihm den Terminkalender gebracht habe, den ich in der Schule gefunden hatte.«

»Du hast den Terminkalender gefunden? Wann denn?«

»Am Freitag. Ich habe ihn gefunden, durchgeblättert, gelesen, fotokopiert und dann Bagnasacco gebracht.«

»Warum?«

»Frag doch nicht so doof. Aus Neugier, ist doch klar. Ich wollte wissen, ob was Interessantes drinsteht, ich wollte Bagnasacco kennen lernen und das Haus sehen.«

»Und was hat er gesagt?«

»Wer?«

»Der Commissario.«

»Nichts Schlimmes. Er war sogar ziemlich nett. Schöne Augen, schöne Stimme, schönes Gespräch, guter Duft. Er hat mich zu zwei Campari und ein paar *Tramezzini* eingeladen.«

»Im Polizeipräsidium?«

»Nein, im *Mulassano*. Ginotta, die ganze Geschichte ist doch ein bisschen verquer: deine Vernehmung, sein Geplauder mit mir, deine Nervosität ...«

»Glaubst du wirklich, er hat die Telecom eingeschaltet?«

»Ja, wenn er ein guter Polizist ist. Und er sieht ganz so aus.«

»Mach mir doch einen Espresso, ich erzähl dir solang, was los war.«

Es war so: Am Montag, dem 13. Oktober, geht Gina, nachdem sie angerufen und Bisins Zustand sich gebessert hat, zu Bianca und sinnt über Rache nach. Die Sau muss zu Hause sein, denn der Geländewagen steht vor dem Tor, aber sie lässt sich durch die erhabene Dienerschaft verleugnen. Gina hat eine Stinkwut im Bauch und beschließt, sich auf der anderen Straßenseite auf die Lauer zu legen und sich die Giftmörderin vorzuknöpfen, sobald diese ihren Grund und Boden verlässt. Während sie wartet, denkt sie an Fliks Agonie und Tod und an den Giftanschlag auf Bisin und hält ihre Wut damit schön am Köcheln. Gegen fünf taucht der BMW des Cousins auf: Er klingelt hektisch, wendet den Wagen, Bianca hastet aus dem Haus, schlüpft sofort ins Auto und sie brausen mit quietschenden Reifen davon. Gina schäumt vor Wut und Frust, sie läuft nach Hause, durchwühlt das Werkzeug in der Garage, bewaffnet sich mit einem Meißel, läuft zurück auf den Platz vor dem Hause Bagnasacco, blickt um sich, wartet den richtigen Augenblick ab und durchlöchert schließlich triumphierend alle vier Reifen des Geländewagens. Flik und Bisin sind gerächt, wenn auch nur indirekt. Das war's.

Ginotta trank zornig ihren Espresso, aber sie selbst bekam einen unbezwingbaren Lachkrampf. Erstens vor Erleichterung, denn tief in ihr hatte, wie die Reste von nicht ganz aufgelösten Kopfschmerzen, noch immer ein winziger Zweifel genagt, außerdem amüsierte es sie sehr, einen Rowdy – wenn auch als respektable Italienischlehrerin maskiert – zur Freundin zu haben. Zudem passten jetzt endlich etliche Details zusammen, allerdings wurden andere unbegreiflich, angefangen vom Benehmen des schönen Commissario.

»Warum lachst du?«

»Weil ich mir dich als Erinnye vorstelle. Alle vier Reifen ... hätte denn einer nicht gereicht?«

»Wo ich schon mal dabei war ... Erfahren hat sie's sowieso nicht mehr, weil sie vorher gestorben ist.«

»Dann war die Vergeltung also umsonst.«

»Nicht ganz. Es hat mich erleichtert und mit dem Leben wieder versöhnt. Ich wusste gar nicht, dass Rache eine so reinigende Wirkung hat. Besser als Sex, wirklich. Aber jetzt sitze ich so richtig in der Bredouille. Was sollte ich deiner Meinung nach tun?«

»Nichts, tu gar nichts. Ich kümmere mich darum.«

»Wie denn?«

»Ich rufe Commissario Berardi an und sage, dass ich mit ihm reden muss. Dann, unter vier Augen und nicht im Polizeipräsidium, erzähle ich ihm die ganze Geschichte, angefangen von Fliks Vergiftung, und dann bitte ich ihn, mir persönlich den Gefallen zu tun und dich in Ruhe zu lassen.«

»Wieso sollte er dir persönlich einen Gefallen tun?«

»Weil ich glaube, dass er auf mich steht. Jetzt mach

kein Gesicht wie die heilige Maria Goretti, ich sagte, ich glaube, dass er auf mich steht, und nicht, dass ich Ehebruch begangen hätte.«

»Ich mache gar kein Gesicht. Abgesehen von seinem Bullenjob ist er nicht übel, man muss einfach gleich an Schlafzimmer denken.«

»Und du hast bei deinem ganzen Schlamassel von zerstochenen Reifen und Lügenprotokollen noch Zeit und Lust, ans Bett zu denken?«

»Jetzt machst du einen auf Maria Goretti. Gedanken schweifen eben ab, die hast du doch nicht immer im Griff. Jedenfalls gefällst du ihm wohl tatsächlich, wenn er dich zu einem halben Mittagessen im *Mulassano* einlädt, und damit stehen meine Chancen nicht schlecht. Erzähl mir dann, wie es ausgegangen ist, aber bitte sag Diego nichts.«

»Hast du nicht mit ihm darüber geredet?«

»Nein. Er ist so korrekt, so was würde er nie tun. Er glaubt, er lebt in einer skandinavischen Demokratie, wo sich alles mit zivilisierten Diskussionen und Vernunft lösen lässt. Außerdem liebt er Hunde nicht so sehr wie ich.«

Nachdem Ginotta gegangen war, nahm sie sich den Einkaufszettel wieder vor, aber ihre Gedanken schweiften – wie die Freundin gerade passend bemerkt hatte – immer noch ab. Sie kramte in der Handtasche nach der Visitenkarte des Commissario und grübelte über den Anruf nach. Ich telefoniere ungern, ich habe noch nie gern telefoniert, ich weiß genau, dass Telefone nützlich sind, wie Gas, elektrisches Licht, Autos und Flugzeuge – ich bin ja keine Anhängerin des rustikalen Lebens mit Glühwürmchen und Wäschewaschen am Fluss –, aber es ist mir ganz und gar nicht unangenehm, Gas, Elektrizität, Züge und Flugzeuge zu benutzen, telefonieren dagegen schon. Wenn es nach mir ginge, würden Telecom, Infostrada, Wind und Co. Pleite gehen, hätte man das Handy nie zu erfinden brauchen, Telefone sind nur für sachliche Mitteilungen da, ich komme mit dem Zug um neun Uhr achtundvierzig, in Neapel regnet es, die Eintrittskarte für die Ägyptische Sammlung kostet zwölftausend Lire, aber wenn ich etwas Wichtiges sagen muss, was mich emotional beschäftigt, dann versage ich, ich mache Pausen und grunze irgendwas, als ob ich unterbelichtet wäre, oder falle meinem Gesprächspartner ins Wort, sobald er den Mund aufmacht. Eine absolute Analphabetin der telefonischen Kommunikation. Aber anrufen muss ich Gaetano, ich kann schließlich nicht mittels schamanischer Meditation oder anderer fantasievoller Formen der Telepathie Kontakt mit ihm aufnehmen, hallo, ich bin's, also Vor- und Nachname, Commissario, ich muss mit Ihnen sprechen, darf ich Sie in die Bar einladen, auf einen Espresso oder so, passt Ihnen morgen ... Das klingt nach Anmache oder zumindest Koketterie und das will ich ja gar nicht. Oder doch? Habe ich Gina etwa nur meine Hilfe angeboten, um mir einen schicklichen Vorwand für ein Wiedersehen zu verschaffen?

Es reicht, ich will nicht mehr darüber nachdenken, wenn ich weiterhin mentale Selbstbefriedigung betreibe, lande ich am Ende wirklich noch mit ihm im Bett. Ich muss unbedingt etwas tun: Waschmaschine, Supermarkt, Korrektur der fünf oder sechs Aufsätze der Dreizehnten, die ich mir immer bis zum Schluss aufhebe – weil sie mich potenziell seekrank machen –, Abendessen kochen. Und wenn die Gedanken entgleisen, brauche ich nur auf mein Gedächtnisarchiv zurückzugreifen und leise *La canzone di Legnano, Cinque maggio, Chiare fresche e dolci acque, Guarda che bianca luna, Qual rugiada o qual pianto, Dolce e chiara è la notte e senza vento, Sonar brachetti e cacciatori aizzare, Rosa riso d'amor, Solitario bosco ombroso, Settembre andiamo, Grazie agli inganni tuoi, Sparsa le trecce morbide, Tre donne intorno al cor mi son venute* und so weiter und so fort zu rezitieren und bis zur Besinnungslosigkeit kreuz und quer durch die Jahrhunderte zu schwirren.

Neuntes Kapitel

Beim Abendessen waren alle übelster Laune. Die Mutter, die eingeladen worden war, damit sie sich nicht mit den üblichen knusprig quatschigen Leckereien auf reiner Krebsbasis umbrachte, regte sich über die Tram- und Busfahrer auf, die auch nicht mehr das sind, was sie mal waren, sie quetschen dich in die Türen ein und legen Vollbremsungen hin; über die Schüler, die dir mit ihrem Schulranzengerempel fast die Knochen brechen und nie aufstehen, um Platz zu machen, sondern aus dem Fenster gucken und so tun, als merkten sie nichts; über die Autofahrer, die auf den Bürgersteigen parken und an den Zebrastreifen nicht halten. Livietta misshandelte einen kleinen Bären, weil sie mit der Lehrerin wegen versteinerter Kacke gestritten hatte. Versteinerter Kacke? Ja, genau. Die Klasse war ins Naturkundemuseum gegangen und dort lag etwas Steinähnliches im Schaukasten, das sie sofort als vertrocknete Kacke identifiziert hatte. Aber auf den Schildchen stand Korpo… Kospo… – »Koprolith« –, ja genau, und sie hatte protestiert, wozu die Dinger mit komplizierten Namen bezeichnen, sie sind und bleiben Kacke. Die Lehrerin erklärte, das sei der wissenschaftliche Name, und Livietta entgegnete, dass man doch ins Museum gehe, um etwas zu lernen, und dann müsse neben dem komplizierten wissenschaftlichen Namen in Klammern auch versteinerte Kacke stehen. Die Lehrerin wusste nichts zu erwidern, Livietta hatte wie gewöhnlich (und diesmal zu Recht) die letzte Runde für sich entschieden, war aber aus irgendeinem Grund immer noch sauer. Renzo hüllte sich in zerstreutes Schweigen – ein deutliches Zeichen für irgendwelche Misshelligkeiten zwischen dem Kulturreferat und dem zuständigen Stadtrat –, kommentierte das Essen nicht und interessierte sich anscheinend auch nicht für die Klagen von Schwiegermutter und Tochter. Der Hund hatte sich, weil ihm der Bauch wehtat oder weil er die Stimmung der anderen spürte, unter die Kredenz verkrochen und tat, als wäre er nicht da. Schön, das Familienleben: Einer lädt auf dem anderen seinen Ärger und seinen Frust ab, sodass für alle eine hübsche Summe dabei herauskommt. Außer es funktioniert wie beim Addieren, wo du lernst, dass du Blumenkohl und Kirschen nicht zusammenwürfeln darfst und die Häufchen getrennt bleiben müssen.

In dieser Atmosphäre fühlte sie sich nicht verpflichtet zu erzählen, was sie erlebt hatte: Begegnung, Aperitifs, *Tramezzini*, Elisas Geschichte, Ginas Geständnis und – vor allem – das peinliche Telefongespräch, das sie doch noch mit dem Commissario geführt hatte.

Sie hatten sich für tags darauf, Dienstag, um halb drei verabredet, wieder im *Mulassano*. Er hatte zuerst halb eins für das Aperitif-Ritual vorgeschlagen, aber sie hatte sich herausgeredet, das gehe nicht, sie erwarte ihren Mann zum Mittagessen, sie habe einiges zu erledigen … In Wirklichkeit wollte sie ihrer Familie keine Lügengeschichten oder Fast-Lügengeschichten erzählen, sie wollte es nicht schon wieder der Mutter überlassen, sich um die Ausscheidungen des Hundes zu kümmern, vor allem wollte sie sich nicht den Gefahren von Campari und Punt e Mes aussetzen, denn das Gnadengesuch für Gina war eine ziemlich heikle Angelegenheit. Halb drei war eine unchristliche Zeit, aber Paris ist eine Messe wert.

Dienstag aß sie zu Mittag lustlos einen gemischten Salat und einen Apfel, in Gedanken ganz bei dem bevorstehenden Gespräch und mit Blick auf die Uhr; sie ignorierte Renzos Kommentare zu ihren launenhaften Diätanfällen und hoffte, dass er sich beeilte. Als er weg war, seufzte sie erleichtert, kontrollierte mit einem Blick aus dem Fenster – wie ein Ehebruchslehrling –, ob das Auto auch davonfuhr, und gab sich zehn Minuten, um sich hastig herzurichten, der Tisch war noch nicht abgeräumt, die verschmierten Teller verkrusteten. Die muss ich später mit der Hand spülen, dachte sie, während sie in die Schuhe schlüpfte, diese unfähige Spülmaschine hat bestimmt ein Mann entworfen, der in seinem Leben keinen Teller abgespült hat, das Miststück zwingt mich, drei Viertel der Arbeit selbst zu machen, während es sich darauf beschränkt, geräuschvoll über die Teller zu lecken, und dann dieses glänzende Schildchen *De Luxe – Made in Germany,* weiß der Himmel, warum das ein Prädikat sein soll, der Nationalsozialismus war auch made in Germany.

Als sie Punkt halb drei ins *Mulassano* kam, saß er bereits am zweiten Tisch rechts. Und auf dem Tisch, weithin sichtbar, ein kleiner Strauß späte Veilchen, und die Hitze stieg ihr von Hals und Nacken auf, ein Zeichen von Verstörung oder Alarmglöckchen vorzeitiger Wechseljahre. Sie schaffte es, über die Stuhlbeine zu stolpern, die Tasche fallen zu lassen und gleichzeitig gegen den Tisch zu rempeln, während er die Muskeln um den Mund, aber nicht die der oberen Gesichtspartie zu beherrschen versuchte.

»Lachen Sie nicht. Wenn Sie meinen Bewegungsapparat durcheinander bringen wollten, ist Ihnen das voll und ganz gelungen. Falls die Veilchen für mich sind.«

»Natürlich sind die für Sie. Ich wollte Ihnen eine Freude machen, kein Erdbeben auslösen.«

»Ja, ich freue mich. Aber Sie spielen ein unfaires Spiel.«

»Woher wollen Sie wissen, dass es ein Spiel ist?«

Wieder ein Hitzeschub, der nur deshalb kein Unheil

anrichtete, weil sie fest auf ihrem Stuhl saß. Und die Vorsehung schickte gerade rechtzeitig einen Kellner, sodass sie durchatmen, sich eine brauchbare Antwort überlegen und bestellen konnte.

Sie genehmigte sich – aus verschiedenen Gründen – einen doppelten Espresso ohne Zucker mit Schlagsahne: Sie liebte die Vereinigung dieser beiden so verschiedenartigen Köstlichkeiten, das Aufeinandertreffen der bitteren tropischen Schwere des Kaffees und der cremigen nordischen Leichtigkeit der Sahne, den Kontrast zwischen dem dampfenden dunkelbraunen Espresso und dem frischen weißen Schlagrahm, der so rasch hinfällig wird und zerläuft. Und wenn sie nun behutsam das Löffelchen eintauchte, um die Komponenten zu erwischen, ohne sie miteinander zu vermischen, es vorsichtig und ohne zu kleckern an den Mund führte, schließlich das letzte Restchen makelloser und wunderbar bitterer Flüssigkeit aus der Tasse trank, dann wäre sie beschäftigt und könnte sich nach ihrem chaotischen Entree den Anschein vornehmer Würde geben. Und warum sollte sie sich nicht ein Vergnügen gönnen, das eine Ohrfeige ist für *dietetic correctness* und eine Überschreitung sämtlicher Regeln von gesunder Ernährung, mit denen man von Tageszeitungen, Magazinen und TV bombardiert wird?

Doch solange der Kaffee noch nicht da war, galt es eine Pause zu überbrücken. Sie schnupperte an den Veilchen, die natürlich nach überhaupt nichts rochen: Im Gewächshaus mit Hormonen und Düngern voll gepumpt, imitierten sie perfekt die platonische Veilchenhaftigkeit, allerdings nur für Leute ohne Geruchssinn. Er sagt nichts, er sitzt gut gelaunt da, bewegt sich nicht, raucht nicht, trinkt nicht seinen frisch gepressten Pampelmusensaft, gleichmütig wie ein Krokodil im Nil. Nein, der Vergleich hinkt: Krokodile sind grässlich und ich schätze sie nicht mal in Handtaschenform, sie hätten ruhig zusammen mit den Dinosauriern ausgelöscht werden können. Wahrscheinlich ist das eine Polizistenmethode, um Personen, die in einen Fall verwickelt sind, in Verlegenheit zu bringen, außer es ist eine seltene Art des Umwerbens. In diesem Fall wären die Veilchen und der Satz mit dem Spiel, das vielleicht kein Spiel ist, als Scharmützel auf dem Eroberungszug zu verstehen. Welche Wonne, in Zeiten von aufdringlicher Erotik und ungeniertem Augenzwinkern und Gegrabsche einem Strategen der Verführung zu begegnen, einem Mann, der abwechselnd galant und mediterran lässig ist, der Schweigen zu seinen Gunsten auszunutzen weiß, der liebenswürdig sein kann und doch Sinn für Ironie hat ...

Der Espresso kam: Sie widmete sich ihm mit der geplanten Konzentration und sichtbarem Genuss.

»Naschen Sie gern?«

»Sieht man das?«

»Schon.«

»Finden Sie das verwerflich?«

»Nicht verwerflich, eher amüsant.«

»Sie finden es amüsant, wenn jemand naschhaft ist?«

»Ich finde Sie amüsant.«

»Danke. Ich hoffe, das ist ein Kompliment.«

»Natürlich ist es das. Sie schaffen es, mich aus dem Konzept zu bringen und gleichzeitig zu amüsieren. Machen Sie das absichtlich?«

»Nicht immer. Manchmal taste ich auch das Terrain ab, weil Sie ebenfalls voller Überraschungen stecken.«

»Ist das ein Kompliment?«

»Natürlich ist es das. Außerdem sind Sie nett und scharfsinnig und haben Sinn für Ironie. Und jetzt warten Sie geduldig darauf, dass ich Ihnen den Grund für unser Treffen erkläre, das heißt, womit ich Sie ködern wollte.«

»Ködern ist übertrieben. Es setzt Leichtgläubigkeit oder Naivität bei der Gegenseite voraus.«

»Bitte entschuldigen Sie. Wie auch immer – Sie wissen, warum ich Sie angerufen habe?«

»Erwarten Sie nicht, dass ich darauf antworte. Auch wenn ich mir natürlich meine Gedanken gemacht habe.«

Jetzt schaute er sie an, wie tags zuvor, aber ihr war nicht nach einem weiteren Blicke-Duell. Die Espresso-Sahne-Prozedur hatte den kritischen Augenblick nur um ein paar Minuten aufgeschoben. Sie hatte sich aus den verschiedensten Gründen in eine heikle Lage gebracht, wobei ihre Freundschaft mit Gina und die Sorge um sie nicht einmal die wichtigsten waren. Verdammt nochmal, fluchte sie im Stillen, dann atmete sie tief durch, wie eine Abfahrtsläuferin vor dem Rennen, und ergriff die Flucht nach vorn.

»Ich möchte über zwei vergiftete Hunde – von denen einer gestorben ist – sprechen, über ein nie geführtes Telefongespräch und über vier zerstochene Reifen. Und ich möchte Sie bitten, nachsichtig zu sein, weil nichts davon mit dem Mord an Bianca zu tun hat.«

Er ermutigte sie in keiner Weise, er nickte nicht, lächelte nicht, warf kein Aha oder Oh ein. Er saß einfach nur da und blickte sie mit höflich berufsmäßigem Interesse an. Sie erzählte alles klar und der Reihe nach, was ihr nicht schwer fiel, schließlich erklärte sie seit über zehn Jahren auch immer wieder, wie und warum der Dreißigjährige Krieg die politische Ordnung Europas verändert und den Weg für Frankreichs Vormachtstellung geebnet hat.

»Die Nachsicht gilt natürlich meiner Freundin Gina Florio. Die zwar einen Schaden verursacht hat, aber der sollte nur ein Denkzettel sein, sie hat also das Recht auf jede Menge mildernder Umstände. Sie wurde provoziert, in ihrer Liebe zu Hunden verletzt, wie Luft behandelt, als sie um eine Erklärung bat, und wahrscheinlich ist sie einfach ausgerastet oder hat in einem Zustand vorübergehender Umnachtung gehandelt. Außerdem hat sie der De Lenchantin nicht wirklich etwas zu Leide getan, denn die hat vor ihrem Tod von dem Schaden nichts mehr erfahren, und Bagnasacco sollte einfach neue Reifen kaufen und lieber nichts von den Giftanschlägen seiner Frau erfahren.«

Endlich sah sie ihn an: Wenn er mir eine Standpauke hält, wenn er sich als Klugschwätzer aufspielt, wenn er sich auf Recht und Ordnung versteift, dann ist er ein *homo burocraticus,* dann habe ich ihn überschätzt und mich und vor allem Ginotta in die Bredouille gebracht, doch Gina hatte sich schon von selbst reingeritten. Aber er fängt langsam an zu grinsen, zuerst mit der Augenpartie, dann mit dem Mund und schließlich mit allen dazu notwendigen Muskeln. Sie hätte ihn am liebsten umarmt, und nicht nur vor Erleichterung.

»Über euch Lehrerinnen kann man sich nur wundern: Ihr belügt die Polizei, durchlöchert Autoreifen, vergiftet Hunde, haltet Beweismittel zurück ...«

Doch sein Tonfall und sein Grinsen zerstreuten jeden Verdacht auf bürokratische Missbilligung.

»Aber wir ersparen der Polizei auch Zeit und Mühe, indem wir spontan zu den Ermittlungen beitragen.«

»Natürlich aus reinem Bürgersinn.«

»Nicht nur. Auch aus Freundschaft, aus Lust an der Intrige und noch aus anderen Gründen. Apropos, warum haben Sie mich eigentlich nicht nach dem berühmten Telefongespräch gefragt?«

»Weil ich wusste, dass es nie stattgefunden hat, weil ich Sie nicht in Verlegenheit bringen wollte und noch aus anderen Gründen. Wir könnten uns doch duzen, oder?«

»Bitte nicht. Die Höflichkeitsformel bringt mehr Eleganz in eine Beziehung.«

»Aber sie verhindert, dass man miteinander vertraut wird.«

»Seit wann denn das? *De Gaulle n'a jamais tutoyé avec sa femme,* und doch haben er und Madame Yvonne brav für Nachkommen gesorgt.«

»Und sich immer gesiezt?«

»So wird es berichtet. Auch per Sie ist der Handlungsspielraum recht groß. Wir können ja gleich mal bei Ihrer Biografie anfangen: geboren in ... am ..., Beruf des Vaters und der Mutter, Geschwister, Ausbildung, Familienstand und so weiter. Wenn es schon darum geht, miteinander vertraut zu werden, dann will ich Ihnen gegenüber nicht im Nachteil sein, wo Sie alles von mir und ich nichts von Ihnen weiß.«

Aus Urbino, sechsunddreißig Jahre alt. Ein vierzigjähriger Bruder – Tommaso –, Arzt und Familienvater, tätig im städtischen Krankenhaus in Aquila, eine vierundzwanzigjährige Schwester, Studium abgebrochen, Globetrotterin, derzeit in Straßburg. Der Vater – Gerardo – Anwalt für Zivilrecht und nach wie vor im Geschäft, die Mutter – Letizia – Architektin und früher in leitender Funktion beim Amt für Denkmalschutz. Und er selbst: Jurastudium, Referendariat beim Vater, Assessorexamen und Bewerbung bei der Polizei. Er bleibt bei der Polizei. Latina, Bologna, Turin als Inspektor und dann Kommissar bei der Kripo.

Heirat mit siebenundzwanzig, Scheidung mit zweiunddreißig. Es gab keinen besonderen Grund für das Scheitern der Ehe. Laura, seine Exfrau, Tochter eines Bauunternehmers aus Urbino, war glücklich wiederverheiratet und hatte Zwillinge bekommen.

Ende der Vertraulichkeiten. Er hatte sie heruntergeleiert wie den Steckbrief eines Ausbrechers: ohne innere Beteiligung, der Tonfall leicht gelangweilt. Sie hatte nicht nachgehakt und keine Kommentare abgegeben: Ich war indiskret oder vielmehr zu grob und direkt, Männer mögen solche Frontalangriffe nicht, auch denen, die am weitesten entwickelt und nicht mehr mit der Keule unterwegs sind, sind versteckte Schmeicheleien und verführerische Ringelspielchen lieber; wenn du sie als ebenbürtig behandelst, fühlen sie sich in ihrer Männlichkeit bedroht, den armen Kerlen haben der Feminismus und der allzu schnelle Sturz vom Sockel zugesetzt ... Auf dem Nachhauseweg mit seinen unvermeidlichen haushaltsbedingten Etappen und Abstechern – Apotheke, Lebensmittelladen, Geldautomat, Livia abholen, die, anders als tags zuvor, überraschend fröhlich und liebevoll war – hatte sie diesen Informationsbatzen einmal kurz geschleudert und die Zwischenräume romanhaft ausgeschmückt.

Urbino, windreiches Urbino: einer der kultiviertesten und bezauberndsten Flecken Italiens, wo die Landschaft, die Architektur, die Menschen nicht mit Geistlosigkeit prahlen, als wäre sie ein Verdienst, wo man sich mit einem Spaziergang ein Geschenk macht und das Verhältnis zur Vergangenheit nicht nach Leichen oder verstaubter Langeweile stinkt. Urbino bringt leicht einen solchen Mann hervor, der humorvoll, höflich, geduldig ist, leichter als Sesto San Giovanni oder Secondigliano. Bildungsbürgerliche Familie mit der einen oder anderen harmlosen provinziellen Macke: die Fixierung auf die Ortsnamen in der Umgebung, die Erforschung von Bruderschaften, die Biografie eines unbekannten Botanikers aus dem siebzehnten Jahrhundert und Entdeckers einer seltenen Petersilienart, des *Petroselinum Urbinas*. Intakte Ehe, zwei Kinder mit nicht allzu großem Altersunterschied und ein drittes sechzehn Jahre nach dem Erstgeborenen: Unachtsamkeit, ein Unfall oder eine neue Lust auf Zärtlichkeit, das Bedürfnis nach ehelicher Nähe als Gegenstück zur stacheligen Gleichgültigkeit der flügge werdenden Kinder. Gerardo geht jetzt auf die siebzig zu und Letizia liegt ihm in den Ohren, das Haus ist zu groß und die Kinder leben weit weg. Ganz normale Schwermut. Der ganz normale Enttäuschungen vorausgehen: Gaetano studiert Jura, absolviert sein Referendariat beim Vater, doch dann lässt er alles sausen und geht zur Polizei, die Entscheidung ist zwar keine Schande, wird aber von der Familie sicher nicht unterstützt. Man verdient weniger, man riskiert mehr, man führt ein unstetes Leben: Wie kommst du nur darauf? Hier hast du eine gut gehende Kanzlei, du brauchst keine Ellenbogen, um ins Geschäft zu kommen, dein Vater verrät dir gern alle Winkelzüge, Tricks und Kniffe ... Aber vielleicht ist der Vater ein bisschen zu autoritär und will die Fäden nicht aus der Hand geben, vielleicht stimmt seine politische Richtung nicht mit deiner überein, vielleicht willst du es auch einfach allein schaffen. Die Ehe geht auseinander, was, vor allem da die Kinder aus dem Haus sind, natürlich kein Drama, aber eben doch ein Scheitern ist, ein Schiffbruch der Hoffnungen. Schließlich – und hier spitzt sich die Enttäuschung zu und wird kollektiv – gibt es noch die Ungenannte. Vater, Mutter, Bruder, Exfrau sind alle ordentlich beim Vornamen genannt, nicht aber die Schwester, die vierundzwanzigjährige Vagabundin. Obwohl Sie mit Verbrechen, Entführung, Vergewaltigung und jeglicher Art von Gesetzesübertretung vertraut sind, obwohl Sie tagaus, tagein in die Schattenwelt der Verlorenheit und des Schmerzes eintauchen, bringen Sie, Signor Commissario, den Namen dieser gescheiterten Schwester nicht über die Lippen. Das sieht nach freudscher Unterlassung aus. Was mag diese verwirrte Tochter aus gutem Hause angestellt haben, dass sie nicht vorzeigbar ist? Lockeres Liebesleben, Kleinkriminalität, Drogen, schlechte Gesellschaft? Und was macht sie bloß in Straßburg? Dolmetscherin im Parlament wird sie kaum sein; vielleicht tritt sie als Pantomimin auf dem Münsterplatz auf, verkauft schauderhaften Krimskrams im *Petite Venise*, dealt in den Diskotheken diesseits und jenseits des Rheins mit Ecstasy oder lebt sie – wenn sie so gut aussieht wie Sie, Commissario, und Schönheit ist nicht immer ein Segen – davon, dass sie ihre Schönheit zur Schau stellt und verkauft? Haben Sie deshalb ihren Namen nicht genannt, Commissario? Weil eine Hure zur Schwester schändlicher ist als eine Diebin oder eine Dealerin? Weil die offizielle Weltanschauung aus jedem Drogensüchtigen ein Opfer des Systems macht und aus jeder Nutte einen unschuldigen Unglückswurm, allerdings nur wenn sie Ausländerin ist? Aber Sie machen doch einen intelligenten Eindruck, diese linke Schmalspurmelasse dürfte Sie nicht anstecken und Ihre Urteilsfähigkeit lahm legen. Oder sitzt der Stachel wirklich so tief, dass der klare Verstand versagt?

Nun zu Ihrer Ehe. Die Sie nicht verschwiegen, aber zu der Sie sich unaufrichtig geäußert haben: Keine Ehe geht ohne konkrete Gründe in die Brüche, Gründe gibt es immer, man muss sie nur finden wollen. Mit siebenundzwanzig verheiratet, mit zweiunddreißig geschieden, lange kann das Zusammenleben angesichts der gesetzlich vorgeschriebenen Trennungszeit und der biblischen Zeiträume der italienischen Justiz und Bürokratie nicht gedauert haben. Laura stammt aus derselben Stadt wie Sie, Commissario, und da Urbino nicht Tokio ist, kennen sich die Sprösslinge aus gutem Hause untereinander, dieselben Schulen, die gleichen Freizeitbeschäftigungen, derselbe Umgang. Also keine Unbekannte, keine Fremde, die zufällig und mit überraschenden Gewohnheiten und einer geheimnisvollen Vergangenheit im Gepäck in Ihr Leben platzt. Vielleicht eine sehr lange Verlobungszeit, wobei sich die Langeweile bereits in Gesten und Gespräche einschleicht, bevor Sie einander vor dem Pfarrer oder dem Bürgermeister das Jawort geben? Eine Verbindung, die beide Familien als beschlossene Sache betrachteten und die Sie und Laura nicht abzubrechen vermochten, bevor sie amtlich besiegelt wurde? Aber ist man mit siebenundzwanzig, nach Studium, Militär- oder Zivildienst und Staatsexamen, noch so unreif, dass man der Trägheit in die Falle geht und nur noch anderer Leute Erwartungen erfüllt?

Ganz zu schweigen von sexueller Unvereinbarkeit oder unüberbrückbaren Differenzen über hehre Prinzipien, denn ihr wusstet von Anfang an alles voneinander. Was ist es dann? Betrügt er sie – oder umgekehrt – auf eine verletzende Weise, verliebt sie sich in einen anderen – oder umgekehrt –, und bricht er oder sie sofort mit der Vergangenheit, löst Bindungen, lässt alles sausen und ab durch die Mitte, sie mit ihrem Wronskij oder er mit seiner Manon?

Das glaube ich nicht recht. Er macht nicht den Eindruck, als hätte ihm Laura oder deren Nachfolgerin Manon eine unheilbare Wunde zugefügt, dafür lacht er zu gern, ist zu humorvoll, zu galant und dabei fröhlich, ohne Anwandlungen von Schwermut. Doch als ich ihn bat, über sich zu sprechen, schien er genervt, als ob ich eine störende Indiskretion begangen hätte. Schade, dass Elisa mir keine Auskunft geben kann, Urbino liegt nicht in ihrem Zuständigkeitsbereich und die ganze Geschichte wird wohl geheimnisumwittert bleiben.

Das Geheimnis von Liviettas ungewohnter Fröhlichkeit indes wurde fast sofort gelüftet, als sie sich aus den

Gedanken zu ihrem Plot löste und sich bemühte, mehr als unangebrachte einsilbige Bemerkungen zu dem Gespräch beizutragen. Der dicke Kevin, ein Schlägertyp in Liviettas Klasse, der jedem, der ihm über den Weg lief, eine reinhaute und schon vier- oder fünfmal dafür gesorgt hatte, dass so ein armes Opfer – Livietta eingeschlossen – ins Krankenzimmer oder in die Notaufnahme musste, Kevin, mit dem die Lehrerinnen, die ihn ja schlecht in Ketten legen konnten, nicht fertig wurden, der der Amtspsychologin zufolge jedoch ein ruhiges, harmloses Kind ohne Charakterstörung und mit einem großen Bedürfnis nach sozialen Beziehungen war, Kevin hatte es wieder mal auf Livietta abgesehen gehabt, war plötzlich aufgestanden, während die Lehrerin brutto, netto und Tara erklärte, war zu ihr gegangen und hatte sie in die Seite geboxt – daheim zeig ich dir den blauen Fleck –, doch diesmal hatte Livietta weder geweint noch war sie zur Lehrerin gerannt. Sie zog vielmehr einen Mokassin aus – verstehst du jetzt, warum ich genagelte Schuhe haben wollte, mit dem Metall am Absatz? – und schlug ihn Kevin mit aller Kraft gegen die rechte Schläfe. Er bekam sofort einen roten und dann blauen Fleck, war so baff, dass er nicht mal heulen konnte, und stand ganz benommen da.

Und die Lehrerin? Was hat die Lehrerin gesagt? Sie hat gesagt, was sein muss, muss sein, und dann weiter ihre Sachen erklärt.

Zehntes Kapitel

Was für ein chaotischer Vormittag. Die Schule wirkte wie eine Miniaturausgabe der Abflughalle von Malpensa 2000 an einem ganz normalen Streiktag: In den Fluren und auf den Treppen stapelten sich die Ranzen und drängelten sich die Schüler, durch offene Türen sah man in unaufgeräumte Klassenzimmer, Hausmeister rannten wie aufgescheuchte Hühner herum, Lehrer betraten das Lehrerzimmer, kamen wieder heraus, gingen wieder hinein wie in einem Stück von Feydeau, die Direktorin verfluchte die neapolitanischen Lokalheiligen, weil sich ihr kompletter Organisationsapparat in Wohlgefallen auflöste. Entstanden war das Chaos durch drei Ereignisse – eines war vorhergesehen, eines unvorhergesehen und eines teils, teils: der Besuch der Schulärztin, der telefonische Hinweis auf eine Bombe in der Schule, die Trauerfeier für die De Lenchantin.

In geheimnisvoller und willkürlicher Regelmäßigkeit beschlossen das Bildungsministerium und die angegliederten Schulorgane – Schulamt, Referate von Region, Provinz und Kommunen mit ihren unterschiedlichen Bezeichnungen –, den Gesundheitszustand des Lehrpersonals zu prüfen; per Rundbrief wurden die Lehrer unwirsch aufgefordert, sich röntgen und ärztlich untersuchen zu lassen, wobei man ihnen die schlimmsten Maßregelungen androhte, falls sie dem nicht nachkommen sollten. Röntgen ließ sich niemand, weil sich niemand verseuchen lassen wollte, und niemand war so dumm oder naiv, die Drohungen ernst zu nehmen, aber von der Schulärztin ließ sich aus zwei Gründen jeder gern untersuchen. Erstens wurde diese Untersuchung praktisch in den eigenen vier Wänden vorgenommen, nämlich während der Unterrichtszeit im Krankenzimmer der Schule, und wenn man den Hin- und Rückweg durch die Stockwerke und den Espresso vor oder nach der Untersuchung in der Bar mit einrechnete, verkürzte sich der Unterricht um gut zwanzig Minuten. Zweitens hätten zehn dieser zwanzig Minuten von Helzapoppin oder den Marx Brothers stammen können.

Es kam immer dieselbe Schulärztin, eine kleine, kurzsichtige, undurchschaubare Fünfzigerin. Sie saß hinter einem Schreibtisch, der mit Formularen, Aktendeckeln, Stempeln, mehrfarbigen Kugelschreibern, Terminkalender, Stethoskop und Blutdruckmesser übersät war. Das Stethoskop benutzte sie nie, und man wusste nicht, ob sie es dabeihatte, weil das Metall so schön glänzte oder weil es ein Statussymbol war. Wenn du eintratst, bat sie dich vor dem Schreibtisch Platz zu nehmen, und fragte nach Vor- und Nachnamen: Bis dahin war alles normal. Dann ging es los mit den Gags: Sie blätterte im Terminkalender, klappte zwei oder drei Aktendeckel auf und schloss sie wieder, zog die Nase hoch, wählte ein Formular aus und stempelte es voll, dachte nach und legte es auf einen anderen Stapel, griff sich einen weiteren Vordruck, lernte ihn auswendig, seufzte, unterschrieb ihn und legte ihn dahin zurück, wo sie ihn hergenommen hatte. Sie nahm die Brille ab, rieb sich die Nasenwurzel, griff sich zwinkernd und nach Luft schnappend ein drittes Formular, setzte die Brille wieder auf und sagte: Also. Man musste Vor- und Nachnamen, vielmehr Nach- und Vornamen wiederholen, sie brummte: Jaja, und streckte sich dabei nach links und rechts, nahm verzweifelt ein Formular vom entferntesten Stapel und begann es mit krakeligen Blockbuchstaben auszufüllen. Den Nachnamen schrieb sie meistens falsch, sie ließ einen Buchstaben weg oder verdoppelte einen Konsonanten, aus p wurde b oder umgekehrt, aber du wiesest sie nicht darauf hin, weil dich die Kontrolle deiner Mimik schon zu stark in Anspruch nahm. Ungefragt gabst du Geburtsdatum und Geburtsort an, sie notierte beides, zog nochmal die Nase hoch, hob dann den Kopf und fragte:

»Geschlecht?«

Sie kreuzte *m* oder *w* an (anderes sah das Formular nicht vor) und startete daraufhin eine surreale Anamnese, die sie sich wahrscheinlich selbst ausgedacht hatte: Mumps, Scharlach, Röteln, Keuchhusten, Verstauchungen, Kinderlähmung, Tuberkulose, Malaria, Diabetes, Hepatitis, Cholera, Gelbfieber ... Fehlte nur der Tennisarm, aber den hättest du wie alles andere mit Nein beantwortet. Ohne aufzublicken kreuzte sie keuchend ihre Kästchen an und am Ende sagte sie: Jetzt messen wir den Blutdruck. Der bei allen immer hundertdreißig zu achtzig betrug, jedem Gesetz der Statistik und jeder vernünftigen Erwartung zum Trotz. Du krempeltest den Ärmel wieder runter, sie trommelte mit ihren Stempeln, unterschrieb, steckte den Vordruck in einen Aktendeckel und fällte ihr Urteil: Sehr gut, Sie hören dann von uns. Was es zu hören gab, hatte nie jemand herausgefunden.

Dieses unsinnige Ritual kam nicht von selbst in Gang, sondern erforderte – wie viele italienische Unsinnigkeiten – eine akkurate Vorbereitung mit Dienstanweisungen, Rundschreiben, Faxen, klärenden Telefonaten bis hin zur engmaschigen Organisation der Direktorin. Die sich eine Woche vor dem Ereignis mit dem Frettchen – einer Sekretärin, die fünfundzwanzig Tage im Monat nach Menstruation roch – in ihrem Büro verbarrikadierte und den Ablauf der Untersuchungen strikt staffelte: Um neun ist die Rendina dran und wird von Misoglio vertreten, um

Viertel nach neun Antoniutti, die Rendina geht in ihre Klasse zurück und Misoglio übernimmt Antoniuttis Klasse, um halb zehn geht Misoglio in seine Klasse, Antoniutti – der eine Freistunde hat – vertritt erst Canterino, dann Tosi und die Gerlotto, um Viertel nach zehn nimmt Antoniutti seinen Unterricht wieder auf, die Torichio geht runter, die gemeinsam mit Schifoni unterrichtet und keine Vertretung braucht, wenn die Torichio zurückkommt, ist Schifoni dran ...

Normalerweise bot das Spielchen, auch wenn der Zeitablauf nicht eingehalten wurde, eine akzeptable Scheinordnung, aber an diesem Vormittag war der Rhythmus durch den Bombenlegeranruf erst durcheinander geraten und dann lahm gelegt worden. So ein Anruf war ja beileibe nichts Neues, doch ignorieren konnte man ihn auf keinen Fall, denn wenn schrecklicherweise, Gott bewahre ... wer übernimmt dann die Verantwortung ...

Also die 112 anrufen, Schule räumen, die Kinder spielten Massenausbruch, um die Szene zu beleben, und sammelten sich im Hof, Eintreffen der Carabinieri, die solche Enten gewöhnt und nicht besonders beunruhigt waren, Inspizierung von Heizungsraum, Turnhalle, Umkleiden, Klos, Abstellkammern, Klassenzimmern und Fluren, Alarm vorbei, langsame Rückkehr ins Schulhaus, Appell zur Kontrolle, ob auch niemand ausgebüxt war: Aber mittlerweile hatten sich die ersten sechs Untersuchungstermine erledigt und die nächsten sechs waren von vornherein hinfällig, weil um halb zwölf die Beerdigung der De Lenchantin stattfinden sollte, die wegen gesetzlich-ärztlich-bürokratischer Hindernisse unerhörterweise verschoben worden war, und es war der Schule ausnahmsweise gestattet, wegen des Trauerfalls um elf zu schließen, damit Direktorin und Lehrer und so weiter an der Bestattung teilnehmen konnten.

Sie hasste Beerdigungen. Nicht so sehr weil das Zeremoniell – zumindest in der Stadt – zu einer mechanischen und hektischen Angelegenheit verkommen und mit unterkühlter Routine abzuwickeln war, sondern weil ihr Verhältnis zum Tod ungeklärt und kompliziert war. Nach ihrem Dreißigsten hatte das Gefühl von Ewigkeit zu bröckeln angefangen und jetzt, da sie auf die vierzig zuging, wurde ihr klar, dass sie allmählich die wenn auch ferne Aussicht auf den Tod in Betracht ziehen musste, den eigenen und den Tod der anderen, der immer auch auf den eigenen Tod verweist. Nicht der plötzliche Tod – Autounfall, Flugzeugabsturz, Brückeneinsturz –, sondern der Tod, der langsam und auf katzenleisen Pfoten daherkommt, der Jahr für Jahr, Monat für Monat Terrain gewinnt, der sich mit durchaus erträglichen Zipperlein, mit den ersten weißen Haaren ankündigt, der dir mit den beginnenden Wechseljahren und den dazugehörigen Phasen von Depressionen und Orientierungslosigkeit zu schaffen macht, wenn dein Körper zu einer fremden Maschine mit unbekannten Abläufen und Empfindlichkeiten wird. Jener Tod, der berühmte Persönlichkeiten, deren Bücher, Platten, Filme deine Jahre begleitet haben, verschwinden lässt, der deinen Freundeskreis lichtet, der Bekannte, die nicht viel älter sind als du, in triste Altersheime wandern lässt ... Sie hatte bislang nicht ernsthaft versucht, sich mit dieser Vorstellung von Tod auseinander zu setzen, und vermied jede Gelegenheit, die dazu geführt oder sie dazu gezwungen hätte.

Doch bei dieser Beerdigung wollte sie nicht fehlen. Für Bianca hatte sie weder Zuneigung noch Sympathie empfunden, ihr Tod hatte sie erstaunt, aber nicht bedrückt: Wozu sollte sie entsprechende Gefühle vortäuschen, aus der Tiefe ihrer Seele ein paar Tropfen lauen Trübsals pressen? Sie ging nicht zur Beerdigung, um ihr Beileid auszudrücken, sondern aus purer Neugier, wie sie sehr wohl wusste. Sie fuhr bei Emanuela im Auto mit, denn sie war wie immer zu Fuß in die Schule gegangen und der Gottesdienst wurde in der Chiesa dell'Addolorata abgehalten, anscheinend Biancas Kirche, und die lag am anderen Ende der Stadt. Emanuela, groß, blond, elegant, aber deshalb nicht unsympathisch, fuhr reaktionsschnell und entschlossen wie eine Räuberin auf der Flucht, nicht gerade wie Ryan O'Neal in *The Driver,* aber fast, und sie genoss den Kitzel beim verbotenen Abbiegen, bei Überholmanövern von rechts und Fahrbahnwechseln ohne Schuldgefühle oder Furcht vor eventuellen Strafzetteln. Außerdem war es ein tolles Auto, mit solider Karosserie, Rammbügeln und Mehrfachairbag, und ein Zusammenstoß hätte keinen großen Schaden angerichtet.

Sie kamen zu früh, aber der Platz vor der Kirche war bereits voller Leute und riesiger, sündhaft teurer Kränze, unter denen das Gesteck von Direktorin und Kollegen der Fibonacci-Schule durch knauserige Bescheidenheit und hässlicher Machart herausstach: Die Floristin, die diese Geschmacklosigkeit zusammengebastelt hatte, müsste man auf der Stelle entlassen und dem Rorschach-Test unterziehen, denn sie hatte sich nicht gescheut, eisig-steife Strelitzien mit halb verwelkten Nelken aus dem Abfall zu kombinieren. Um alles hatte sich die Gerlotto gekümmert, mit deren Sinn für Ästhetik es nicht weit her war – sie stand auf die Häkeldeckchen der Hausmeisterinnen und häkelte sie nach –, doch in dieser schwierigen Situation musste man ihr verzeihen, denn sie hatte es geschafft, den nicht gerade begeisterten Kollegen jeweils einen Zehntausender abzuknöpfen. Mit diesen Zehntausendern hatte sie auch die Todesanzeige in der *Stampa* gezahlt, und wer weiß, was sie im stillen Kämmerlein alles an Artikeln, Konjunktionen und Adjektiven zusammengestrichen hatte, um das Budget nicht zu sprengen, einen verständlichen Text zu produzieren und sich nicht nochmal auf Bettelgang begeben zu müssen. Emanuela trat zu ein paar eben eingetroffenen Kolleginnen, sie selbst bewaffnete sich mit einer stärkeren Brille, die sie selten aufsetzte, weil sie damit zu streng aussah, schaltete in Gedanken den Ton der Szene ab und konzentrierte sich auf das Bild. Scharenweise standen Martas, Consolatas und Angelicas herum und es kamen immer mehr, begleitet von Ehemännern, Freunden und Brüdern, die sich vorübergehend aus Aufsichtsratssitzungen, weltbewegenden Konferenzen und Kommandozentralen abgesetzt hatten, und ihnen allen waren, trotz der unterschiedlichen Typen, doch ein paar Merkmale gemeinsam: die Eleganz natürlich, die unbefangenen Gesten und Bewegungen, das Bewusstsein des gesellschaftlichen Status, das in manchem Profil die Grenze zur gelassenen Arroganz überschritt. Im Guten wie im Schlechten Lichtjahre von jenem Fernsehvolk entfernt, das in primitiven Unterhaltungssendungen weint, grölt, beleidigt, sich verliebt und entliebt und exhibitionistisch Eingeweide und Gedärm freilegt. Unter dem Strich mehr im Guten. Upperclass-Melange, aber in der Minderheit, eben ein buntes Völkchen: Akademiker in unterschiedlichen Positionen, Händler von Luxusartikeln, Kolleginnen und Exkolleginnen der Verstorbenen, Mitarbeiter der Firma Bagnasacco, mehr oder weniger zufällige Bekannte. Nach dem Panoramaschwenk konzentrierte sie sich auf einzelne Bildausschnitte: Die Habsburger konnten es immer noch nicht fassen und standen wie versteinert neben dem Kirchenportal, ein paar wichtige Galeristen wanderten zwischen Grüppchen von Adligen hin und her, ein Stadtrat und ein fest im Sattel sitzender Regionalpolitiker waren mit Händeschütteln und heimlicher Propaganda beschäftigt, die

Witwen zweier namhafter Intellektueller – nervige Vestalinnen der Glorie – mit ihren Vasallen ... Und da sichtete sie ihn endlich, das Hauptobjekt ihrer Neugier, den Cousin und eventuellen Halbbruder, diesen Marco Vaglietti, der Bianca an dem verhängnisvollen Tag herumkutschiert hatte, der sie zu dem Teppichhändler begleitet und dann ihrem Schicksal überlassen hatte.

Um der Objektivität willen musste sie zugeben, dass er ein schönes Exemplar von einem Mannsbild war, dem die Fotos in den Zeitungen nicht ganz gerecht wurden: groß, breite Schultern, klasse Figur, würdevolles Benehmen ohne überflüssiges Beileidsgetue und vor allem ein Gesicht, das so sehr nach Dressman, so sehr nach Film aussah – ein fünfzehn Jahre jüngerer und zwanzig Kilo leichterer Banderas –, dass er alle Blicke auf sich zog. Bei so einem – wenn er nur ein Cousin ist – hätte ich an Bagnasaccos Stelle einige Vorsichtsmaßnahmen ergriffen, ins Château d'If hätte ich ihn vielleicht nicht geschickt, aber ich hätte allzu häufigen Kontakt zu unterbinden versucht und ihm eine Sinekure in Singapur verschafft oder ihn zum Firmenvertreter in Tokio ernannt. Es sei denn, Vaglietti ist hinter seinem Frauenheld-Habitus dumm und träge und damit harmlos, was eher unwahrscheinlich ist, wenn er sogar kurz vor einer Trauerfeier Aufmerksamkeit und Blicke der anwesenden Damenwelt auf sich zu ziehen vermag.

Ob die Mutter, die unberechenbare Russin, wohl auch kommt? Hat man sie am anderen Ende der Welt aufgestöbert oder hat sie vor Jahrzehnten ihre Spuren verwischt oder ist gar gestorben?

Der Leichenwagen fuhr vor, gefolgt von ein paar Autos. Im ersten befand sich, außer dem Sarg und dem Fahrer, nur Bagnasacco, die anderen luden ein halbes Dutzend Verwandte oder Freunde ab und machten sich dann auf die mühselige Suche nach einem Parkplatz. Während sich die Träger um Kränze und Sarg kümmerten, wurde der Witwer von den Körpern, Händen und Gesichtern derer umringt, angefasst und bedauert, die sich ihm auf seinem schweren Weg zum Kirchenportal nähern konnten. Vaglietti, der direkt neben dem Portal stand, schüttelte ihm markig die Hand, anschließend umarmten sich die beiden lange. In der geschmückten Kirche dann eine feierliche Messe mit Paramenten, tropfenden Kerzen, Orgel, Chor und endloser Predigt. Die – abgesehen von den erbaulichen und nicht immer passenden Verweisen auf Abrahams Frau Sara, Naomis Schwiegertochter Ruth, Nabals und dann Davids Frau Abigail, Weingärtner und Sämann – nichts Brauchbares ergab: Unsere arme Schwester Bianca hatte sich durch Bescheidenheit und Nächstenliebe hervorgetan, stets bereit, mit einem Lächeln auf den Lippen die Reichtümer ihrer Liebe an all jene Menschen zu verteilen, die nicht aus eigener Entscheidung, sondern durch Gottes unerforschlichen Ratschluss und so weiter und so fort. Praktisch eine Mutter Teresa, nicht so verhutzelt und in der Blüte ihrer Jahre, oder eine, wenn auch weniger verbreitete, Replik der heiligen Diana von England. Nicht nur sie, auch die eine oder andere Consolata schien sich über diese ungenierte Hagiografie zu wundern und kramte, um sich abzulenken, in der Handtasche, flüsterte mit dem Nachbarn oder hüstelte.

Da war es schon interessanter, wie die Leute verteilt waren: In der ersten Bank links der Witwer, ein etwas älteres und ein jüngeres Paar, beide unverkennbar aus der Bagnasacco-Verwandschaft – Schwiegereltern und Schwager und Schwägerin der Verstorbenen? –, in der ersten Bank rechts der Cousin, eine hagere Siebzigjährige – die unverheiratete Mutter und Tante? – und ein paar gramgebeugte Vierzigjährige, die nicht so leicht in die Verwandtschaft einzuordnen waren.

Das genügte ihr eigentlich, und sie beschloss, nicht auf den Friedhof zu gehen, denn vor dem Familiengrab spielten sich wohl keine enthüllenden Szenen ab, und sie konnte auch nicht darauf hoffen, den Cousin zu beschnuppern oder ihm gar den linken Hemdsärmel aufzuknöpfen, um festzustellen, ob er das gleiche oder ein ähnliches Tattoo wie Bianca hatte. Das Tattoo: Darin steckte ihres Erachtens ein Schlüssel zu dem Geheimnis und damit zu dem Mord. Nicht dass der Tätowierer auch der Würger gewesen wäre, vielmehr bedeutete dieses in die Haut geritzte komplizierte Ornament eine Bresche, über die man in Biancas verborgene Lebensschichten vordringen konnte.

Da sie keine familiären Verpflichtungen hatte – die Mitteilung, sie werde zur Beerdigung gehen, hatte sie jeder Pflicht entbunden –, hörte sie sich einen Vorschlag Emanuelas an: nach Canale d'Alba zu fahren, *tajarin* mit Trüffeln zu essen und sich einen Tango-Wettbewerb zwischen den Gruppen aus den Langhe und dem Roero anzusehen. Sie versuchte, ein paar Einwände vorzubringen – zu spät, zu weit, wer weiß, wie lange das dauert –, aber Emanuela und Maria hatten es so eilig und waren so begeistert, dass sie sich mitreißen ließ. Maria war zwar nicht die beste Lehrerin an der Fibonacci-Schule (ihren Schülern zufolge hatte sie ihr Examen mit Kinderschokolade-Sammelpunkten geschafft), aber sie war sicherlich die dickste und ihre Fröhlichkeit war derart ansteckend, dass ihr jeder gern die abgrundtiefen Wissenslücken in dem Fach, das sie zu unterrichten versuchte, nachsah. Schon saßen sie im Auto, Maria hinten, weil es bequemer für sie war, Emanuela, die bei ihrem waghalsigen Fahrstil blieb, wühlte in ihrer Handtasche nach dem Handy, fischte es heraus, schaffte es, beim Überholen eine Nummer einzugeben, log dem Hausmädchen irgendwas vor, wählte eine weitere Nummer, reservierte einen Tisch im *Ristorante della Posta* und reichte das Handy den Kolleginnen weiter, damit erst die eine und dann die andere ebenfalls komplizierte Lügengeschichten erzählen konnte: das Ganze mit der überschäumenden Fröhlichkeit, wie sie nach Beerdigungen oft aufkommt. Über euch Lehrerinnen kann man sich nur wundern, hätte Commissario Gaetano gesagt.

Eine Überraschung war auch der Tanzwettbewerb nach *tajarin, fritto misto* und *bunet,* Maria hatte nämlich beschlossen, dass ein Gelage keine halbe Sache sein dürfe. In einem abgelegenen Dorf ohne Umgehungsstraße, zwischen zauberhaften Weinbergen und Bauernhöfen, die Köstlichkeiten auch für den Export produzierten, hatte um drei Uhr nachmittags an einem Werktag ein geheimer Gong zuhauf *aficionados* angelockt: nicht nur Freunde und Verwandte der Tänzer, sondern distinguierte Herren im grauen Anzug, die Madames herausgeputzt und frisch vom Friseur, Jungen und Mädchen in Jeans, Jogginganzug, Torerohosen, nietenverzierten superkurzen Miniröcken, Tuniken römischer Konkubinen. Alle versammelten sich im Saal der gemeindeeigenen Kellerei, der mit Papiergirlanden und bunten Glühbirnen festlich geschmückt war und nach neuem Wein duftete. Keybord, Gitarre, Bandoneon, Sänger mit Brillantinefrisur, Jury, aufgeregtes Publikum, lokale Fernsehsender und zwölf Paare, sechs für die Langhe und sechs für das Roero, in fantasievoll-geschmacklosen Kostümen: Caminito, Cumparsita, El Choclo, Schnitt, Gang, Schraube, Kopfbewegungen wundersamerweise gerade noch nicht lächerlich; nur Gardels Konterfei fehlte, aber man versank trotzdem in den Büchern von Puig und Soriano; man war nicht in

Buenos Aires, sondern auf der anderen Seite des Globus, nachmittags um halb vier an einem Werktag.

Emanuela setzte sie um halb acht vor der Haustür ab. Der Hund ignorierte sie, das Kind war zu Alices ›Nicht-Geburtstag‹ eingeladen und somit entschuldigt und ihr Mann sah drein wie Cerberus als Wächter des dritten Höllenkreises. Sie war darauf gefasst gewesen und schmeichelte sich mit einem sündhaft teuren Tartufo bei ihm ein, das sie nach dem Tanzwettbewerb schnell noch mit ihrem letzten Geld gekauft hatte, während die plötzlich wieder zu Verstand gekommenen Kolleginnen nach Hause drängten.

»Ein Tartufo? Wo kommt denn das her, etwa vom Friedhof?«

»Aus Canale d'Alba. Jetzt motz nicht, sondern schnupper lieber mal dran. Und freu dich auf den Risotto, den du gleich kriegst.«

»Den Risotto verschieben wir auf morgen. Wir gehen mit Sandro, Floriana, Mauro und Teresa essen. Wo warst du eigentlich?«

»In Canale d'Alba, hab ich doch gerade gesagt, um dir ein Tartufo zu kaufen.«

»Wer's glaubt … Und dafür hast du den ganzen Nachmittag gebraucht?«

»Nein, nur fünf Minuten. Vorher habe ich einen Tango-Wettbewerb gesehen und wieder davor habe ich geschlemmt, weshalb ich heute Abend keinen Appetit haben, aber besonders nett zu dir sein werde.«

Aber das war gar nicht nötig, denn das Tartufo, kaum beschnuppert, wirkte sofort Wunder.

Elftes Kapitel

Für ihre privaten Ermittlungen war das Abendessen ergiebiger als die Trauerfeier.

Mittelmäßiges Restaurant, weiß der Himmel, wer das ausgesucht hatte. Sie sitzt neben Floriana, die nicht gerade bester Laune ist, die übrigen vier geraten zwischen zwei Gabelbissen in eine Diskussion über die Arbeit des Bürgermeisters, und obwohl sie gleicher Meinung sind, schaffen sie es, sich heftig zu streiten. Die beiden Galeristen, die sie am Vormittag gesehen hat, fallen ihr ein und sie beschließt, diesbezüglich bei ihrer Freundin vorzufühlen.

Gut die Hälfte der Arbeiten, die in den vergangenen zwanzig Jahren in den Häusern des Turiners Großbürgertums landeten, ist durch Florianas Hände und ihre Galerieräume gegangen und sie weiß alles oder fast alles über die wichtigen und nicht so wichtigen Sammler in der Stadt. Und auch über die pittoreske Halbwelt an Mittelsleuten aus unterschiedlichen Bereichen, Architekten, Rahmenhersteller, Zahnärzte, Anwälte, Chefärzte, die am Rande ihrer Tätigkeit oder schwarz mit Gemälden handeln. Doch Floriana scheint einen ihrer launischen Abende zu haben, an denen sie sofort unwillig oder wütend reagiert, wenn man einen wunden Punkt berührt, und der wunde Punkt kann jedes Thema sein: die jüngste Niederlage des AC Turin, Geschichtsklitterung oder der Pirelli-Kalender. Sie beschließt, es trotzdem zu versuchen, wenn es schief geht, können die anderen vier – die sich gerade wieder versöhnen – mit in den Ring treten.

Ob sie die De Lenchantin gekannt habe?

Sie habe sie gekannt, aber weder an sie noch an ihn direkt verkauft. Aber sie habe einem anderen Galeristen einen Klein aus ihren Beständen überlassen; er habe ihn in Bagnasaccos Auftrag gesucht, der bei einem Besuch des Museums in Nizza von dem Blau hingerissen gewesen sei. Und drei bedeutende Werke – einen Melotti, einen Licini und einen Tancredi – habe sie einem Industriellen aus Carmagnola verkauft, auf Vermittlung des Cousins, der die Villa des Mannes eingerichtet und ihn beim Kauf beraten habe.

Dann kenne sie Vaglietti also.

Klar kenne sie ihn, seit mindestens fünf, sechs Jahren, seit er Wohnungen einrichte, Teppiche, Gläser, Keramiken und Gemälde vorschlage, natürlich gegen entsprechende Provision.

Was er denn für ein Typ sei?

In welcher Beziehung?

In jeder, sie solle doch endlich den Mund aufmachen und ein bisschen aus dem Nähkästchen plaudern.

Wieso sie sich so für Vaglietti interessiere?

Weil die De Lenchantin eine Kollegin gewesen sei und sie Detektivin spiele.

Vaglietti könne nicht der Mörder sein, sein Alibi sei hieb- und stichfest.

Das stimme, aber sein Gesicht sei ihr nicht geheuer und wer weiß, was für eine Beziehung er zu seiner Cousine gehabt habe.

Sie wisse gar nicht, dass sie Lombrosos Lehre vom geborenen Verbrecher anhänge, aber etwas habe sie schon für sie. Vaglietti und die De Lenchantin seien oft gemeinsam aufgekreuzt, mit oder ohne ihren Mann, und die eine oder andere Bemerkung sei gefallen, Anspielungen auf eine mögliche Affäre, aber die beiden hätten sich, zumindest vor Zeugen, nie so weit gehen lassen, dass sie innige

Blicke getauscht hätten oder verdächtig liebevoll zueinander gewesen wären. Eben eine verwandtschaftliche Beziehung, die auch aus dem gemeinsamen Interesse für zeitgenössische Kunst und am dazugehörigen Schickerialeben herrühre. Außerdem mangele es Vaglietti bestimmt nicht an Bettgeschichten und Liebschaften: Mädchen aus gutem Hause, Models und kleine Schauspielerinnen, ambitionierte Malerinnen auf der Suche nach Unterstützung und auch mancher möchtegernintellektuelle Schönling aus Theater-Fernseh-Werbekreisen. Unbefangen bisexuell, aber ohne es heraushängen zu lassen, einer, der seine Beziehungen und Abenteuer zu nutzen wisse. Er verdiene gut, aber gelegentlich müsse er sich auch ziemlich abstrampeln, sei es, weil er auf großem Fuß lebe, sei es, weil er eine Schwäche fürs Spielen habe, nicht nur Saint Vincent oder Montecarlo, sondern auch verheerende Partien in privaten Räumen, wo Schecks mit vielen Nullen ausgestellt würden. Genüge das oder brauche sie sonst noch was?

Sie brauche noch etwas: Sie wolle wissen, ob es unter Florianas Kunden üblich sei, die Prachtstücke aus den Sammlungen in der Bank einzulagern und Kopien aufzuhängen, damit die Wände nicht so nackt seien.

Das sei zwar stillos, aber bei den Beutezügen durch die Häuser in den Hügeln trotz Rottweiler, Panzertüren und direkt mit der Sicherheitsfirma Mondialpol verbundenen Alarmanlagen hätten in den vergangenen Jahren tatsächlich einige Leute beschlossen, kein Risiko mehr einzugehen. Die Fontanas beispielsweise seien, zusammen mit den Expertisen und den Kaufunterlagen, fast alle in der Bank gelandet und durch perfekte Kopien ersetzt worden, die Leinwand gut grundiert, die Schnittränder sauber und nicht ausgeleiert. Oreste Bosco, ein Meister seines Fachs, fertige sie an. Und manche Sironis und Ballas in wundervollen Rahmen seien von dem Besitzern bei Manlio Bognier in Auftrag gegeben worden. Für Capogrossi und Morlotti gehe auch Lino Calauzzi, dann gebe es noch Gianni Gerevini genannt Johnny, der alles kopiere, wenn auch nicht sehr gut, und ziemlich großen Erfolg habe, weil er ein hübscher Kerl sei. Aber was die Kopien denn mit dem Mord zu tun hätten?

Sie wisse nicht, ob und inwieweit sie damit zu tun hätten, aber ihr sei eingefallen, dass im Hause Bagnasacco zwei Kopien hingen, zumindest nach Aussage ihres Mannes.

Seit wann sie und ihr Mann denn bei Bagnasaccos ein und aus gingen?

Sie gingen gar nicht bei ihnen ein und aus, sie seien nur einmal dort gewesen, weil sie Biancas Terminkalender in der Schule gefunden und dem Witwer, den sie habe kennen lernen wollen, gebracht habe. Sie habe auch den Cousin kennen lernen wollen und sei deshalb zur Trauerfeier in die Kirche gegangen, doch dann sei ihr dies nicht als die passende Gelegenheit erschienen, sich vorzustellen und ein bisschen zu plaudern.

Wenn sie noch zwei Tage warten könne, böte sich diese Gelegenheit: Am Freitag würde in ihrer Galerie die Mainolfi-Ausstellung eröffnet und Vaglietti werde wahrscheinlich trotz des Trauerfalls aufkreuzen – auf Vernissagen ließen sich gut Kontakte knüpfen –, sie müsse nur ein bisschen Geduld haben, dann werde sie sie miteinander bekannt machen. Obwohl ihr nicht ganz klar sei, was ihr ein Händedruck und Kommentare über die Ausstellung brächten.

Darüber müsse sie sich keine Gedanken machen, irgendwas werde sich schon ergeben, eine Unterhaltung könne manchmal ungeahnte Bahnen nehmen.

Nach dem Essen setzten sie den Abend in den *Docks*

Dora fort, wo sie sich ein Jazzquartett anhörten. Schuldgefühle nagten an ihr – der Mutter nur Hallo gesagt, die Tochter, die sie seit dem Morgen nicht mehr gesehen hatte, nur kurz angerufen, den Hund nicht gestreichelt, obendrein waren ein Dutzend Klassenarbeiten zu korrigieren und eine Geschichtsstunde vorzubereiten –, und die vier müden Gestalten auf dem Podium rissen sie auch nicht vom Hocker. Sie spielten unkoordiniert eine Art Feierabend-Jazz, gestikulierten und benahmen sich aber wie die großen Profis. Sie hätte Floriana gern noch weiter gelöchert, doch einige kaum wahrnehmbare Anzeichen – die Art, wie sie sich die Zigarette anzündete, der wippende Fuß, eine Falte auf der Stirn – wiesen darauf hin, dass die Freundin in Kürze explodieren würde, und sie wollte nicht der Auslöser sein. Und auch wenn die Musiker keine wohlwollende Aufmerksamkeit verdienten, hielt sie sich zurück aus Achtung vor den Illusionen und Lebensprojekten, die hinter ihrem Auftritt steckten: vier Jungs, die, anstatt zu koksen und sich zuzudröhnen oder auch koksend und sich zudröhnend, mit Schlagzeug, Bass, Sax und Trompete ihren Weg suchten. Ich schlaffe langsam ab, dachte sie, vor zehn Jahren hätte ich über sie gelästert und mich um Florianas Vulkanausbrüche nicht geschert. Aber vor zehn Jahren war ich zehn Jahre jünger und damals tangierten mich die *lacrimae rerum* nicht allzu sehr. Vor zehn Jahren hätte ich mir nicht stur den Kopf zerbrochen über einen Mord, der mich nichts anging, ich hätte mich auf etwas Lebendigeres gestürzt, etwas, was mich wirklich begeisterte. Aber vor zehn Jahren war vor zehn Jahren und jetzt ist jetzt. Du bist die Königin des Pleonasmus, hätte mein lieber Gatte gesagt.

Der ja vielleicht auch mit dem Manzoni und dem Capogrossi Recht hat. Was macht ein Fälscher, Fontana, Sironi, Balla, Morlotti und so weiter, sonst noch im Leben? Oder hält er sich tatsächlich mit einer so gewagten Spezialisierung über Wasser wie als Handmodel oder Lehrer für Weihnachtsdekoration, Feuerlauf oder Rebalancing? Der Spieltisch. Wie ein unterirdischer roter Faden zieht sich der Spieltisch durch diese Geschichte. Die russische Natalia, sicher Biancas und wahrscheinlich Vagliettis Mutter, erlag der Versuchung und ihr Mann, Graf Bernardo, ebenfalls. Und der Holzimporteur, ist der auch süchtig nach Roulette und Black Jack? Aber er hat nichts damit zu tun, er ist ebenso von der Bildfläche verschwunden wie seine schöne Frau, die der Beerdigung ihrer Tochter fern blieb. Und Bianca: Wie stand sie zum Spieltisch und zum Zocken? Der Groschenroman wird um passende literarische Ideen bereichert – Dostojewski, Tolstoi, Puschkin –, aber vielleicht ist die *Pique Dame* bei der falschen Person gelandet. Wer weiß, wie der Stand der Ermittlungen ist. Die Zeitungsartikel werden immer magerer und die Fernsehnachrichten haben auch nicht viel zu bieten: Die Villa hat keine Klingeln en masse, auf die man die Kamera richten könnte, die Polizei hat keine Wandplakate wie im Kindergarten angefertigt, es gibt keine dicken südländischen, in die Kameras schluchzenden Mamas, kein Nachbar beeilt sich zu erklären, die Tote sei eine nette Dame gewesen, und Ginotta, die diese Ansicht gewiss nicht teilte, hat es klugerweise vermieden, überhaupt in Erscheinung zu treten. Dabei wären sämtliche Ingredienzien für eine Artikelserie in einem Revolverblatt geboten: das Opfer schön, blond, reich, adlig, der Ehemann ein Industrieller, das Rätsel der letzten Stunden, das Erwürgen, das effektvoller ist als ein Pistolenschuss ...

Gottes Wege sind unzählbar und unergründlich, und so hob ein penetrantes Schlagzeugsolo wundersamerweise Florianas Laune; unternehmungslustig wie eine Schülerin in der Pause schlug sie vor, den Jazz sein zu lassen und den Abend bei ihr zu Hause mit einem Kicker- oder Flipperturnier zu beenden. »Na ja, es ist schon nach Mitternacht, wir müssen morgen arbeiten ...«, sagte vorsichtig jemand, der erst von den anderen zum Schweigen gebracht und dann von der entrüsteten Floriana attackiert wurde: »Wie bitte? Unser Bürgermeister engagiert für teures Geld einen Experten, um Turin in Barcelona zu verwandeln, um unsere tristen piemontesischen Abende zu beleben, das Dolce Vita auch ein bisschen weiter im Norden auferstehen zu lassen, Piazza Maria Teresa anstelle Via Veneto, das Quadrilatero Romano statt der Ramblas, und ihr wollt um Mitternacht schlafen gehen, euch mit der Ausrede, ihr müsstet morgen arbeiten, in eure Höhlen verkriechen! Morgen ist auch noch ein Tag, Kinder, das gilt nicht nur auf Tara, sondern auch in Turin.« Also alle ab nach Hause zu Floriana und Sandro. Man entschied sich für Tischfußball, was, mit wechselnden Paaren gespielt, nicht nur Anlass für mehr oder weniger freundschaftliches Gezoffe zwischen den Gegnern, sondern auch noch den Vorteil bietet, dass sich die Partner gegenseitig verwünschen und beschimpfen können. Einsatz zehntausend pro Kopf; der Sieger oder die Siegerin würde satte Fünfzigtausend einstecken, was etwa den Kosten des Abendessens entsprach. Das Turnier – von Sandro mit methodischer Genauigkeit und unanfechtbaren Regeln organisiert – erzeugte sofort einen Radau wie im Jugendzentrum, doch Floriana erklärte, die Leute von unten seien verreist und die Wohnung über ihnen stehe leer, weshalb ihnen der Lärm egal sein könne.

»Mir aber nicht!« Außer sich tauchte Sohn Carlo auf, den das Gekreische dieser völlig verblödeten über Vierzigjährigen geweckt hatte. »Ich schreibe morgen Griechisch ...«

»Morgen ist auch noch ein Tag«, fiel ihm die Mutter ins Wort, die an diesem Abend die Philosophie von Scarlett O'Hara auf ihre Fahnen geschrieben hatte.

Doch morgen ist schon heute, dachte sie, während sie einen tödlichen Schuss ins gegnerische Tor setzte und gleich darauf im Mittelfeld einen schnellen Einwurf von Mauro abblockte. Und ich habe vier Stunden hintereinander Unterricht – Stunden zu jeweils fünfzig Minuten natürlich –, davon zwei in der Elften, diesem Großstadt-Albtraum. Allein beim Aufzählen der Namen läuft es einem kalt den Rücken hinunter – Bavuso, Romina; Caccavaro, Yuri; Contacessi, Ylenia; Crivellato, Manuel; Fichicchia, Morgana; Galeotti, Jessica; Lo Bue, Nancy; Malacarne, Allegra; Pisciuneri, Norman; Sparato, Santino und schließlich Zoccola, Celeste – und du fragst dich, ob das zynische, gemeine Schicksal sie alle zusammengesteckt hat oder ob etwa die Direktorin ihre Hand im Spiel hatte, die meiner Freundin und Kollegin Graziella zufolge für alles verantwortlich ist: für ihren grässlichen Stundenplan, die schluchzende Heizung, den erstickenden Modergeruch auf den Klos, den sauren Regen, die Eisenbahnunglücke und den Zusammenbruch des Yen. Wieder einen Ball eingenetzt, diesmal mit einem Querpass wie aus dem Lehrbuch vom Mittelstürmer auf Rechtsaußen, während die anderen erstaunt Ah und Oh rufen. Die anderen wissen nicht, dass das nichts mit Glück zu tun hat, dass ich als Dreizehnjährige einen Sommer in den Bergen damit verbracht habe, einen Guido anzuhimmeln, der mich keines Blickes würdigte, und meine Ersparnisse mit Kickerspielen zu verprassen, während sonst nichts los war und es jeden Tag wie aus Kübeln schüttete. Und Tischfußball ist wie Fahrradfahren, wenn du es erst mal kannst, verlernst du es nicht mehr. Um halb drei war das Turnier zu Ende, sie hatte haushoch gewonnen, steckte den Einsatz ein und wusste, dass sie in der Achtung der Freunde einige Stufen höher geklettert war. Nicht in der ihres Mannes: Er betrachtete ihr Bravourstück als sonderbaren Zufall, als etwas so Willkürliches wie einen Leberfleck oder ein weiches R. Und da er Vorletzter war, hätte er ihr sowieso nie gratuliert.

Zu Hause – mittlerweile war es drei Uhr morgens – zahlte Renzo es ihr heim, indem er nach einem Kurzaufenthalt im Bad sofort ins Bett schlüpfte und verkündete, er habe am nächsten Tag sehr viel zu tun, komme nicht zum Mittagessen und werde die Kleine nicht von der Schule abholen. Sie solle den Risotto nicht vergessen und gute Nacht. Die Rache des zweiten, ebenfalls vernachlässigten Mannes im Haus war niederträchtiger: vier Pissepfützen und ein zerfleddertes Kissen. Du bist ein Scheißkerl, trotz deiner Vorfahren mit den hochklingenden Namen, du bist der Abschaum aller Dackel, du bist ein hundsgemeiner Fleischfresser, du bist ein Hundesohn ... Aber sie war müde und das Donnerwetter kam ihr nur lasch über die Lippen. Doch Auge um Auge, Zahn um Zahn: Ich putze deine Pisse weg, aber den Boden wische ich mit einer Mixtur aus Putzmitteln, die Gift für deine Nase sind – Ajax, Lysoform, Bleiche –, und dann bleibst du in der Küche und musst das die ganze Nacht riechen. Zumindest was von der Nacht noch übrig ist.

Und das tat sie auch. Jetzt lohnte es sich nicht mehr, ins Bett zu gehen, sie verkroch sich in ihr Arbeitszimmer, korrigierte Klassenarbeiten, bereitete die Geschichtsstunde vor und wo sie schon mal dabei war, tippte sie rasch noch ihren obligatorischen Bericht über den seit Beginn des Schuljahres behandelten Stoff in den Computer und druckte ihn aus. Natürlich würde ihn kein Mensch lesen und sie hätte ebenso gut eine Hymne aus dem Rygveda abschreiben können. Um Viertel vor sieben war sie bereit, den Tag zu beginnen (oder fortzusetzen), mit postoperativ grauem Gesicht und viel versprechendem leisem Kopfschmerz. Das Übliche: Kaffee, mit dem Hund Gassi gehen (sie hatten sich versöhnt, er war ein einziges Schwanzwedeln und machte unschuldige Knopfaugen: Ich wollte das doch nicht oder höchstens ein ganz kleines bisschen, auch ein bescheidener Dackel wird manchmal sauer und hinterher tut's ihm Leid, und sie streichelte ihm Kopf und Hals: Das mit dem Kissen kann ich verkraften, aber einfach hinpissen, nein, das geht nicht, du hättest doch Klopapier nehmen können, lernst du denn gar nichts von der Glotze?), Stippvisite bei der Mutter (wann seid ihr heute Nacht denn zurückgekommen? Um eins hab ich in den Hof geschaut und da war euer Auto noch nicht da, du siehst ja furchtbar aus, geht's dir auch gut?), Mann aufwecken (geh, lass mich in Ruhe: Das Unterbewusstsein hat noch Ausgang). In der Schule das Match mit Yuri, Norman, Manuel, Morgana, Romina, die nicht allein daran schuld sind, wenn ihnen der Stil Novo egal ist: Was hat schon das edle Herz oder die Anmut mit der desolaten Landschaft zu tun, in der sie ihre Tage fristen? Haargel, Designersweatshirts, grunzende Mopeds statt Wörter, als Vorbilder die dummes Zeug quasselnde Assistentin aus der Fernsehshow und der spotzende Fußballspieler, als größter Wunsch das schnelle Geld und ein tolles Auto, als Perspektive keine Arbeit, bis dreißig nerviges Zusammenleben mit den Eltern und wirtschaftliche Abhängigkeit.

»Signora ...«

Allegra Malacarne war, eine widerstrebende Nancy Lo Bue hinter sich her schleifend, ans Pult getreten, während ringsum der Pausenradau tobte.

»Was gibt's denn?«

»Dieser Dichter, Cavaliere ...«

»Cavalcanti.«

»Ja, halt dieser Dichter, der war doch sehr in seine Freundin verliebt, nicht wahr?«

»Hat dir das Sonett gefallen?«

»Mir hat gefallen, wie er sagt, dass die Luft klarer wird, wenn sie kommt.«

»Das ist ein sehr schöner Vers. Ich finde ihn auch wunderbar.«

»Dann hat er sie doch sehr geliebt.«

»Nein, nicht unbedingt.«

»Aber dann ... dann stimmt das Gedicht ja gar nicht.«

»Hast du als Kind gern Märchen gehört?«

»Ja, warum?«

»Welches denn speziell?«

»Hm ..., ja genau, Rotkäppchen.«

»Und warum?«

»Keine Ahnung ... Ich hab mir vorgestellt, wie das Mädchen in seinem roten Kleid und mit dem Körbchen durch den Wald läuft ... Mir hat auch der Wolf gefallen, wie er mit der Haube und dem Nachthemd im Bett der Großmutter liegt.«

»Aber Rotkäppchen hat es nie gegeben, auch den als Großmutter verkleideten Wolf nicht. Doch das Märchen, die Fiktion, ist trotzdem schön.«

»Ja aber ...«

»Aber?«

»Ich weiß nicht ...«

»Du glaubst das nicht so recht. Dann machen wir Folgendes: Du überlegst dir heute ein Lied, das du gern magst, und schreibst es auf, nicht das ganze, ein paar Zeilen genügen, und schreib den Namen des Autors dazu, falls du ihn weißt, und den des Sängers. Morgen reden wir dann drüber.«

»Morgen haben wir keinen Unterricht bei Ihnen.«

»Das macht nichts. In der Pause bin ich zwei Türen weiter, in der Dreizehnten.«

»Gut, danke.«

Nein, ich war nicht wirklich gut, das hätte ich sicher besser machen können. Die Idee mit dem Märchen ... Aber sie erwischen dich einfach auf dem falschen Fuß, vor allem nach einer schlaflosen Nacht und einem Kopfweh, das sich mit Ellenbogen zu seinem Ziel, den Stichen in der Schläfe, vorarbeitet. Du musst improvisieren, irgendwas kommt dann schon, und wer dabei das Nachsehen hat, ist die arme Malacarne, die ihren Familiennamen – Schuft – zu widerlegen versucht.

»Signora.«

Sie erstarrte, drehte sich um und sah ihn. Ihn, den Commissario. Und er wirkte auch nicht gerade frisch.

»Commissario, was tun Sie denn hier?«

»Eine Überprüfung. Ein paar Fragen an die Schüler aus der 13c. Sie hatten als Letzte bei der De Lenchantin Unterricht. Haben Sie einen Augenblick Zeit?«

»Ich habe Unterricht in der Zwölften, die warten schon auf mich.«

»Ich lasse Sie vertreten.«

Er ließ eine Hausmeisterin kommen, gab ihr knappe Anweisungen (gehen Sie, sagen Sie, machen Sie), sie antwortete: jawohl, und beeilte sich, den Auftrag auszuführen. Geblendet von einer wahren Autorität.

Sie verzogen sich in den Filmsaal, der mit schwarzer Pappe vor den Fenstern mehr schlecht als recht verdunkelt war. Sie tastete nach dem Lichtschalter, aber er hielt ihre Hand fest.

Jeder hätte hereinkommen können, eine Kollegin, eine Hausmeisterin, die Direktorin, ein Schüler, einer ihrer Schüler, und sie, anstatt zu unterrichten, stand da im Halbdunkel vor einem Polizisten, der, anstatt einem

Mörder auf den Fersen zu sein, sie ganz unpassend fragt, ob ihr etwas eingefallen sei, ob sie bei der Trauerfeier ... Und dann streckt er die rechte Hand aus und streicht ihr zärtlich über die Wange, vier Finger berühren die Partie direkt unter der Brille.

»Ich wollte dich sehen, ich habe immer nur an dich gedacht«, sagt er und bricht das Versprechen, das förmliche Sie beizubehalten, und sie ist verwirrt vor Staunen oder vielmehr von der plötzlichen Beschleunigung der Ereignisse und von den Kopfschmerzen, die alle Hindernisse überrannt haben.

»Ich rufe dich am Nachmittag an«, sagt er noch und zieht seine Hand zurück und sie antwortet nicht, verkriecht sich in ihre Zwölfte und veranstaltet, zur Freude der ganzen Klasse, die eine Runde Abfragen erwartet hat, Übungen zum Textverständnis.

Zu Hause sofort ein Aulin oder zwei Optalidon, ein kurzer Gang mit dem Hund und dann ab ins Bett, ins Dunkel. Die Kleine hat Nachmittagsprogramm in der Schule und muss erst um sechs abgeholt werden. Ich will schlafen und bis morgen nichts mehr denken. Und morgen ist auch noch ein Tag.

Zwölftes Kapitel

In hellen Scharen, wie schon lange nicht mehr geschehen, kamen die Leute zur Vernissage der Mainolfi-Ausstellung. Außer den üblichen Gesichtern von Unternehmern, Akademikern, Intellektuellen ab vierzig, außer den üblichen verhutzelten siebzigjährigen Damen – meist pensionierte Lehrerinnen, die in vor zwanzig Jahren moderne Mäntelchen gezwängt waren und wie die Heuschrecken über Minipizzen und Kanapees herfielen – und außer den mit leichenbitterer Extravaganz beschuhten, gekleideten, benieteten Jungkünstlern gab es auch ein junges, heterogenes Publikum, das Publikum der Filmtage und Festivals, der Autorenlesungen in Buchhandlungen, ein Publikum, das dank des ungewöhnlich milden Wetters aus den Galerieräumen in den Hof strömte, ein Glas Prosecco in der einen und fettiges Salzgebäck in der anderen Hand oder im Mund, ein Publikum, das Lust auf Begegnungen und Gespräche hatte, bevor es sich dem Freitagabendfieber hingab und den Ruf der Turiner als *bogia-nen* – Stubenhocker von der Wiege bis zum Grab – Lügen strafte. Händeschütteln, Küsschen, Schulterklopfen, wie schön dich zu sehen, ihr auch hier?, wir telefonieren die Tage, und die Grüppchen lösten sich auf und bildeten sich neu unter der aufmerksamen Regie von Floriana, die mehr Ohren und Augen hatte als Briareus und Argus.

Sie war kurz nach sieben gekommen, hinter ihr lagen unerquickliche und anstrengende Stunden, teilweise aufgewogen durch den didaktischen Erfolg, den sie am Vormittag mit Allegra Malacarne erzielt hatte; Allegra war in der Pause zur ihr ins Klassenzimmer gekommen und hatte einen zerknitterten Zettel aus der Tasche ihrer Jeans gefischt glatt gestrichen. Und auf dem Zettel standen – kaum zu glauben – Zeilen eines Liedes von Paolo Conte:

Via via
vieni via con me
entra in questo amore buio
pieno di uomini
Via via
entra e fatti un bagno caldo
c'è un accappatoio azzurro
fuori piove un mondo freddo ...

Und sie hatte, noch viel unglaublicher, nichts zu erklären brauchen, weil das Mädchen von selbst alles verstanden hatte, sie hatte verstanden, dass es gar keine Rolle spielt, ob es eine Frau aus Fleisch und Blut gibt, jetzt oder vor siebenhundert Jahren, dass die vor Klarheit zitternde Luft oder die dunkle Liebe voller Menschen trotzdem schön war. Danke, Allegra, das Schicksal möge dir wohlgesonnen sein und dich von deinem unglücklichen Nachnamen befreien. (Nancy Lo Bue, wie immer in Allegras Schlepptau, indes kringelte sich die Haare mit den Fingern, kaute an einem transgenen Snack und glotzte sie an wie ein Mondkalb.)

Tags zuvor war sie erschöpft nach Hause gekommen, erschöpft von der schlaflosen Nacht, den zu vielen Zigaretten, der Liebkosung und den nicht ganz unerwarteten Worten, den fürchterlichen Kopfschmerzen. Sie hatte zwei Optalidon genommen und war in der Hoffnung auf eine pharmakologische Betäubung, die nicht eintrat, zumindest nicht sofort, ins Bett geschlüpft. Sie war so damit beschäftigt, gezielt zu atmen, um die stechenden

Schmerzen in den Schläfen und die Wellen von Übelkeit in Schach zu halten, dass sie gar nicht dazu kam, sich Gedanken zu machen, und als Gaetano gegen vier anrief, klang ihre Stimme so belegt – sie hatte auch noch ein Aulin genommen und zur Übelkeit hatte sich Sodbrennen gesellt –, dass die Erklärung, sie fühle sich unwohl, sofort geglaubt wurde. Um halb sechs, als sie vielleicht endlich eingeschlummert wäre, zwang sie sich aufzustehen, um Livietta abzuholen: Sie hatte mit dem Gedanken gespielt, die Mutter anzurufen und zu bitten, für sie einzuspringen, aber sie wusste, dass der Preis dafür gesalzen sein würde, und war nicht sicher, ob sie das durchstand. (Schon wieder Kopfschmerzen? Das kommt nur von deinem Lotterleben, wer weiß, wann du heute Nacht ins Bett gegangen bist, du glaubst, du wärst immer noch zwanzig, dabei bist du schon vierzig, auch wenn du nie dran denkst. Und wenn man alle Augenblicke Kopfschmerzen hat, dann geht man zum Arzt und lässt sich mal richtig untersuchen, es könnte nämlich auch was Ernstes sein, das wollen wir nicht hoffen, aber Luciana, die Nichte von Maria Tibaldo – erinnerst du dich an die Tibaldo?, meine Klassenkameradin aus der Grundschule –, Luciana hatte nämlich auch erst Kopfschmerzen und jetzt sitzt sie im Rollstuhl: mit vierzig, stell dir vor, und sie hat einen Mann und eine kleine Tochter, genau wie du.) Livietta war gottlob auf niemanden sauer, sie hatte aus der Schule ein obszönes Liedchen nach Hause gebracht (»Schneewittchen klein Flittchen ...«) und trällerte es mit fantasievollen Rhythmusvariationen vor sich hin. Sie setzte sich gleich an ihr Mini-Keyboard, traf fast sofort die Töne – im Gegensatz zu ihrem Vater hatte sie ein gutes Gehör –, spielte das Lied mit sämtlichen Grundtönen und fing wieder von vorn an. Sie selbst kümmerte sich um Hund, Trüffelrisotto, *Scaloppine in Marsala*, ums Tischdecken, Abräumen, Vorspülen,

Tischdecken, Abräumen, Vorspülen, Reinigen der Töpfe, die nicht in die Spülmaschine passten, ohne nachzudenken, aber so freundlich nachsichtig und geduldig (lass nur, ich mach das schon, ist schon gut, bleib doch sitzen), dass die anderen hätten argwöhnisch werden müssen. Doch Livietta gab ihr von sich aus zwei Schmatzer und Renzo fragte vorsichtig, ob es ihr etwas ausmache, wenn er zu seinem monatlichen Pokerabend gehe. Es machte ihr nichts aus und um zehn lag sie bereits im Bett. Um Aulin und Optalidon in einem traumlosen Schlaf zu verdauen.

Am nächsten Morgen stank sie elend nach Schmerzmitteln und trotz ausgiebiger Dusche kehrte ihr ursprünglicher Geruch nicht zurück. Sie beschnupperte sich immer wieder angeekelt, wechselte Unterwäsche und Klamotten – die Wäsche legte sie in eine Schublade mit getrockneten Schafgarbenblüten, damit sie den leicht bitteren Duft annahm – und gab es auf, denn mit ihren Ausdünstungen und ihren Schuldgefühlen musste sie auf jeden Fall leben. Endlich einmal war die Schule beinahe eine Erleichterung.

In der Dreizehnten las und kommentierte sie die bedeutendsten Sonette von Foscolo, die Schüler hörten ziemlich aufmerksam zu – am Ende des Schuljahres war die Abschlussprüfung – und sie hoffte, dass ihnen später, im Sommerurlaub in Griechenland, wenn auch in einem Feriendorf oder auf einem lausigen Campingplatz, wieder das Lächeln der Venus einfällt, das die Inseln blühen lässt. Doch das war bei dem Ansturm auf die Fähren und den von Müll, Geschrei und Motorenlärm verseuchten Stränden höchst unwahrscheinlich. Die Zwölfte machte den Vorschlag, Ariost sein zu lassen und über einen Film zu reden, der gerade im Fernsehen gelaufen war, *Blade Runner,* und sie war einverstanden. In der Pause war Allegra

Malacarne zu ihr gekommen: Mehr konnte man sich nicht wünschen.

Nachmittags widmete sie sich mit Elan und sehr effektiv der Hausarbeit, konnte jedoch eine kritische Selbstbetrachtung nicht länger vermeiden. Sie widerstand der Versuchung, ans Telefon zu gehen, und ließ den Anrufbeantworter eine knappe Nachricht von Gaetano aufnehmen, doch als er eine Stunde später nochmal anrief, ging sie dran. Ja, die Kopfschmerzen seien vorbei, sie habe öfter Migräne, aber so schlimm sei es Gott sei Dank nicht immer. Jetzt räume sie die Wohnung auf, später wolle sie mit ihrem Mann zu einer Vernissage gehen. Und er (er, das heißt du, es kam ihr lächerlich vor, ihn weiter Commissario zu nennen), was er mache? Er arbeite am Fall De Lenchantin: Details seien zu überprüfen und Puzzleteilchen zusammenzufügen, die Grauzone der Ermittlungen, bevor man – wenn alles gut gehe – den richtigen Weg einschlagen könne. Am Wochenende verreise er, nicht beruflich, sondern in einer Familienangelegenheit, aber er rechne damit, Sonntagnachmittag zurück zu sein und dann weiterzumachen. Er werde sie am Montag anrufen, er wolle sie gern sehen, ob sie mit einem Espresso oder einem Tee im *Mulassano* oder im *Baratti* einverstanden sei? Sie sagte weder Ja noch Nein, sondern Vielleicht, wünschte ihm eine gute Reise und beendete das Gespräch mit einem zweideutigen Aufwiedersehen.

Da bahnt sich ein Techtelmechtel an, ich lasse mich auf eine Geschichte ein, die geradewegs auf einen Seitensprung hinausläuft. Nach über zehn Jahren Ehe als treue Gattin. Nicht, dass mir das besonders schwer gefallen wäre, man kann leicht treu sein, wenn es keine Versuchungen gibt, wenn einen die anderen Männer nicht als Männer interessieren. »Führe uns nicht in Versuchung«, heißt es im Vaterunser, und die Bitte ist vernünftig: Stell uns nicht auf die Probe, lass uns in unserem Kokon oder in unserer Muschelschale, geschützt vor Stimmen, Formen, Farben, Gerüchen, Ideen, die uns wünschen lassen zu haben, was wir nicht haben, oder zu sein, was wir nicht sind. Doch die Versuchung ist auch ein Ansporn, lähmenden Trott und verknöcherte Gewohnheiten über Bord zu werfen, sie ist ein Anstoß, über den eigenen Tellerrand zu gucken, sich infrage zu stellen. Ich verliere mich in Spitzfindigkeiten über die Versuchung und benehme mich bereits wie die Zicken in den Liebesromanen, die ›vielleicht‹ sagen, um den Verehrer im Ungewissen zu lassen, um sich bitten zu lassen, um die Gnädige zu spielen. Ich will nicht die Gnädige spielen, ich habe ›vielleicht‹ gesagt, weil ich wirklich nicht weiß, was ich am Montag mache. Ich weiß nicht, ob ich der Versuchung, ihn zu sehen, erliegen oder ob ich mich in meine beruhigende Routine verkriechen werde. Die so beruhigend auch wieder nicht ist: Ich ruiniere mich mit Punt e Mes und Campari, ich will nur noch schlafen, also nicht vorhanden sein ... Anscheinend kuriert man die Midlifecrisis mit einem Seitensprung anstatt mit einer Therapie oder mit dem Glauben. Ein schöner bürgerlicher Seitensprung mit den klassischen Ausreden: Ich gehe mit einer Freundin spazieren, ich höre mir einen Vortrag an, ich muss zur Lehrerkonferenz ... Wieder zu Hause, brauchst du keinen Aperitif, du bist zufrieden und freundlich, flirtest ein bisschen mit deinem Mann, nervst ihn nicht mit deinem Feminismus und deinen Forderungen und er wundert sich und ist froh, und auch wenn er die richtigen Bücher gelesen, die richtigen Filme und Komödien gesehen hat, freut er sich einfach, denn er hat vergessen, dass das Leben immer die Literatur imitiert. Du nervst auch deine Tochter nicht, du bist nicht so grob und autoritär, erstickst sie nicht mit deinen Ansprüchen und Erwartungen, die Untreue macht dich einfach fröhlicher und umgänglicher. Wenn die Theorie stimmt, muss meine Mutter noch Jungfrau sein.

Doch möglicherweise ist es damit nicht getan, erschöpft sich die Affäre nicht mit einem Dutzend heimlicher Umarmungen, sondern wächst sich zu einer Leidenschaft aus, die sich nicht verbergen lässt, und was tust du dann? Du setzt dich eines Abends ins Wohnzimmer und beichtest deinem Mann: Mir ist das und das passiert, und du schaffst es nicht, Klischees und grässliche Plattheiten zu vermeiden – ich brauche eine Pause zum Nachdenken, ich wollte das nicht –, und er fühlt sich elend und weiß nicht, ob er dir eine knallen oder höfliches Verständnis vortäuschen soll. Solche Verletzungen gilt es zu vermeiden, da ist die alte bürgerliche Heuchelei weniger grausam und zynisch. Außer man will bis zum Äußersten gehen, alles infrage stellen und einen Schnitt machen: Mir ist das und das passiert, bitte entschuldige vielmals, ich nehme meine Sachen und gehe. Und dann jede Menge Komplikationen, die gemeinsame Wohnung, Gütergemeinschaft, Sorgerecht, wer kriegt den Hund, die Mutter rauft sich die Haare: Dass ich in meinem Alter so was noch erleben muss, deinetwegen sterbe ich noch an gebrochenem Herzen … Und wie würde Livietta, die sich immer mit mir anlegt, über eine Mutter urteilen, die die Familie zu Grunde richtet, mit Gewohnheiten bricht und sie zwingt, mit einem Fremden zu leben?

Immer mehr Leute kamen, die Galerie war voll, der Hof ebenfalls, und die Skulpturen waren nicht mehr zu sehen. Auf Vernissagen sieht man die Werke – wenn es für Künstler und Galerist gut läuft – sowieso kaum oder gar nicht, aber es ist wichtig, da zu sein, nicht nur wegen des etwas oberflächlichen Vergnügens von Sehen und Gesehenwerden – Sein ist Wahrgenommenwerden –, sondern auch wegen des natürlichen Vergnügens, von Menschen umgeben zu sein, die dieselben Interessen haben und sich leidenschaftlich für dieselben Dinge begeistern. Wie die Fans in der Südkurve.

Sie ließ ihren Mann bei Beppe, Anna und Paolo stehen und schlenderte ziellos umher, wobei sie hoffte, nicht allzu dämlich dreinzuschauen, grüßte hier und da, nippte an ihrem Prosecco, musterte vor allem bekannte, flüchtig bekannte und unbekannte Gesichter und hoffte, das Gesuchte zu entdecken. Nach über einer halben Stunde, als sie ihr Glas längst geleert und kein zweites trinken wollte, um einen klaren Kopf zu behalten, als ihre Füße in den zu hohen Schuhen langsam anschwollen, als man ihr oft genug auf die Füße getreten und sie mit Ellenbogen geschubst hatte und Renzo ihr aus der Ferne mit einer Kopfbewegung und ungeduldiger Mimik klarmachte, dass er gehen wolle, als sie es nicht mehr aushielt, nur herumzustehen und zu warten, da erschien er endlich in Begleitung eines betagten Paares, das ihr irgendwie bekannt vorkam. Und Floriana bewies wieder einmal, dass sie ihre Augen überall hatte: Sie stand plötzlich neben Vaglietti und Begleitung, schüttelte Hände, schenkte jedem ein Lächeln und dirigierte das Terzett wie zufällig in Richtung der Freundin, tat, als sähe sie sie erst jetzt, umarmte sie und machte sie mit der Runde bekannt. Der Alte stellte sich als ein prominenter Augenarzt heraus, bei dem sie ein Jahr zuvor, in einer Anwandlung von Misstrauen gegenüber dem staatlichen Gesundheitsdienst, umsonst dreihunderttausend gelöhnt hatte, während die Gattin in ihrer Funktion als Sekretärin mit schmerzverzerrtem Gesicht, als würde ihr ohne Narkose ein Backenzahn gezogen, die – ausdrücklich verlangte – Quittung ausstellte. Vaglietti bestätigte die Erwartungen: ein attraktiver Mann, der perfekte Partylöwe. Nach dem Vorstellen und ein paar artigen Floskeln wusste sie, dass sie an einem toten Punkt angelangt war, sie konnte nicht ihre berufliche Beziehung zu der verstorbenen Cousine ins Gespräch bringen, denn es war kein passender Ort für verspätete Beileidsbezeigungen und es ziemte sich auch nicht, ihm den linken Hemdsärmel aufzuknöpfen. Doch Floriana, im gesellschaftlichen Umgang viel unbefangener als sie, kam ihr mit einer schnellen Lüge zu Hilfe: Falls sie immer noch nach einem Sottsass-Spiegel aus den Sechzigerjahren und dem Kaktus-Kleiderständer von Gufram suche, dann sei Vaglietti der Richtige, um beides zu einem erschwinglichen Preis aufzutreiben. Sie ließ sich, wenn auch mit einer kleinen Verzögerung, auf das Spiel ein, und in Vaglietti, bis dahin höflich zerstreut, erwachte der professionelle Habitus: Das moderne Design werde zwar jetzt hauptsächlich online gehandelt und relativ unflexibel notiert, doch es gebe schon noch Möglichkeiten, das eine oder andere Stück außerhalb des offiziellen Marktes ausfindig zu machen, vor allem wenn sie sich ein paar Wochen gedulden könne. Ob sie möchte, dass er sich darum kümmere? Sie spürte, wie ihr Nacken heiß wurde (wie viel kostete wohl ein Sottsass-Spiegel, den sie zwar ganz gerne hätte, aber nie zu kaufen vorgehabt hatte?), doch sie sagte, ja natürlich, sie würde sich sehr freuen, und dann improvisierte sie frech von der Leber weg und fügte hinzu, sie habe die Absicht, einiges an ihrer Wohnzimmereinrichtung zu ändern, nein, sie habe noch nicht entschieden wie und was, denn ihr Mann wolle nicht auf eine Charles-X.-Kommode verzichten, die den ganzen Raum bestimme. Die Hitze war vorbei, die Müdigkeit in den Beinen auch, und ein unbekümmerter Schulmädchen-Lachkrampf bahnte sich an. Vaglietti fischte eine Visitenkarte aus der Brieftasche und reichte sie ihr, sie kramte einen Augenblick in ihrer Handtasche und sagte dann, ich glaube, ich habe keine dabei (sie hatte sich nie welche machen lassen, sie brauchte keine: Eine Lehrerin überreicht skeptischen Schülereltern keine Visitenkarten), und diktierte ihm Name, Nachname, Adresse, Telefon und Handy – das immer ausgeschaltet war –, und er notierte sich alles in ein superflaches elektronisches Hightechnotizbuch. Erneutes Händeschütteln und Ende des Gesprächs: Sie hatte den faszinierenden Raumausstatter persönlich kennen gelernt, sie hatte sich töricht und gewagt aufgeführt und wusste genauso viel wie vorher. Nein, nicht genauso viel wie vorher: Sie hatte entdeckt, dass er nach *Snuff* roch, einem Schiaparelli-Parfum mit einem deutlichen Stich ins Weihrauchige; dieses Parfum hatte ihr Vater benutzt, bevor er gegen einen Lkw knallte, der ihm auf der Überholspur entgegenkam, ein Parfum, das ihr unvergesslich war. Ein Parfum, das seit fast zwanzig Jahren nicht mehr im Handel war.

Sie verließ Vaglietti und das Augenarzt-Paar und drängelte sich in Richtung ihres Mannes, der wahrscheinlich längst außer sich war. Doch er unterhielt sich freundlich mit Mauro und einer unbekannten Wikingerschönheit in Leoparden-Outfit: Von wegen Nischenprodukt, du Schuft, wie ein arabischer Scheich klebst du an deiner Beute, die Frau sieht aus, als wäre sie gerade einem Kalenderblatt entsprungen ... Aber sogleich fielen ihr die eigenen Schandtaten ein und sie ließ ihn noch ein bisschen mit der Walküre äugeln.

Es war halb neun, die ersten Leute gingen wieder und man konnte sich freier bewegen. Sie trat an den Getränketisch, um sich noch einen Schluck Prosecco einzuschenken, und ließ dabei Vaglietti, der im Nebenraum zwischen Pärchen und Grüppchen hin und her flatterte, nicht aus den Augen. Und während sie mit Flasche und Glas hantierte, wurde sie erneut von einer *Snuff*-Schwade angeweht. Vaglietti war zu weit weg, von ihm konnte sie nicht stammen. Sie schnüffelte wie ein Hund, der Witterung aufnimmt, und entdeckte ihr Opfer wenige Schritte entfernt. Der Typ schien ebenfalls einem Cover oder einer Reklame berühmter Modemacher entstiegen, Schönheit entwickelt sich zu einem Industrieprodukt, diese Adonisse und Modepuppen mit den langen Gliedern und dem hohen Hintern werden geklont wie Schafe. Bei den Männern gehören noch Dreitagebart, kleine Ohren und Kinngrübchen in die Schablone. Der Ohrring läuft unter Extras.

Der Adonis war mutterseelenallein und schien keine große Rolle zu spielen, denn kein Mensch grüßte ihn oder nickte ihm zu: ein Vernissagen-Neuling oder ein zufällig vorbeigekommener Fremder, der die Zeit bis zum Abendessen überbrückt. Doch da fing sie einen blitzschnellen Blickwechsel auf, verschwiegen und heimlich, aber sicher auch beabsichtigt, und gleich darauf setzte sich der Adonis in Bewegung, näherte sich erst einer Skulptur und dann, mit ein paar scheinbar zufälligen Gavotte- und Menuettschritten, Vaglietti. Die beiden begrüßten sich, gaben sich aber nicht die Hand, als kennten sie sich nur flüchtig, Vaglietti sagte etwas für sie Unhörbares, und darauf setzte der andere seinen Rundgang fort.

Ich brauche Floriana, und zwar sofort. Eine solche Szene habe ich schon hundertmal in Spionagefilmen mit Michael Caine gesehen, der Spion trifft seinen Kontaktmann oder seinen Supervisor an einem unverdächtigen belebten Ort, bloß dass hier kein Austausch von Zeitungen oder Aktenkoffern stattgefunden hat. Aber eine Botschaft wurde übermittelt und ist angekommen.

Sie machte Floriana ausfindig und überfiel sie: Wer ist der Typ, kennst du ihn, wie heißt er, was macht er; ignorierte ihr Ich-kenne-ihn-nicht, Was-interessiert-dich-das;

drängte sie: Geh hin, stell dich vor, du bist doch die Galeristin, oder? Quetsch ihn aus, ich erklär's dir später, und Floriana schnaubte, bevor sie sich endlich auf den Weg machte, was bist du für eine Nervensäge geworden, dafür krieg ich einen Zuckerkuchen von dir.

Nicht einen Zuckerkuchen, sondern eine ganze Konditorei mit Sachertorte, Bayerischer Creme, Sizilianischer Ricottatorte und Blätterteiggebäck hätte Florianas Manöver verdient, das sie mit beiläufiger und nonchalanter Entschlossenheit durchführte, als hätte sie die Spionage im Blut oder wäre als Klassenbeste beim Mossad in die Schule gegangen. Ohne als Mata Hari aufzutreten, ohne bauchtänzerische oder zweideutig sinnliche Einlagen bringen zu müssen, trat sie zu ihm, bot ihm einen Aperitif an, führte ihn in ihr Büro und wieder heraus, stellte ihn fünf oder sechs Gästen vor und überließ ihn dann seinem Schicksal. Nach einer weiteren Ablenkungsrunde kehrte sie mit den gewünschten Informationen zu ihrer Freundin zurück: Er heiße Ugo Arnuffi, lebe in Rom, sei aber beruflich häufig in Turin und gestalte Radiosendungen. Sie habe ihn gefragt, ob er über die Ausstellungen in ihrer Galerie informiert werden wolle, er habe Ja gesagt und ihr seine Adresse gegeben, die in Rom. Ob sie sie brauche? Sie wisse nicht, ob sie sie brauche oder nicht, sie denke noch darüber nach.

Sie dachte für den Rest des Abends nach, allerdings nicht über die Adresse, sondern über das merkwürdige Benehmen zweier Erwachsener, die so tun, als kennten sie sich nur flüchtig, aber Blicke und Botschaften tauschen, und die das gleiche, seit zwanzig Jahren nicht mehr erhältliche Parfum benutzen. Aber der Reihe nach. Unbefangen bisexuell, hatte Floriana neulich über Vaglietti gesagt, einer, der mit Werbung, Fernsehen, Theater und wahrscheinlich auch Radio zu tun hat. Wenn also dieser

Ugo ein Freund oder sein Freund – ebenfalls bi- oder homosexuell – ist, warum verbergen sie das dann? Wir sind im dritten Jahrtausend, es gibt keine Inquisition mehr, Homosexualität ist weder verboten noch skandalös, sie ist gesellschaftlich akzeptiert, zumindest in den Kreisen, in denen die beiden wahrscheinlich verkehren. Vaglietti hat – ebenfalls nach Florianas Worten – keine feste Beziehung, und an Arnuffis Arm hängt keine junge Frau und kein junger Mann: Wozu diese Hast nach einem so eindringlichen Blick? Weil sie etwas zu verbergen haben, weil sie sich nicht zusammen zeigen wollen, deshalb. Und sie benutzen nicht das Telefon, weil es kein sicheres Kommunikationsmittel ist: Vaglietti fürchtet trotz seines wasserdichten Alibis, überwacht zu werden, und wenn er seinen Freund treffen muss, dann tut er dies an einem neutralen Ort, wie ein Spion. Ich weiß schon, das klingt gewagt, aber was diesem Luftschloss Plausibilität verleiht, was seine Fundamente sichert, ist das letzte Detail, das in Wahrheit das erste und wichtigste ist, das Parfum. Es fällt nicht im Geringsten auf, wenn zwei Männer das gleiche Parfum benutzen, vorausgesetzt, das Parfum ist in Mode – *Drakkar, Kouros, Giorgio, Egoïste* und so weiter – und du bekommst es überall, auch im Supermarkt und in den Läden im Flughafen und im Bahnhof. Doch wenn das Parfum seit zwanzig Jahren nicht mehr erhältlich ist, wenn es ein Fetisch aus vergangenen Zeiten ist, wenn man nach Paris oder Grasse reisen muss, um es sich nach dem alten Rezept von Elsa Schiaparelli mischen zu lassen, es mit Gold aufwiegen und monatelang darauf warten muss, dann sieht die Sache anders aus. Dann wird es zum untrüglichen Zeichen einer Komplizenschaft, eines Verhältnisses, das ich eigentlich nur als Liebesverhältnis bezeichnen kann, wie die zerrissenen kleinen Herzen, die sich junge Pärchen anheften, um ihre Zusammengehörigkeit zu demonstrieren. Die Wahl des Parfums – eines teuren, feinen und unkäuflichen Parfums – ist gewiss origineller, gehört aber zum gleichen Muster.

»Gehen wir oder willst du die Nacht hier verbringen?«, hatte Renzo irgendwann gesagt. »Vergiss nicht, dass wir noch einen tollen Abend vor uns haben: Unterwegs ein Happen im Stehen, weil die Zeit nicht mal für eine Pizza reicht, und dann müssen wir Livietta bei den Vaudettis abholen, die uns bestimmt auf einen Espresso und einen Whisky einladen, und dann dürfen wir uns auch noch die Dias von ihren diesjährigen Ausgrabungen anschauen. Ich glaube, wenn du mir ein Messer gibst, bring ich mich gleich hier um.«

»Mit einem Messer? Das fände ich ein bisschen primitiv. Und wenn ich es dir gebe, sind meine Fingerabdrücke drauf.«

»Du mit deinem Krimifimmel! Du brauchst mal eine Abwechslung, irgendwas, was dich ablenkt, sonst landest du noch in der Klapse.«

Wieder zu Hause, nachdem sie sich bei den Vaudettis vor lauter Gähnen fast die Kiefer ausgekugelt hatten – zum Glück lag das Wohnzimmer im Dunkeln, damit die Dias mit den tönernen Dünnschiss-Sprengseln, die sie in Tunesien gefunden hatten, auch richtig zur Geltung kamen –, bugsierte Renzo sie sofort mit unmissverständlicher Absicht ins Schlafzimmer. Und während sie sich liebten, dachte sie mit offenen Augen nicht an Jeff Bridges, sondern an Gaetano.

Dreizehntes Kapitel

*Via via
vieni via con me ...*

Sex, auch mit dem eigenen Mann und nach zwölf Jahren gleichem Programm, stimmt immer fröhlich. Am Morgen danach rührte sie, Paolo Conte trällernd, mit der Küchenmaschine Zucker, Butter und Mehl für den Kuchen, den sie Floriana versprochen hatte, Renzo und Livietta schliefen noch, der Hund ebenfalls, nachdem er Darm und Blase bei einem vorzeitigen Morgenspaziergang entleert hatte.

Sie war sehr früh wach geworden und gleich aufgestanden, um Sara zu erwischen, bevor diese wie jeden Tag in den Valentino-Park ging, um gemeinsam mit ihrer Promenadenmischung das Schicksal herauszufordern. Sie hatte Sara an der Universität kennen gelernt – ein Liebling des Unglücks, sie war dem Lager nur entronnen, weil sie durch das Melderaster gefallen war, trotzdem hatte eine undurchschaubare antisemitische Gottheit ihren Weg gekreuzt, wie Hiob hatte Sara zwischen einem Unglück und dem nächsten nicht mal Zeit gehabt, den Speichel zu schlucken. Es war ihr nicht gelungen, ihre Diplomarbeit in Literaturwissenschaften – wo jeder Dahergelaufene sein Diplom macht – abzuschließen, aber nicht etwa weil sie besonders dumm gewesen wäre, sondern weil sie das Pech hatte, an einen sturen, fiesen Professor zu geraten, der sie fünf- oder sechsmal gezwungen hatte, die Arbeit umzuschreiben, aus purer Lust, einen wehrlosen Menschen zu quälen und seine Macht spüren zu lassen. Beim sechsten Mal hatte sie das Handtuch geworfen, gegen den Rat aller Freunde und Verwandten, die es am liebsten gesehen hätten, wenn der Professor bei einem Autounfall draufgegangen wäre, und beinahe ebenso gern selbst an Bremsen und Elektrik gefummelt hätten. Der Professor war leider immer noch gesund und munter und Sara ohne Diplom. Sie hatte eine kleine Stelle im Produktionszentrum der RAI gefunden, auf der niedrigsten überhaupt möglichen Gehaltsstufe, knapp über den Klofrauen, und war zu einer tödlich langweiligen Tätigkeit verurteilt: Sie musste Listen von Schlagern und sonstigen Musikstücken erstellen, die in den verschiedenen Programmen gesendet wurden – Name des Autors oder der Autoren, Titel, Angaben zur CD oder zur Kassette, Länge –, und an die Verwertungsgesellschaft weiterleiten. Andere Leute machten ihr Karrierchen oder waren auf weniger blamable Posten versetzt worden, sie schmachtete in ihrem überhitzten kleinen Büro, und da sie ihre Arbeit gut machte, kam es niemandem in den Sinn, ihr eine andere zu geben. Rasch hintereinander hatte sie sich zwei Ehemänner und einen Freund zugelegt, die sie erniedrigten, schlecht behandelten und beraubten, bevor sie, ohne Auf Wiedersehen zu sagen, mit einer anderen verschwanden. Vor allem der Freund, ein ungehobelter Südtiroler, hatte eine kurze Abwesenheit Saras – zwei Tage Betriebsausflug nach Bern, sie wollte nicht fahren, aber er hatte sie gedrängt – ausgenutzt und alles, aber wirklich alles (Tisch, Stühle, Schrank, Bett, Sessel, Fernseher, Bettwäsche, Töpfe, Kühlschrank, Lampen) bei einem penibel organisierten und mit teutonischer Effizienz durchgeführten Umzug abtransportiert. Bei ihrer Rückkehr fand sie ihre beiden Zimmer und die Kochnische trostlos leer vor, geblieben waren ihr nur ein schief hängender kleiner Druck, die tropfende Waschmaschine und eine Schneekugel mit dem Turm von Pisa, die sie von einem früheren Betriebsausflug mitgebracht hatte. Sie setzte sich auf den Fußboden und weinte stundenlang, dann ging sie auf die Straße, um sie anzurufen – das Telefon hatte der Widerling auch noch mitgenommen –, weil ihr Geld für eine Pension nicht reichte (sie wusste aus Erfahrung, dass sie es am Geldautomaten gar nicht erst zu versuchen brauchte), und ohne Decke und Kissen auf dem Boden oder in der Badewanne zu schlafen war sogar für sie zu viel. Freunde und Kollegen räumten alte Möbel aus Kellern und von Dachböden, die sie nach Umzügen und Renovierungsarbeiten eingelagert hatten, kauften ihr Bettwäsche, Decken, ein Kissen (ein einziges), Töpfe, Teller, Gläser und Besteck, aber sie hatte monatelang keinen Kühlschrank, die Butter stellte sie in einer Schüssel unter den laufenden Wasserhahn und leicht verderbliche Lebensmittel wie im Krankenhaus aufs Fensterbrett. Der Südtiroler hatte nicht nur ihr Bankkonto komplett leer geräumt, sondern auch noch das Auto geklaut, und ihr war – wie es so schön heißt – nicht einmal das Schwarze unter den Nägeln gegönnt, die stets sehr sauber waren. Ein paar Monate später, als sie Kühlschrank und Fernseher gekauft und sich wegen des Autos bis ins hohe Alter verschuldet hatte, rutschte sie im Treppenhaus aus – der Aufzug war vorübergehend außer Betrieb – und brach sich übel Schien- und Wadenbein, und wer hatte in der Notaufnahme natürlich Dienst? Der miserabelste Orthopäde aller Zeiten; er musste sein Examen wie Maria mit Kinderschokolade-Sammelpunkten bekommen haben oder hatte überhaupt keines und arbeitete illegal, vielleicht war er auch blau oder zugekifft, und flickte Sara zusammen, wie es nicht mal in einem Flüchtlingslager in Ruanda möglich wäre. Resultat: ein Bein kürzer als das andere, ein leichtes Hinken und bei jedem Wetterwechsel zermürbende Schmerzen. Man riet ihr – nicht der perfide, ungestraft davongekommene Orthopäde, sondern jemand anderes –, viel zu gehen, um die Bänder zu dehnen, und sie hatte sich einen Hund, vielmehr eine Hündin zugelegt (mit den Männern hatte sie ein für alle Mal abgeschlossen, egal welcher Spezies sie angehörten), auch so eine einsame Dickens-Gestalt wie sie selbst, mit dünnem Fell und immer zitternd, mit der sie winters wie sommers in der Morgendämmerung in den Valentino ging. Gilda (sehr passender Name) hätte am liebsten auf die Schnelle vor dem Haus gepinkelt und sich dann sofort wieder vor die Heizung gelegt, aber nein, sie riskierte allmorgendlich außer einer Lungenentzündung auch Leib und Leben zwischen wütenden Schäferhunden, Boxern, Dobermännern und Riesenschnauzern. Und Frauchen riskierte, von einem spritzenbewehrten Junkie auf Entzug ausgeraubt oder von einem lüsternen Kerl, Opfer einer unglücklichen Kindheit und des grausamen Systems, kurz mal vergewaltigt zu werden.

Sara wollte sich gerade zu ihrer Russisch-Roulette-Runde aufmachen, als das Telefon klingelte, und so kehrte sie nochmal in die Wohnung zurück.

»Sara, kannst du mir was über einen gewissen Ugo Arnuffi erzählen? Ich habe gehört, er hat mit Radiosendungen zu tun, vielleicht kennst du ihn ja.«

Da Sara immerzu in ihrer Grabkammer saß, kannte sie ihn nur dem Namen nach. Aber sie hätte aus Dankbarkeit alles getan, um ihr behilflich zu sein: Anstatt mit dem Hund in den Valentino zu gehen, würde sie zur RAI humpeln, wo auch samstags jemand war, und die Techniker tratschten sicher gern. Zerfleischung des Hundes, Raubüberfall und Vergewaltigung wurden aufgeschoben.

Bis sie etwas von Sara hörte und solange der Teig ruhte, wollte sie den allgemeinen Tiefschlaf nutzen und einkaufen gehen, eine Nachricht mit dem Grund für ihre Abwesenheit legte sie mitten auf den Küchentisch. Supermarkt oder Porta Palazzo? In beiden Optionen steckten Vor- und Nachteile. Supermarkt bedeutete Auto, vier Kilometer hin und vier Kilometer zurück durch verstopfte Straßen, verlockende Sonderangebote und drei für zwei, Obst, Gemüse, Käse, Fleisch auf Tabletts in Cellophan. Supermarkt bedeutete aber auch: garantierter Parkplatz, wendiger Einkaufswagen, leichtes Durchkommen zwischen den Regalen, kein Betrug beim Abwiegen und bequemer Transport nach Hause. Porta Palazzo hieß Gedrängel wie im Stadion, fixe Hände auf der Suche nach Geldbeuteln, von den verdammten Rollwägelchen abgeschürfte Knöchel, willkürliches Abwiegen (achthundert Gramm für jeden, neunhundert für manchen, ein Kilo für niemanden, wie das alte Sprichwort lautet). Zur Belohnung – für spottbilliges Geld – ein Fest für die Sinne, eine Fülle an Formen, Farben, Gerüchen, die eine mittelalterliche und kindliche Lust am Aufzählen weckt: Pyramiden von Äpfeln, Birnen und Kiwis, Traubengirlanden, feste Mauern aus Tomaten und den verschiedensten Kartoffelsorten, Knoblauch- und Zwiebelzöpfe, Salatplantagen, die Sonne der Khakis, Möhren und Kürbisse, das farbenfrohe Trio von gelben, roten und grünen Paprikaschoten und Fenchel, Blumenkohl, Brokkoli, wilde Zwiebeln, Rübensprossen, Auberginen, Zucchini, Spinat, Stangensellerie, Radieschen in allen erdenklichen frühen und späten Sorten und Sorten der Saison. Und dann die riesigen chinesischen und afrikanischen Pilze, Wurzeln und Knollen mit den unaussprechlichen Namen, Wildfrüchte mit Furcht erregenden Stacheln neben den mittlerweile heimischen Mangos, Papayas, Avocados, Cherimoyas und Litchis, die in den Hügeln angebaut werden. Am Fischpavillon ein Universum schillernden und zuckenden Lebens kurz vor dem Ende, schuppige Leichen mit mehr oder weniger glasigem Blick auf den Marmor geklatscht, bergeweise Muscheln, Schalen und Schnecken, verknäulte Tentakeln und Scheren in blinder Bewegung inmitten von Geschrei, Lockrufen, Gewusel und einem dumpfig aufdringlichen Geruch. Unter dem Vordach mit der Uhr (wo Vegetarier und zarte Seelchen auf der Stelle umkippen) eine schamlose Schau von Nieren, Hoden, Lebern und Kutteln, in Viertel sezierte Rinder oder Kälber, Kapaune, Hähnchen, Perlhühner, Fasane kopfüber an Haken, Ferkel, Wildschweine und Lämmer auf Lorbeer und Myrte gebettet, und dann sämtliche Käsesorten, von den aseptischen bis hin zu den rindigen und schimmligen und schmierigen, unter Missachtung aller EU-Normen und nationalen Hygienevorschriften. Wie die Hunde, angeleint oder nicht, die trotz Verbotsschilder zusammen mit Herrchen oder Frauchen einkaufen gehen, oder die Verkäufer ohne Kittel, Haube, Zange und Plastikhandschuhe, die Fleisch schnipseln oder zerbröselnden Gorgonzola aufschneiden und dann mit ebendiesen Händen Geld zählen und dir rausgeben. Eine Pfütze Mittelmeer am Fuß der Alpen, Kapern aus Ginostra in *bagnet verd,* Knoblauch aus den Murge in *bagna cauda,* die Hälfte aller Völker im Essen vereint, die Vergangenheit schmilzt in der Gegenwart und stibitzt sich die Zukunft, aufgehoben ist alle Rivalität zwischen dem Vorher und dem Nachher, zwischen dem säuerlichen Geruch des Stockfischs und dem intensiven Aroma der maghrebinischen Minze.

Sie hatte sich für Porta Palazzo entschieden und vor dem *Banc Gianduja,* einem alten staubigen Geschäft, bot sich ihr ein skurriler Anblick: Ein riesiger Schwarzer drückte sich mit der Linken das Handy ans Ohr, mit der Rechten hielt er sich den Pimmel und pinkelte seelenruhig vom Bürgersteig. Die Polizisten an der Kreuzung –

ein Mann und eine Frau – plauderten miteinander und sahen woandershin.

Zu Hause nahmen Vater und Tochter ein ausschweifendes All-inclusive-Frühstück zu sich und Potti bettelte winselnd und mit der Pfote kratzend um verbotene Bissen.

»Das ist ein Brunch«, informierte sie Livietta, die ihren dürftigen Englischwortschatz um ein Stichwort erweitert hatte.

»Gut«, meinte sie zustimmend, während sie die Einkaufstüten auspackte, »dann brauche ich heute Mittag nicht zu kochen.«

»Stefano hat nämlich angerufen«, erklärte Renzo. »Er fährt nach Cavallermaggiore, um die älteste Brennerei des Piemont zu fotografieren. Er hat mich gefragt, ob ich ihn begleiten will, Livietta kommt auch mit, er hat heute Stella, dann können die beiden miteinander spielen.«

»Nimm Potti auch mit, ein bisschen Bewegung tut ihm gut.«

»Gut, dann sind alle weg und du hast einen halben Tag frei.«

Bahnt sich bei ihm etwa auch eine heimliche Liebschaft an? Er verwöhnt seine Tochter, nimmt den Hund mit, bereitet ein raffiniertes Frühstück zu, ohne sich darüber zu beschweren, dass Pfannen und Töpfe nicht an ihrem Platz stehen oder die Milchflasche nicht richtig zugeschraubt ist ... Oder sorgt etwa das schlechte Gewissen dafür, dass man argwöhnisch wird und sich nicht existierende Übeltaten ausmalt – wer schlecht handelt, denkt auch schlecht?

Sara rief kurz nach elf an und sie pflanzte sich mit dem schnurlosen Telefon in den Sessel, weil sie wusste, dass die Freundin nicht die Gabe hatte, sich kurz zu fassen und – das entdeckte sie bei dieser Gelegenheit – der Reihe nach und klar zu berichten (verdiente der fiese Professor etwa mildernde Umstände?). Doch Sara hatte gute Arbeit geleistet, vor allem weil sie die Techniker angespitzt hatte; die lästern immer gern über alle, die keine Techniker sind, die nur vom Reden und ihrer äußeren Erscheinung leben, aber die Geräte und die unzähligen Kniffe, um sie sich gefügig zu machen, nicht kennen und schon beim Wechseln ihrer Walkman-Batterien ins Schwitzen kommen. Zweitens hatte sie, da sie nicht wusste, welche Informationen nützlich waren und welche nicht, das Fass bis auf den Boden ausgekratzt und das Silber mitsamt dem Müll gesammelt. In dem mühseligen und wirren Bericht steckte das Silber in der Information, dass Ugo Arnuffi zweiunddreißig Jahre alt war und auf Männer stand. Er hänge es zwar nicht an die große Glocke, aber man merke schon an seinen etwas zu langen Blicken, die er dem Barjungen oder Walter Giordanino – dem Mister Universum der Techniker – schenke, zu welchem Geschlecht er sich hingezogen fühle. Er sei Autor und Regisseur einer Radiosendereihe mit sechzig Folgen, jeweils mit einem vorher aufgenommenen und einem live gesendeten Teil, bei dem die Zuhörer anrufen könnten. Die Sendungen würden Anfang des neuen Jahres ausgestrahlt, an fünf Tagen pro Woche, insgesamt zwölf Wochen lang, im Erfolgsfall auch länger. Die Reihe heiße *Kriminalgeschichten,* Thema seien Verbrechen, die auf realen Fällen basierten, die Zuhörer müssten Mörder und Motive raten, als Preis gebe es Videokassetten von Krimis, Bücher und Karten für das Mystfest in Cattolica. Die Reihe sei – ebenfalls nach Aussage der Techniker – zwar ein alter Hut, aber gar nicht schlecht, die Fälle seien gut inszeniert, doch die Regie sei ein bisschen schwach, und wenn sie – die Techniker – nicht mit Spezialeffekten und beim Schneiden nachgeholfen hätten, wäre die Reihe ziemlich seicht und konfus geworden. Aber das würden sie immer und von jedem sagen, mit Ausnahme von drei legendären Namen, denen ehrfürchtige Bewunderung gezollt werde. Etwa vierzig Folgen seien bereits aufgenommen, die anderen sollten ab November fertig gestellt werden, denn momentan sei Raum C wegen einer Reihe englischer und irischer Hörspiele belegt. Arnuffi habe am 10. Oktober aufgehört zu arbeiten (Arbeitszeit: sieben Uhr abends bis Mitternacht) und sei wegen verwaltungstechnischer Fragen eben nochmal für zwei Tage erschienen. Sara hatte auch seine Telefonnummer in Rom und die Nummern der beiden Handys und des Hotels in der Via San Domenico hinter der Porta Palazzo, in dem er wohnte, wenn er in Turin war, und in dem viele Künstler abstiegen. Er habe schon im Mai und im Juni in Turin gearbeitet, und zwar an einer Sendung für *Radiotre* über die Geschichte des Krimis in verschiedenen Ländern, also des englischen, amerikanischen, französischen und so weiter Krimis, langweiliger Kram für eingefleischte Fans, aber mit ganz guter Einschaltquote. Er, Ugo, lasse natürlich ein bisschen den Regisseur raushängen, er lade gern die Leute in die Bar ein, ohne eine Stunde nach seiner Brieftasche zu kramen, und im Juni, als die Aufnahme im Kasten gewesen sei, habe er Techniker, Sprecher, Regieassistentin, musikalischen Berater und Programmchefin sogar zum Abendessen eingeladen. Und zwar nicht in eine billige Kneipe, sondern ins *Tre Galli,* ein In-Lokal, in dem die Crème der Intellektuellen der Stadt verkehre, und er sei beim Wein nicht knickerig gewesen. Es tue ihr Leid, dass sie nicht mehr erfahren habe, aber um zehn sei ein Band aus der Spule gesprungen, alles sei drunter und drüber gegangen und deshalb habe sie nicht weiter nachbohren können.

Danke Sara, das hast du toll gemacht. Sie dachte es und sagte es auch, sie wiederholte es sogar drei- oder viermal, weil dem Ego der Freundin Streicheleinheiten immer gut taten. Ich erkläre dir jetzt nicht, wozu ich diese ganzen Informationen brauche, aber komm doch nächste Woche mal zum Abendessen – Gilda kannst du auch mitbringen –, dann erzähle ich dir alles. Geht's am Donnerstag oder hast du da was vor? Sara hatte nichts vor, sie hatte nie etwas vor, Renzo würde wie gewöhnlich über ihre Single-Freundinnen lästern, die alle so hässlich seien, dass einem vor Schreck die Würmer vergingen, aber Potti freute sich bestimmt, denn ihm gefielen alle Frauen, auch wenn er unerreichbare langbeinige Wölfinnen vorzog.

Wie kommt es, dass sich CIA und FBI mit all ihren V-Leuten und Spionen und Satelliten und Computern von fanatischen Sekten, Bombenlegern, Visionären und paranoiden Serienmördern austricksen lassen? Ein paar Leute an den richtigen Stellen würden genügen – am besten Frauen: Sie sind aufmerksamer und hellhöriger und kriegen nukleare Geheimnisse heraus, als wären es Kochrezepte –, und schon wüsste man alles von allen. Gaetano zerbricht sich – außer er ist mit Flirten und Familienangelegenheiten beschäftigt – den Kopf, um Details zu überprüfen und Puzzleteilchen zusammenzufügen, und ich sammle in meinem bescheidenen Rahmen säckeweise Wissenswertes, denn meine Informantinnen, Elisa, Floriana, Sara, sind erstklassige Leute, keine Kleindealer und Hehler von Autoradios. Das ist der Wahn der Allmacht, meine Liebe, typisch für Manisch-Depressive, und was weißt du schon, was deine Säcke voller Informationen wert und wozu sie zu gebrauchen sind?

Sie schob den Zuckerkuchen in den Ofen, tat sich an den Resten des Frühstücks gütlich, besuchte die Mutter – was ist eigentlich mit der Heizung los?, morgens erfriert man und nachmittags muss man die Fenster aufreißen, wenn du den Hausverwalter nicht anrufst, dann tue ich das, so kann's doch nicht weitergehen ... –, blätterte, inklusive Todesanzeigen, rasch die *Stampa* und die *Repubblica* durch und gönnte sich als Entschädigung für das frühe Aufstehen einen langen Mittagschlaf.

Um vier war sie, mit dem hübsch verpackten Kuchen, wieder unterwegs. Floriana lachte schallend:

»Ich habe doch nur Spaß gemacht, das ist wirklich nicht nötig ...«

»Doch, das ist es. Ich bin nämlich noch nicht fertig. Schau dir das mal an (sie holte ein Kärtchen aus der Handtasche): Capogrossi, *Superficie 112* von 1953, eins fünfzig auf zwei Meter, Renzo hat aus dem Gedächtnis eine kleine Skizze von den Kämmen oder Gabeln oder was auch immer gemacht, rot und schwarz auf weißem Grund. Das Bild gehört Bagnasacco, und Renzo meint, es sei gefälscht, das andere ist ein Manzoni von 59, eine Kaolin-Arbeit mit Falten, sechzig mal achtzig, aber die war schwer zu skizzieren. Wenn jetzt nicht scharenweise Käufer kommen und deine Mainolfis abräumen, dann hör mir kurz zu, bevor du den Kuchen anschneidest. Als wir Bagnasacco den Terminkalender seiner Frau brachten, hat er Renzo durch seine Sammlung geführt und außer den Twombly auch den Capogrossi gepriesen, vor dem sie eine Ewigkeit standen. Jetzt gibt aber doch niemand, außer er ist blöd oder hält den anderen für blöd, eine taube Nuss zwischen sündhaft teurem Zeug für echt aus, ergo: Wenn Bagnasacco nicht blöd ist und Renzo nicht für blöd hält, dann lässt er den Capogrossi bewundern, weil er glaubt, dass er echt sei. Folgst du mir oder stopfst du dich bloß voll? Und wenn er glaubt, er sei echt, dann hat sich den richtigen Capogrossi ohne sein Wissen jemand unter den Nagel gerissen. Seine Frau, Vaglietti, der Butler oder wer auch immer. Erst kopiert und dann verschwinden lassen. Was ich von dir will? Dass du dich in der Angelegenheit schlau machst, und sag nicht, dass das nicht möglich ist, ich habe dich gestern Abend erlebt, und du warst besser als James Bond. Und wenn du willst, bezahle ich dich weiterhin in Naturalien, mit Zuckerkuchen oder einer dekorierten Bayerischen Creme oder einem *Apple crumble* mit Eiern.«

Floriana fegte die Krümel vom Schreibtisch und nahm den Telefonhörer ab.

Vierzehntes Kapitel

Am Ende hieß es weder nein noch vielleicht und Montagnachmittag um vier saßen sie in der watteartigen Atmosphäre des *Baratti,* umgeben vom dezenten Gemurmel der Damen und Herren mittleren und fortgeschrittenen Alters, auf dem Tischchen ein Teller süße Teilchen des Hauses, eine Tasse Tee und eine heiße Schokolade.

»Diesmal bist du mein Gast«, hatte sie gleich gesagt. Sie wusste nicht, was Kommissare verdienen, aber sie vermutete, dass der Staat mit den Polizisten genauso knauserig war wie mit den Lehrern, und wollte sich nicht schon wieder einladen lassen.

»Ist das ein feministisches Anliegen oder der Versuch, wieder auf Distanz zu gehen?«

»Weder noch, nur mein Gerechtigkeitssinn. Außerdem lade ich dich gern zu einem Tee ein.«

»Na dann …«, willigte er ein, doch sein Gesicht war grau und er wirkte irgendwie abwesend, als hätte er zu viel gearbeitet oder schlecht geschlafen oder mache sich Sorgen, und ein Gefühl der Zärtlichkeit überkam sie, das sie nicht zu benennen wusste (mütterlich, geschwisterlich, verliebt?), und der Wunsch, ihn zu trösten und lächeln zu sehen.

»Stimmt was nicht?«

»Sieht man das?«

»Ja. Entschuldige, die Frage war indiskret. Ich schaffe es nicht immer, die Hundenatur in mir zu bremsen.«

»Was heißt Hundenatur?«

»Das heißt, dass es mich beunruhigt, wenn ein Mitmensch – natürlich nicht jeder Mitmensch – traurig ist, dann würde ich am liebsten wedeln und Pfötchen geben oder ein paar Zirkusnummern abziehen, um ihn aufzumuntern.«

»Dann mach doch mal die Zirkusnummer.«
»Hier? Jetzt?«
»Ja.«
»Meinst du wirklich?«
»Klar.«
»Na gut. Aber wenn sie misslingt, gibt's eine Katastrophe, das sage ich dir gleich. Und alle glotzen uns an.«
»Ich gehe das Risiko ein. Los!«
In diesem Tempel der gesitteten Turiner Gesellschaft, wo niemand die Stimme erhebt, niemand sich unmanierlich kratzt, niemand ohne Hand vor dem Mund gähnt, niemand – Gott bewahre – rülpst oder einen fahren lässt, niemand etwas tut, was man nicht tut, dort, ausgerechnet dort, zwischen leise plaudernden Prostatas und Klimakterien fasste sie den verwegenen Beschluss, das einzige Geschicklichkeitsspiel vorzuführen, das sie gelernt hatte, ein Spiel der alten Schule, ein Meisterstück, das ihr allerdings nur selten gelang. Sie hatte es als Kind von ihrem Großvater Piero gelernt, den sie gern zum Vater gehabt hätte und den sie mehr als ihren Vater geliebt hatte, ein Großvater mit abenteuerlicher Vergangenheit und bedenklicher Gegenwart, in der Familie geduldet wie ein sperriges Möbelstück, dessen man sich nicht entledigt, weil es eine unveräußerliche Hinterlassenschaft ist. Ansonsten herrschten Strenge und Effizienz: Tu das und tu das nicht, deck den Tisch, kau ordentlich, putz dir die Zähne; er hatte keine Uhr, ging tausend und keinem Beruf nach, kaufte ihr verbotene Süßigkeiten – sandig schmeckenden Mäusedreck mit einem bunten Kügelchen in der Mitte, saure Drops, zuckrige Weingummis, Pinienbonbons und Baiser mit Schlagsahne wie Rasierschaum und Krapfen mit ei-

nem Bauchnabel aus gelber Creme –, setzte sie auf die Fahrradstange und fuhr kreuz und quer mit ihr durch die Außenbezirke der Stadt, brachte ihr Tarock und die Bäume und das Raufen bei. (Mit den Bäumen war es später ein bisschen schwierig, weil der Unterricht in breitem Dialekt stattgefunden hatte, wobei die Übersetzung von *fo* und *rol* in *faggio* und *rovere*, Buche und Eiche, noch relativ leicht war, doch um herauszufinden, dass *malesu* und *arbra* richtig *larice* und *pioppo,* Lärche und Pappel, hießen, brauchte man ein Wörterbuch.) Und wenn sie abends in der Küche saßen – der Vater hatte sich zum Lesen ins Schlafzimmer verzogen, Mutter und Großmutter fieberten im Wohnzimmer mit dem Geschehen im Fernsehen mit –, hatte er sie geduldig in dem berühmten Trick unterrichtet, bei dem man die Tischdecke vom gedeckten Tisch ziehen musste, ohne dass das Geschirr herunterfiel. Was in der Lehrzeit keine Teller aus Limoges oder Kristallgläser waren, sondern Töpfe und Töpfchen, die mit lautem Gepolter auf dem Boden landeten. Der Vater in seinem Versteck schüttelte vermutlich den Kopf, Großmutter und Mutter schrien unweigerlich wie aus einem Munde: »Hast du denn sonst nichts zu tun?«

Und jetzt, mit fast vierzig, saß sie da und probierte an einem denkbar unpassenden Ort dieses Spiel, das der Stolz ihrer Kinderjahre gewesen war. Der Geist des Großvaters und der Gott der Trunkenbolde und der Taugenichtse wachten über ihren Versuch und flößten ihr die notwendige Beherztheit ein: Die Tischdecke flutschte vom Tisch und nur ein Löffelchen, ihr Löffelchen, fiel zu Boden. Mit der theatralischen Geste eines Dompteurs oder einer Trapezkünstlerin beendete sie die Vorstellung, indem sie die Tischdecke über einen freien Stuhl drapierte: Das Gemurmel ringsum war verstummt und zwanzig und ein Augenpaar starrten sie verdattert an. Gaetano brach in Gelächter aus und ein Trio feister siebzigjähriger Damen grinste amüsiert.

»Am liebsten würde ich dich küssen«, gestand er glucksend. Aber das war keine Liebeserklärung, sondern als Beifall gedacht, und sie interpretierte es auch richtig.

»Es hat geklappt, stell dir mal vor, die Tassen und die Teekanne wären auf den Boden geknallt, die Windbeutel zermatscht, so eine Verschwendung ... Sag, was hättest du gemacht, wenn der Oberkellner gekommen wäre und Einspruch erhoben hätte?«

»Ich hätte dich in Schutz genommen. Oder selber eine Zirkusnummer abgezogen, ich hätte ihm meinen Ausweis unter die Nase gehalten, ich hätte gesagt Polizei, mischen Sie sich nicht ein, dieses Experiment gehört zu unseren Ermittlungen ...« Dann, nach einer Pause, fuhr er in verändertem Tonfall fort: »Ich mache mir Sorgen um meine Schwester.«

Wieder eine Pause, diesmal eine längere. Sie mochte nicht nachfragen, nicht drängen. Wenn er erzählen oder ihr sein Herz ausschütten wollte, würde er das schon tun.

»Sie hat am Freitag angerufen, dass sie mich sehen will. Ich bin Samstagmorgen gefahren und habe sie in Zürich getroffen. Aber wie soll man jemandem helfen, der sich gar nicht helfen lassen will? Sie hatte ein blaues Auge, eine aufgeplatzte Lippe, überall Blutergüsse, aber ich durfte nichts tun, sie bereute schon, dass sie mich angerufen hatte. Eric, ihr Freund oder Lebensgefährte oder als was man ihn auch bezeichnen will, hatte sie so zugerichtet, sie hat nicht gesagt, warum, aber ich kann es mir vorstellen, sie war aus Straßburg abgehauen und hatte sich in Zürich in einem elenden stinkenden Loch verkrochen, von wegen Schweiz. Sie war abgehauen, wollte aber schon wieder zurück, um sich von neuem verprügeln zu lassen und ihr Leben in dieser miesen Diskothek aufs Spiel zu setzen, in der er arbeitet und dealt und das übelste Zeug verschachert. Es ist zwecklos, mit ihr zu reden, ihr zu sagen, dass es so nicht weitergehen kann, dass sie sich zu Grunde richtet, dass sie endlich damit aufhören und nach Hause oder auch zu mir kommen und neu anfangen muss ... Nach Hause bringen mich keine zehn Pferde, hat sie gesagt, und bei dir halte ich es keine Woche aus, was soll ich von vorn anfangen, ich kann doch ohne ihn nicht leben, ich weiß es, ich hab's doch schon versucht ... Meine Eltern grämen sich schrecklich, sie wissen nicht alles, aber sie können es sich vorstellen, sie denken das Schlimmste, das zwar noch nicht passiert ist, aber passieren wird. Mit ihm habe ich drei- oder viermal geredet, aber mir sind die Hände gebunden: Deine Schwester ist volljährig, sagt er, ich halte sie nicht in Ketten, sie kann gehen, wann und wohin sie will, Frauen wie sie oder bessere gibt's mehr als genug ... Er hat schon ein paar Mal gesessen – wegen Rauschgift, Körperverletzung und anderem –, aber er hat seine Lektion gelernt und überlässt jetzt anderen die Drecksarbeit und den Kleinkram. Ich würde ihn am liebsten windelweich prügeln lassen, profimäßig, Tritte und Haken an die richtigen Stellen und ein paar gebrochene Knochen, ich hätte nicht mal allzu viele Skrupel, wenn es nur etwas nützen würde, aber dann würde er zum Märtyrer, meine Schwester würde Mutter und Krankenschwester spielen und alles wäre nur noch schlimmer. So tue ich gar nichts und sie verkommt zusehends. Ich müsste an solche Geschichten gewöhnt sein, aber sie ist meine Schwester, ich habe sie in der Wiege liegen sehen, ich habe ihr beigebracht, sich die Schuhe zu schnüren und die Nase zu putzen ...«

Außer Banalitäten gab es nichts zu sagen und so sagte sie gar nichts und wartete, dass der Schmerz nachließ, und dachte dabei an Livietta. Sie ist erst acht, aber bald ist sie fünfzehn und dann zwanzig, und wer weiß, wie sie sich entwickeln und welche Entscheidungen sie treffen wird ... Alles geschieht so zufällig, so unvorhersehbar in den schwierigen Jahren des Erwachsenwerdens, und wo kann es einen nicht überall hinverschlagen ...

Er schenkte sich Tee – der inzwischen abgekühlt sein musste – nach, und als er trank, kehrten sein normaler Gesichtsausdruck und seine Gefasstheit zurück. Es hat ihm gut getan zu reden, dachte sie, die klugen Dichter wissen es: Redend sich vom Schmerz das Bittre löst, oder ist das die Wunderwirkung der *cup of tea:* Unerschrocken trotzten die Engländer Hitlers Bomben, wenn sie nur ihren faden Nationalaufguss in Reichweite hatten.

»Die Arbeit läuft auch nicht gut. Dieser verfluchte Mord an deiner Kollegin macht uns zu schaffen. Wir vernehmen die Leute stundenlang, überprüfen Telefongespräche und Bankkonten ..., tausend Indizien, und keines ist wirklich brauchbar, tausend Vermutungen, und keine ist haltbar.«

»Kann ich dir ein paar Fragen stellen?«

»Das kannst du, aber ich darf sie nicht beantworten.«

»Dann tun wir so, als sei ich eine dieser nervenden Journalistinnen, mit Mikrofon in der Hand wie in den amerikanischen Filmen, die den Polizisten und Richtern auf die Pelle rückt und ...«

»Und ich bin Inspektor Callaghan, gehe einfach weiter und sage gar nichts.«

»Inspektor Callaghan mag ich nicht, der ist mir zu sehr Macho. Dann bin ich eben eine entfernte Verwandte und wir haben uns zufällig im Café getroffen und plaudern ein bisschen.«

»Ganz zufällig, nachdem wir ein paar Mal miteinander telefoniert haben.«

»Na gut, ich bin eine sture Lehrerin, die sich am Mord

an einer Kollegin festgebissen hat. Nicht weil ihr die Kollegin sympathisch gewesen wäre, sondern aus reinem Vergnügen am Denksport. Frage: Hat Marco Vaglietti ein Tattoo am linken Handgelenk, das gleiche oder ein ähnliches Tattoo wie Bianca? Ich konnte ihm schlecht den Hemdsärmel aufknöpfen und das persönlich überprüfen.«

»Du hast Vaglietti kennen gelernt? Wie? Wann?«

»Das gilt nicht. Wenn du nicht antwortest, antworte ich auch nicht. Du kannst mich nicht zwingen, ich gehöre nicht zu den Verdächtigen.«

»Wieso sollte Vaglietti am Handgelenk tätowiert sein?«

»Ach komm! Ich lasse mich nicht austricksen, dafür habe ich zu viele Krimis gelesen. Ist er nun tätowiert oder nicht?«

»Ich weiß es nicht, wir haben ihm den Hemdsärmel auch nicht aufgeknöpft. Er hat ein wasserdichtes Alibi, es gab keine Misshelligkeiten mit seiner Cousine, ein Motiv ist nicht erkennbar, auch wenn ich das Gefühl habe, dass er nicht ganz koscher ist. Jetzt bist du dran: Wie kommst du darauf, dass er ein Tattoo wie die De Lenchantin hat?«

»Weil zu Bianca ein Tattoo nicht passt, zu ihm aber schon. Ich kann mir nicht vorstellen, dass sie sagt: Ich lasse mich heute tätowieren, und dann in so ein Kabuff mit Kerzenlicht, billigem indischem Schnickschnack und New-Age-Plunder geht. Aber ich kann mir vorstellen, dass es ein Spiel ist, dass sie mit jemandem hingeht, der sie dazu überredet hat, und dieser Jemand kann sehr gut der Cousin sein, denn sie waren oft zusammen.«

»Woher weißt du das?«

»Ich habe meine Informanten. Und vor dem Verbrechen waren sie ja auch zusammen, oder? Um einen Teppich zu kaufen.«

»Informanten? Und die wären?«

»Immer langsam, du darfst nicht zu viel verlangen.«

»Du verlangst etwas von mir. Und du hast noch nicht gesagt, wie und wann du Vaglietti kennen gelernt hast.«

»Ich habe ihn bei Biancas Beerdigung gesehen und letzten Freitag bei einer Ausstellungseröffnung kennen gelernt. Wir wurden einander vorgestellt, wir haben ein bisschen geplaudert und ich habe ihn gebeten, mir einen Spiegel und einen Kleiderständer zu besorgen. Nicht dass ich die Sachen wirklich wollte, sie waren nur ein Vorwand.«

»Ganz schön link! Und was hast du noch gemacht?«

»Nichts Besonderes. Ich habe mir und anderen Leuten ein paar Fragen gestellt. Und wenn er auch so ein Tattoo wie Bianca hat, bin ich sicher, dass die Beziehung zwischen den beiden mehr als nur verwandtschaftlich war.«

»Freunde und Bekannte schließen es aus. Ihren Mann haben wir bislang nicht gefragt.«

»Ich weiß, dass sie es ausschließen. Aber es gab ein paar Gerüchte, auch wenn jetzt keiner mehr den Mund aufmacht.«

»Woher weißt du denn das alles?«

»Informanten, wie gesagt, beziehungsweise Informantinnen. Bianca spielte in bestimmten Kreisen eine prominente Rolle, es war nicht schwierig, den Leuten ein paar Informationen zu entlocken, ich bin keine Polizistin, man kann mit mir frei von der Leber reden. Und Turin ist, wie Pavese sagte, eine Pförtnerloge, es wird viel getratscht.«

»Gib mir doch deine Informationen, vielleicht kann ich sie ja brauchen.«

»Du kriegst eine einzige, eine, die ich für mich behalten wollte. Aber ich muss etwas ausholen, um die Situation im Ganzen zu erfassen, und wenn ich falsch liege, korrigier mich bitte. Also: Vaglietti ist ein attraktiver Mann, sie kennt ihn von klein auf, weil er ihr Cousin ist, auch wenn das Verwandtschaftsverhältnis etwas schräg ist, denn er ist der Sohn des verwitweten Schwagers ihres Vaters, gewissermaßen ein Schwipp-Cousin. Sie sehen sich oft, doch sie heiratet aus irgendeinem Grund Bagnasacco, der fad und ziemlich hässlich ist.«

»Der Grund ist bekannt: Er hat einen Haufen Geld, während Bianca und ihr Vater zum Zeitpunkt der Heirat einen Haufen Schulden haben.«

»Sehr gut, des Geldes wegen, war ja anzunehmen. Warum sieht Bagnasacco, der fad, aber wohl nicht dumm ist, in Vaglietti keine Gefahr, warum ärgert es ihn nicht, dass seine Frau immer mit ihm unterwegs ist, warum lässt er zu, dass im Bekanntenkreis Gerüchte über einen Seitensprung die Runde machen? Du kannst sagen, dass die Ehemänner immer als Letzte Verdacht schöpfen, aber ich glaube nicht, dass es daran liegt.«

»Woran dann?«

»Bagnasacco betrachtet Vaglietti nicht als möglichen Bettrivalen.«

»Wieso nicht? Vaglietti hat Bettgeschichten mit Männern und Frauen, vielleicht mehr mit Frauen als mit Männern.«

»Weil – das ist die Information oder besser gesagt die Indiskretion, die du von mir bekommst und die zu überprüfen du die Möglichkeiten hast – Bianca und Marco nicht nur Cousin und Cousine, sondern wahrscheinlich auch Halbgeschwister sind.«

»Du lieber Himmel! Wie denn das?«

»Ihre Mutter hat ihren Vater sitzen lassen und ist mit ihrem Schwager, also dem Mann der Schwester ihres Mannes, nach Brasilien durchgebrannt. Und anscheinend hatten sie ein Kind miteinander, eben Vaglietti, der damit Biancas Halbbruder mütterlicherseits wäre.«

»Davon wussten wir nichts, es gab keine Hinweise, niemand hat etwas gesagt, dabei haben wir tausend Leute vernommen ...«

»Es ist eben ein gut gehütetes Geheimnis. Vor dreißig Jahren hat man sich nicht im Fernsehen über Familiengeschichten ausgebreitet, man schloss sie in die hinterste Kellerkammer ein und warf den Schlüssel weg.«

»Und wie hast du den Schlüssel gefunden?«

»Eine Freundin. Die sich ihrer Sache nicht sicher ist, das heißt, sie hat keine Beweise, aber sie ist keine Schwätzerin und ich vertraue ihrem Gefühl.«

»Wenn das so ist, kommt die Erpressung wieder ins Spiel.«

»Du meinst, jemand erpresst Bianca, nachdem er entdeckt hat, dass sie und Marco Halbgeschwister sind?«

»Jemand erpresst Bianca, weil sie nicht mit ihrem Cousin, sondern mit ihrem Halbbruder ins Bett geht. Inzest ist auch heute noch nicht salonfähig. Bianca wehrt sich und der Erpresser tötet sie. Taugt als Hypothese, mit Einschränkungen.«

»Jetzt bist du dran.«

»Womit?«

»Ich brauche ein paar Informationen. Zwei oder drei klitzekleine Informatiönchen für meine, die nicht klein ist.«

»Du weißt, dass ich das nicht darf.«

»Dann versuche ich, das Hindernis zu umgehen. Ich stelle dir ein paar Fragen, und du sagst, was du für richtig hältst. Ich werde keinen Gebrauch davon machen, das verspreche ich.«

»Dann fang mal an.«

»Nachdem Bianca das Teppichgeschäft verlassen hat, verlieren sich ihre Spuren, so stand es in der Zeitung. Also kein Taxi und kein Telefonat, nehme ich an. Stimmt's?«

»Ja.«

»Sie geht also zu Fuß zu ihrem Mörder. Kein Zwischenstopp?«

»Einer.«
»Hat sie Geld abgehoben?«
»Nein.«
»Etwas gekauft?«
»Ja.«
»Wo? Was hat sie gekauft?«
»Das ist wieder ein Detail, das nicht stimmig ist. Sie hat bei *Paissa* eine Packung Montecatiner Bargilli-Oblaten gekauft.«
»Mmmhh! Und hat sie sie gegessen?«
»Nein.«
»Das ist tatsächlich merkwürdig. Sie kauft doch für ihren Mörder keine Oblaten, außer sie hat vor, sie wie Giftköder für Hunde zu präparieren. Wo stecken sie?«
»Die Oblaten? Wir haben sie nicht gefunden.«
»Und die Handtasche?«
»Die auch nicht: weder Oblaten noch Tasche noch Handy. Der Mörder hat alles verschwinden lassen.«
»Dann die Geschichte mit dem Terminkalender ...«
»Die haben wir aufgebauscht, um ihn nervös zu machen. Aber es hat nichts gebracht.«
»Weil nichts drinstand oder weil der Mörder nicht nervös wurde?«
»Beides. Du hast gesagt, du wolltest zwei oder drei Informationen, und jetzt hast du schon ein halbes Dutzend.«
»Du übertreibst! Die zweite Frage lautet: Weißt du, ob Bianca am Sonntag etwas Merkwürdiges oder Ungewöhnliches getan hat?«
Er lehnte sich zurück und blickte sie amüsiert an: An seine Schwester dachte er schon eine ganze Weile nicht mehr.
»Wieso bist du nicht Detektivin geworden? Und wieso fragst du mich das?«
»Antwort Nummer eins: weil ich nicht drauf gekom-

men bin. Aber der Job gefällt mir und in meinem nächsten Leben werde ich es mir überlegen. Antwort Nummer zwei: weil am Sonntag nichts im Kalender steht und am Montag auch nicht, ganz im Gegensatz zum Programm der Tage vorher. Ihr Mann ist in Paris und sie ist mutterseelenallein und hat keine Verabredung und keinen Termin.«

»Du willst ja bloß wissen, ob sie den Sonntag mit dem Cousin und Bruder verbracht hat, und redest um den heißen Brei herum, weil du mich austricksen willst.«

»Dich ausgerechnet auf deinem Gebiet austricksen? Das wäre verlorene Liebesmüh.«

»Aber du hast es versucht, gib's zu.«

»Ich geb's zu. Muss ich auch Reue zeigen?«

»Nicht nötig. Ich sag's dir trotzdem, aber nur weil du mir deine Zirkusnummer gezeigt hast. Mit dem Berufsethos ist es sowieso nicht mehr weit her. Sie war nicht mit ihrem Cousin zusammen, sie war den ganzen Tag im Haus, hat lange geschlafen, geduscht, ein bisschen was gegessen; willst du wissen, was sie gegessen hat? Eine Tasse fettarme Milch mit Haferflocken, zwei kleine Scheiben Vollkorntoast und einen Apfel, wie scheußlich, dann hat sie bei Vaglietti angerufen, aber der war nicht zu erreichen, sie hat ihm eine Nachricht auf dem Anrufbeantworter hinterlassen und es auf dem Handy probiert, das jedoch ausgeschaltet war, hat eine Runde im Garten gedreht, ist wieder ins Haus gegangen, hat sich ins Arbeitszimmer zurückgezogen und ist bis zum Abendessen dort geblieben. Aussage der Hausangestellten, die auch am Sonntag Dienst hatten, weil der Gärtner bis abends fort war, schließlich lässt man die Signora nicht allein und die Villa unbewacht. Abends hat sie Reis mit Tomatensauce und ein gegrilltes Paillard mit Radicchiosalat gegessen, das ist nicht scheußlich, aber eine Fastenmahlzeit, dann hat sie lange mit ihrem Mann und zwei Freundinnen telefoniert – interessieren dich die Namen? Eva Orlandini und Fabrizia Daviso –, sie hat sich ein Video angesehen, *Viel Lärm um nichts* von und mit Kenneth Branagh in der englischen Originalversion, und ist ins Bett gegangen. Unverlangte Zusatzinformation, für die mir eine weitere Zirkusnummer zusteht oder für die du dich anderweitig erkenntlich zeigen musst: Vaglietti hat das Wochenende in Montecarlo verbracht, Abfahrt am Samstag gegen zehn Uhr, Ankunft etwa um eins, Mittagessen, Ausruhen und dann Casino, desgleichen am Sonntag. Rückkehr Montag gegen Mittag. Er hat nicht im Hotel geschlafen, weil er den Schlüssel zur Wohnung eines Freundes hat. Alles bestätigt. Da Vaglietti uns suspekt ist, haben wir ihn gehörig in die Mangel genommen und uns die Mühe gemacht, alles zu überprüfen, was er gesagt hat. Bedauerlicherweise, bedauerlich für uns, hat er nicht gelogen.«

»War er an seinem monegassischen Wochenende allein?«

»Sieht so aus.«

»Sieht so aus?«

»Er sagt, er sei allein gewesen. Und wir konnten nicht das Gegenteil beweisen.«

»Magst du noch einen Tee?«

»Nein, danke, es ist schon spät. Ich habe Büro geschwänzt und dann über nichts anderes als Arbeit geredet. Über die Arbeit und meine Schwester. Das hatte ich mir eigentlich anders vorgestellt. Ich rufe dich morgen an, sag nicht Nein.«

»Wie heißt sie?«

»Wer?«

»Deine Schwester.«

»Habe ich das nicht gesagt? Francesca.«

»Ein wunderschöner Name ... Mit so einem Namen schafft sie es sicher.«

Die Wohnung war völlig verlottert. Die Zimmer waren nicht aufgeräumt, die Betten ungemacht, die Spülmaschine nicht geleert, das Abendessen nicht gekocht. Luana hatte am Sonntagabend angerufen, sie müsse ihre gehbehinderte Tante zu einer Kontrolluntersuchung begleiten und komme erst am Nachmittag. Ob das in Ordnung sei? Ja, das sei in Ordnung, sie hatte ihr geglaubt, doch das faule Stück war nicht erschienen, sondern hatte eine unverständliche Nachricht auf dem Anrufbeantworter hinterlassen, die aus Grunzen, Räuspern und Pausen, untermalt von Tramgeräuschen, bestand. Renzo und Livietta kamen spät, nach sieben, und es war noch nichts erledigt.

»Was gibt's zum Abendessen?«

»Noch gar nichts, entschuldige, ich habe gelesen und die Zeit ganz vergessen.«

»Und was hast du gelesen? Telefonbuch, Todesanzeigen, Voodoo-Bücher?«

»Im Wörterbuch.«

»Schon besser. Bei welchem Stichwort bist du denn hängen geblieben?«

»Ich wollte *knöteln* nachschlagen, weil ich nicht mehr wusste, was es bedeutet, aber dann bin ich bei den Knoten hängen geblieben, den Seemannsknoten mit ihren wunderschönen Namen: Räuber-, Schmetterlings-, Diebesknoten, Kurze Trompete, Lange Trompete, Achter, Maurer-, Henker-, Butschlaufenknoten, Dreiteilige Krone, Lerchenkopf ...«

»Die brauchst du natürlich dringend. Hast du vor, dich auf der *Santa Maria* einzuschiffen?«

»Hör auf. Wenn du mich und meine Lektüren nicht erträgst, können wir auch Schluss machen. Du irgendwo, ich irgendwo, das wäre für niemanden das Ende der Welt.«

»Was redest du da?«

Ihr ungewohnt harter und dezidierter Ton hatte ihn überrascht und verunsichert: »Komm her, nimm mich in den Arm, ich habe ja nur Spaß gemacht. Du weißt doch, dass ich ein Griesgram bin, wie alle Genueser.«

»Du bist kein Genueser, du bist ein Afrikaner.«

»Nur aus Versehen. Ich bin ein genuesischer Afropiemonteser. Ist es wieder gut? Komm, wir gehen essen, dann brauchen wir nicht zu kochen, und aufräumen tun wir auch nicht, ist doch egal.«

»Und Livietta?«

»Geht mit, keine Oma heute. Wir spielen heilige Familie, Mutter, Vater, Kind. Jetzt red kein dummes Zeug mehr, du weißt doch, dass ich dich lieb habe.«

Zuneigung, Zärtlichkeit. Was willst du mehr nach zehn Jahren Ehe und zwei Jahren Zusammenleben auf Probe? Fiebernde Sinne, glühende Leidenschaft, die Sehnsucht, Körper und Seele des anderen zu entdecken? Du hast die Vertrautheit des gemeinsamen Bettes, er wärmt deine kalten Füße, sucht dich im Schlaf mit der Hand. Und die Ironie, die Sticheleien sind doch der rote Faden in unserer Beziehung, unsere Art des Zusammenseins und auch der gegenseitigen Wertschätzung. Dieses ganze Gerede von Sex, Sex, Sex. Sex und Schotter, das Duo unserer Zeit, SS, Initialen unseligen Angedenkens. Komm, wir gehen essen und schlafen drüber.

Fünfzehntes Kapitel

Noch ein vertaner Vormittag. Ohne Bombenlegeranruf, doch die Carabinieri waren trotzdem mit großem Pomp angerückt, um eine spektakuläre Demonstration ihrer Effizienz zu liefern.

Bereits im vorherigen Schuljahr war die Direktorin – Madame Buonpeso oder kurz Bipi – darauf hingewiesen worden, dass in der Schule der Drogenhandel blühte, Haschisch, Marihuana und Ecstasy wie an allen Schulen, aber wahrscheinlich auch Heroin – und sie hatte es nicht geglaubt. Madame war eine geniale neapolitanische Philosophin und hatte als geistige Nachfolgerin von Spaventa und Croce eine persönliche Erkenntnistheorie entwickelt, derzufolge die Realität nichts anderes ist als die sinnlich wahrnehmbare Projektion des Interpretationsmusters des Beobachters, und wenn in ihrer Vorstellung Drogen nicht vorgesehen waren, dann gab es an ihrer Schule keine Drogen, Punktum. Siehe Manzonis Don Ferrante und die Pest.

»Ich«, verkündete sie stolz und schob den wogenden Busen vor, »kenne jeden einzelnen meiner Schüler (gelogen, es waren an die tausend) und verbringe Tag für Tag sehr viel Zeit damit, sie in der Schule und im Hof zu beobachten (schon wieder gelogen: Sie sperrte sich meistens in ihr Büro ein – das rote Licht außen an der Tür nahm jedem, der etwas von ihr wollte, den Wind aus den Segeln – und spielte Minesweeper oder surfte durch Heraldik-Seiten), und ich weiß mit *absoluter* Sicherheit, dass es an der Fibonacci-Schule niemals Drogen gegeben hat und niemals, wohlgemerkt *niemals* geben wird.«

Tja.

Die Carabinieri waren kurz nach neun mit Mordsgejaule und Geblinke aufgekreuzt, hatten den lautstark bekundeten Protest der empörten Direktorin ignoriert und mit den bildschönen Drogenhunden mit ihrem glänzenden Fell und den klaren Augen eine pingelige Durchsuchung begonnen. Die Hundeführer waren auch bildschön, kräftige junge Männer, die in ihre Tiere verliebt waren. Klassenzimmer, Flure, Abstellkammern, Klos, alles war gebührend beschnüffelt worden, Bomberjacken, Daunenanoraks und Schultaschen, und dann alle anwesenden Personen, demokratischerweise inklusive Lehrer, Hausmeister, Sekretärinnen und Techniker, und vielleicht auch Bipi, die in ihr Entsetzen eingepanzert im Erdgeschoss saß. Verfolgt von besorgten Blicken und bleichen Gesichtern hatten die Hunde ein Dutzend Mal Witterung aufgenommen und das Zeug war zum Vorschein gekommen: das, was man erwartet, und das, was man befürchtet hatte, dazu überraschenderweise die eine oder andere Dosis Kokain. Ausgerechnet Kokain, den Stoff für Sprösslinge aus gutem Hause, für die Snobs und Püppchen aus den Villen, hätte man in den Taschen dieser abgerissenen Jugendlichen, die sofort jammern und sich die Haare raufen, wenn du ihnen ein Buch für zehntausend Lire ans Herz legst, nicht erwartet.

Was zu diesem demonstrativen Akt der Carabinieri geführt hatte, war ein Rätsel, man vermutete dahinter das Drängen einer wachsamen Mutter, denkbar war auch, dass jemand leichtsinnigerweise in einer nahen Bar den Mund zu voll genommen oder dass Mancuso die Initiative ergriffen hatte, der Sportlehrer des B-Kurses, der, entgegen Woody Allens Theorie – wer nichts kann, der unterrichtet, und wer nicht unterrichten kann, wird Sportlehrer –, intelligent und pragmatisch und mit gesundem Menschenverstand begabt war; schließlich erlebte er die Schüler in der ungezwungenen Atmosphäre der Turnhalle und des Umkleideraumes und hatte vielleicht Alarm geschlagen.

Mitten in diesem lärmenden Durcheinander von Hunden, Carabinieri, Lehrern, Schülern, weggeräumten Pulten, Bänken, Stühlen und beschnupperten Klamotten hatte Hausmeister Altissimo, ein melancholischer Faulpelz, sich ihr vorsichtig und mit verschwörerischer Miene genähert, seinen ganzen Mut zusammengenommen und ihr eine Mappe voller maschinengeschriebener Blätter gereicht: Es waren seine Gedichte, und wenn Sie, Si-si-signora (er stotterte), sie le-le-lesen wollen, wä-wä-wäre das wi-wi-wirklich nett von Ihnen. Das war ein echter Beweis seiner Wertschätzung, da konnte man nicht Nein sagen.

Unten hatte sich Madame inzwischen ans Telefon gehängt und schnauzte jeden an, den sie an die Strippe bekam, Schulamt, Sekretärinnen von Abgeordneten in Stadt, Provinz und Region, Carabinieri, ihren Mann: Sie wollte diese Schmach, die Verletzung des Zufluchtsrechts, des guten Namens der Schule, *ihrer* Schule, der in den Dreck gezogen wurde, einfach nicht hinnehmen, und die banale Bemerkung, dass ganz schön viel Stoff gefunden worden sei, ging völlig an ihr vorüber.

Wie man tags darauf erfuhr, hatten die Carabinieri gewusst, dass sie fündig werden würden: Sie hatten einen Dealer aus der Gegend im Visier gehabt und beobachtet, als er zwei hochaufgeschossene Jungs mit Schultaschen bediente, die danach in die Schule gegangen waren (um halb neun, und die von Madame liebenswürdig bestätigte Entschuldigung lautete, die Tram sei nicht gekommen). Schnelle Festnahme des Dealers, Kontaktaufnahme mit der hundefreundlichen Abteilung, verschiedene Ermächtigungen und dann der Einfall in der Schule, um den Zögernden wenigstens einen Schreck einzujagen und Mütter wie Väter daran zu erinnern, dass es zur Beruhigung des Gewissens nicht genügt, ihren Kindern echte oder nachgemachte Nike- und Prada-Klamotten zu kaufen.

An normalen Unterricht war danach nicht mehr zu denken, also konnte man vom allgemeinen Gefühlsaufruhr profitieren und ein paar fast eschatologische, aber nicht allzu moralinsaure Fragen stellen, um dem Kern des Problems vielleicht auf die Spur zu kommen, der schlicht und ergreifend folgendermaßen lautete: Was, meine armen verwirrten und verunsicherten Kinder, wollt ihr aus eurem Leben machen?

Gegen Mittag ein Psychodrama im Lehrerzimmer: Schwächeanfälle einer Sopranistin simulierend, äußerte die Direktorin immer noch ihre Empörung, ein paar Aushilfslehrer versuchten, sich mit bestürztem Kopfschütteln bei ihr einzuschleimen und vor allem ertönte aristotelischer Logik, Galileo und Newton zum Trotz ein Chor von Unschuldsengeln – Unschuldsengeln, die ihres Zeichens Lehrer waren –, die mit Ursache und Wirkung herumstümperten, das Vorher und das Nachher verwechselten und wohl nie Räuber und Gendarm gespielt hatten.

»Eine Schande, so eine Schande!«, jammerte die Jannello, ein Mauerblümchen, für das es nur Familie, Schule und die sieben Zwerge gab. »Stellt euch mal vor, was die armen Kinder heute Nacht für Albträume haben ...«

»Jetzt hör aber auf«, fuhr sie ihr dazwischen, »an Albträumen stirbt man nicht, an Heroin schon.«

Damit hatte sie eine weitere Feindin, aber Mancuso und noch ein paar Kollegen nickten schweigend.

Jedenfalls hatte das Schuljahr gefährlich begonnen: eine ermordete Kollegin, ein Dutzend festgenommene Schüler, fehlte nur noch, dass der Heizkessel in die Luft flog oder jemand Hepatitis bekam, dann würden sich sowohl das Ansehen der Schule als auch die an die Schülerzahl geknüpften Gehaltszulagen von Madame in Luft auflösen.

Nach der Schule fuhr sie mit der Tram rasch zur Post, um ein Paket abzuholen, was tags zuvor zu erledigen sich niemand die Mühe gemacht hatte: Sie selbst war den ganzen Vormittag und einen Großteil des Nachmittags nicht da gewesen, Luana hatte blaugemacht und die Pförtnerin hatte nach eigener Aussage die Treppen putzen und den Hof fegen müssen, aber wahrscheinlich hatte sie sich aus der Pförtnerloge in ihre Küche verzogen, um sich die Karten zu legen und den Kaffeesatz zu studieren, das I-Ging und die Glaskugel zu befragen, per Zauberei Liebesbande zu knüpfen oder zu lösen, und all das unter dem wohlwollenden Blick von Padre Pio auf dem Kalenderblatt, als Gipsstatue und auf zwei phosphoreszierenden Bildern. In der Tram, die halb leer war, was selten vorkam, aber wie immer nach Sportschuhen und Schweiß auf Acryl stank, rannten zwei kleine Kinder herum und ein paar Damen gaben Perlen der Weisheit von sich:

»Diese Kinder sind wirklich schrecklich.«

»Aber schlimm, wenn es keine gäbe.«

»Sie dürften aber nicht stören.«

»Die Eltern sind schuld, wenn sie es nicht lernen.«

Die Mutter, mit langen Locken und Säugling im Tragesack, sah sie mit kühlem Insektenforscherblick an.

Das Paket kam, wie befürchtet, von ihrer Cousine Romilda aus Harare (Zimbabwe) und enthielt drei dicke, von selbiger verfasste Romane. Nachdem sie ihre überschwängliche Kreativität in den unterschiedlichsten Bereichen – Gartenbau, Regenwürmerzucht, einfallsreich überflüssige und/oder sperrige handgefertigte Objekte – ausgelebt hatte, war die Cousine im Zuge der Wechseljahre schließlich bei der Literatur gelandet und so spuckte sie jährlich ein halbes Dutzend Romanmanuskripte aus, die sie alle halbe Jahre sämtlichen nahen und entfernten Verwandten sehr zu deren Freude als Präsent verehrte. Da sie mit den Löwen und Diamanten von Wilbur Smith nicht mithalten konnte, hatte sie sich auf Pornogeschichten (wahrscheinlich war sie auf dem Gebiet vage bewandert) spezialisiert, die entwaffnend plump gerieten: *Ihre Münder fanden sich, erst zögernd, doch sehr bald wurden sie in einen Strudel der Leidenschaft gezogen. Dann drang Alan mit wildem Ungestüm in sie ein, als wäre der Urtrieb des Mannes plötzlich in ihm erwacht, und Brenda, stöhnend vor ungeahnter Lust, flüsterte: ›Du bist ein wahrer Mann.‹* Sie musste jede fünfte Seite lesen, um in den Weihnachtsferien, wenn die Cousine, mit Ethno-Tand behängt, zu den Familientreffen in die Heimat zurückkehrte, die unvermeidliche Prüfung zu bestehen, während Renzo lapidar erklärte, er lese keine Romane.

Heute ist der Tag der unveröffentlichten Werke, seufzte sie, legte die drei Bände beiseite (bis Weihnachten waren es noch fast zwei Monate) und nahm die Gedichte von Altissimo zur Hand, der sie bestimmt am nächsten Morgen am Schulportal abpassen würde. Morgendämmerungen, Sonnenuntergänge, Himmel in Frühling, Sommer, Herbst und Winter und in der Übergangszeit, Sonne, Regen, Nebel und Wind, ein Meteorologenrepertoire mit Hang zu einer Art Tarzansprache: Was soll ich dem denn morgen sagen, wie kann ich mich da rauslavieren, ohne ihn zu kränken? Auch ein Vorrat an Verschwommenheiten und Euphemismen hat seine Grenzen.

Dann klingelte in einer Tour das Telefon.

Luana hatte mit ihrer Mutter gestritten: »War doch nicht meine Schuld, dass ich gestern nicht kommen konnte, meine Tante wurde dann doch nicht untersucht und ich musste noch Formulare für die Krankenversicherung ausfüllen, ich habe sie aus der Telefonzelle angerufen, aber Ihre Mutter hat mich heute Morgen beschimpft, Sie müssen Ihrer Mutter mal sagen, dass sie nicht so wütend werden soll, ich hab ja alles erledigt und die Wohnung ist in Ordnung, das haben Sie doch selber gesehen.«

Ihre Mutter war Rommee spielen gegangen, wich aber von ihrer Version der Ereignisse nicht ab: »Zu meiner Zeit wäre so eine auf der Stelle entlassen worden, erst kommt sie nicht und dann stellt sie auch noch Ansprüche und fängt an zu motzen, dass ich mich nicht einmischen soll, wie hältst du die nur aus, wie kannst du da nichts sagen, die kann doch nicht so mit dir umspringen, ich begreife einfach nicht, in was für einer Welt du lebst.«

Ginotta lud sie für Allerheiligen ein: »Dich, Mann, Kind und Hund, der Himmel steh uns bei, aber wehe, du erzählst Diego was von dieser Geschichte, und nochmal danke, dass du mir aus der Patsche geholfen hast.«

Gaetano rief aus der Basse di Stura an, und vor lauter Empfangsstörungen und Nebengeräuschen klang es, als riefe er aus Sibirien an.

»Wieder ein Verbrechen, zwei entstellte Leichen in einem gestohlenen Lieferwagen. Sieht ganz nach Mafia aus, der unsrigen, der albanischen oder der ukrainischen, das kann man jetzt noch nicht sagen. Meine Kollegen sind alle krank, die verdammte Grippewelle ist dieses Jahr früher als sonst, den Fall habe ich also auch noch am Hals. Keine Ahnung, wie lange es hier noch dauert, der Rechtsmediziner ist noch nicht fertig, die Spurensicherung auch nicht und der Staatsanwalt braucht ewig. Ich würde dich so gern sehen, passt es dir morgen?«

»Nein, ich habe eine Sonderkonferenz, die dauert sicher lange. Heute Morgen haben die Carabinieri Drogen gefunden und morgen werden wir darüber diskutieren, bis es uns zu den Ohren raushängt. Aber ich lade dich für Donnerstag zum Abendessen ein.«

»Zum Abendessen?«

»Ja, bei mir. Dann siehst du mich in meiner häuslichen Umgebung, lernst meinen Mann und meine Tochter kennen und wir vergessen beide mal die Fantasien, die wir vielleicht haben. Nein, lass mich ausreden, sonst kann ich das nicht erklären. Ich bin vierzig Jahre alt, habe einen Mann, den ich liebe und der mich liebt, und ich mag keine krummen Touren. Komm zum Essen und lass uns unsere Bekanntschaft in andere Bahnen lenken: Wir sind beide erwachsen und schaffen das.«

Verlegenes oder erstauntes Schweigen am anderen Ende. Oder war die Verbindung weg?

»Gaetano, hörst du mich? Sag Ja, lass uns nicht lang herumreden.«

»In Ordnung. Um wie viel Uhr?«

»Das Essen? Passt dir halb neun?«

»Klar. Ohne Veilchen, nehme ich an.«

»Ohne Veilchen. Wenn du es schaffst, früher zu kommen, ich meine, bevor die anderen Gäste kommen, können wir neue Details besprechen.«

»Hast du wieder Bombenenthüllungen?«

»Weiß ich noch nicht, könnte sein. Und du?«

»Weiß ich noch nicht, könnte sein.«

»Warum äffst du mich nach?«

»Weil du mich trotz allem aufmunterst.«

Auch das war geschafft. Zwei Fliegen mit einer Klappe: Ich habe eine gefährliche Angelegenheit erledigt und zu telefonieren gelernt. Vielleicht dank der Empfangsstörungen.

Schließlich Florianas Anruf. Am Samstag, sagte sie, habe sie erfolglos herumtelefoniert, einer sei nicht da gewesen, ein anderer wisse nichts, wieder ein anderer sei mit einem Kunden beschäftigt gewesen, sonntags werde nicht gearbeitet und montags seien viele Galerien geschlossen, doch an diesem Morgen: Bingo! Sie habe Lino Calauzzi erreicht – er habe sich für das Wochenende in seine Berghütte verkrochen, wo das Handy nicht funktioniere –, lange um den heißen Brei herumgeredet, und nach zwanzigminütigem Abschweifen und halben Versprechen für Aufträge habe sie erfahren: Ja, er habe einen Capogrossi von 53 kopiert, eins fünfzig auf zwei Meter, rote und schwarze Gabeln auf weißem Grund, im Auftrag der Eigentümer. Renzo habe wirklich Adleraugen, lautete Florianas Kommentar, und sie musste zustimmen. Die Arbeit sei Ende Juli ausgeführt worden, die Leute hätten ihn ziemlich gedrängt, weil sie in Urlaub fahren wollten. Er habe nicht direkt mit Signor Bagnasacco verhandelt, auch nicht mit der Signora – die Ärmste, was für ein schreckliches Ende –, sondern mit dem Cousin, ihrem Berater und Faktotum in Sachen Gemälde, sie kenne ihn bestimmt. Natürlich kenne sie ihn, er verstehe wirklich etwas davon, er habe im Auftrag seiner Kunden schöne Arbeiten bei ihr gekauft und so weiter. Nach dem Gespräch mit Calauzzi habe auch sie mehr wissen wollen, berufliche Neugier, verflixt nochmal: Die Bagnasaccos ließen ihren schönen Capogrossi kopieren, hängten die Kopie auf und gäben sie (zumindest er) als echt aus, aber wo steckte das Original? Sie habe nochmal herumtelefoniert und schließlich Oreste Masera auf dem Handy erreicht, einen römischen Gauner, der wie so viele von mehr oder weniger sauberen Tricks im Dunstkreis von Malern, Kunstkritikern, Professoren und Galerien lebe, sie habe wieder um den heißen Brei herumgeredet – eine halbe Stunde am Handy, das gebe eine gesalzene Rechnung, aber es habe sich gelohnt – und: Wieder bingo! Der fragliche Capogrossi sei Anfang August tatsächlich in Rom verkauft worden, und zwar an Alfio Caruana vom *Open Space,* und auch wenn das Bild eine ganze Weile im Lager bleibe, sei das schon in Ordnung, denn der Preis sei mehr als günstig gewesen. Der Eigentümer habe es mit dem Verkauf offenbar eilig gehabt und sicher kein gutes Geschäft gemacht, der Galerist jedoch schon. Von dem Manzoni indes keine Spur. Wenn Renzo Recht habe – und da sei sie sicher, nachdem er bei dem Capogrossi ins Schwarze getroffen habe –, sei wohl auch der Manzoni kopiert und dann verkauft worden, aber sie habe keine Ahnung wann und wo. Jedenfalls hätten sich die Bagnasaccos schon sehr merkwürdig benommen: Sie hätten überstürzt und mit Millionenverlust ein museumswürdiges Gemälde verkauft, ohne dass sie, zumindest dem Anschein nach, finanzielle Probleme gehabt hätten. Sie bedaure es, dass sie nichts davon gewusst habe, gern hätte sie selbst das Geschäft gemacht anstelle dieses ordinären Widerlings von Caruana mit seinen Goldarmbändern und Kruzifixen am Hals.

»Aber Bagnasacco hält seinen Capogrossi immer noch für echt«, erinnerte sie Floriana, »sonst würde er ihn nicht so toll finden und immer wieder beglückt anschauen.«

»Und merkt nicht, dass es eine Kopie ist?«, polterte Floriana los. »Und dieser Banause will Kunstsammler sein? Ich dürfte das ja nicht sagen, aber wenn sie Bilder kaufen, nur um was an die Wand zu hängen, und Schund nicht von einem Meisterwerk unterscheiden können, dann verdienen sie es, beschissen zu werden.«

»Wir müssen dem armen Kerl mildernde Umstände zugestehen. Der Tod seiner Frau zum Beispiel.«

»Mildernde Umstände, so viel du willst, aber man ist doch als Witwer nicht plötzlich blind! Renzo ist auf den ersten Blick aufgefallen, dass das Bild nicht echt ist, und der guckt jeden Tag hin und merkt nichts?«

»Vielleicht merkt er eben deshalb nichts, weil er immer hinguckt: Er schaut es an, sieht es aber nicht.«

»Er ist und bleibt ein Banause.«

Und mit dieser kategorischen Feststellung hatte sie das Gespräch beendet, auch weil gerade ein potenzieller Käufer für einen Mainolfi in die Galerie kam, der – vielleicht – kein Banause war.

Sechzehntes Kapitel

Renzo freut sich riesig, als ich ihm die Geschichte mit dem Capogrossi erzähle, er heuchelt nicht wohlerzogenes Desinteresse oder die souveräne Nachsicht des allwissenden Connaisseurs, sondern sagt vielmehr: Erzähl, erzähl richtig, und will von Anfang bis Ende alles haargenau wissen. Und als ich – zum dritten Mal – wiederhole, dass Floriana ihn zu seinem Adlerblick beglückwünscht, strahlt er wie ein Kind, das endlich gelernt hat, Kaugummiblasen zu machen.

»Magst du einen Aperitif? Campari? Punt e Mes?«, schlägt er großzügig vor.

»Lieber Wein, einen schönen kühlen Arneis.«

»Und ein paar Scheiben Salami, am Küchentisch. Livietta will bei der Oma essen, was meinst du, sollen wir sie lassen?«

»Wenn sie unbedingt will …«

»Wirklich rätselhaft. Er lässt ein Bild kopieren, verkauft das Original und gibt das falsche für echt aus, das ergibt doch keinen Sinn.«

»Ich glaube, doch.«

»Welchen denn?«

»Es ergibt einen Sinn, wenn wir von einer anderen Voraussetzung ausgehen. Bagnasacco weiß nicht, dass der Capogrossi kopiert wurde, er weiß nicht, dass er verkauft wurde, er glaubt, das Original hängt an der Wand, und er bewundert das Bild und lässt es glückstrahlend bewundern. So passt alles zusammen, aber Floriana hat Recht, er hat keinen blassen Schimmer von Kunst, er hätte nicht zu Cremona und da Milano greifen sollen, sondern zu den weinenden Clowns und den Katzen mit den Wollknäueln.«

»Seine Frau und der Cousin haben das Bild ohne sein Wissen verkauft …, ja, das könnte hinkommen. Angenommen, er ist auf Geschäftsreise und sie nehmen heimlich, still und leise das Bild ab, lassen es kopieren und machen es zu Geld. Sie prellen ihn um mindestens dreihundert Millionen.«

»Er ist nicht auf Geschäftsreise, sie nehmen das Bild nicht heimlich, still und leise ab. Das Personal ist da, er könnte früher als geplant zurückkommen, sie dürfen kein Risiko eingehen.«

»Wie dann?«

»Der Rahmen, der bei Palmieri gekaufte Rahmen, erinnerst du dich? Bagnasacco sagte, er hätte ihn austauschen lassen, weil ihm der alte nicht gefiel. Das ist der richtige Zeitpunkt, um das Bild zu stehlen. Ende Juli, bevor sie in Urlaub fahren.«

»Und was haben Cousin und Cousine mit der Beute gemacht? Fifty-fifty oder hat er nur das Kleingeld gekriegt?«

»Ab da wird es kompliziert. Soll ich weiterreden oder kochen wir jetzt?«

»Red weiter, ich habe Blut geleckt. Zwei heimlich kopierte und verkaufte Gemälde: Das wäre Stoff für einen guten Krimi. Das Abendessen hat Zeit.«

»Ich glaube, dass die beiden auch eine Bettgeschichte miteinander hatten.«

»Nur weil sie hinter dem Rücken des Ehemannes gemauschelt haben?«

»Deshalb und aus anderen Gründen. Wenn ich nur sicher wüsste, ob er das gleiche oder ein ähnliches Tattoo wie Bianca hat … Und noch etwas weißt du nicht: Nach Elisas Meinung bestehen zwischen den beiden noch engere Bande, sie sind Halbgeschwister mütterlicherseits.«

Renzo fällt aus allen Wolken: Um sich wieder zu fangen, schenkt er Wein nach, schneidet noch mehr Salami auf und holt auch eine Tüte Oliven, während sie ihm die Geschichte erklärt.

»Wieso hast du nichts davon erzählt?«

»Weil du die Nase gerümpft und jedes Mal, wenn ich die DL, ob nun tot oder lebendig, erwähnt habe, von meiner Paranoia angefangen hast.«

»Na ja, schon ..., aber jetzt ist das was anderes. Was sie mit der Kohle wohl gemacht haben?«

»Der Cousin spielt um hohe Summen, er war auch an dem Wochenende vor dem Mord in Montecarlo und dort die ganze Zeit im Casino.«

»Woher weißt du das?«

»Von Commissario Berardi, der den Fall bearbeitet. Apropos, ich habe ihn Donnerstag zum Abendessen eingeladen.«

»Halt, halt, Moment. Du kriegst vertrauliche Informationen von der Polizei, lädst einen Commissario zum Essen ein ... Gibt's sonst noch was, was ich wissen sollte?«

»Bloß Kleinigkeiten. Und du könntest mir helfen, die eine oder andere zu klären.«

»Zum Beispiel?«

»Zum Beispiel die Sache mit dem Rahmen. In Krimis ist die Überprüfung der zeitlichen Abläufe fundamental wichtig. Wenn der Rahmen von dem Capogrossi tatsächlich Ende Juli ausgetauscht wurde, wüsste ich, ob ich Recht habe oder nicht.«

»Soll ich Gianni Palmieri anrufen?«

»Genau. Er verdankt dir doch eine Menge Kunden, da kann er ruhig mal aus dem Nähkästchen plaudern. Mein Gott, dieses Geratsche! Und stell den Lautsprecher an, ich will mithören.«

Doch bevor er am Telefon ist, klingelt es. Sie nimmt ab. Es ist Sara, die sich sogleich in Entschuldigungen wegen der Störung ergeht:

»Ihr esst doch hoffentlich nicht gerade, ich kann später nochmal anrufen, sag's nur, wenn ich störe, ich bin immer zu Hause und ...«

»Hör doch auf, Sara, du störst überhaupt nicht. Wie geht's dir?«

»Mir geht's gut, danke, aber Gilda nicht.«

»Was hat sie denn?«

»Eine verletzte Pfote. Heute früh ist sie im Valentino von so einem grässlichen Hund gebissen worden.«

»Warum gehst du mit dem armen Tier denn immer noch in den Park?«

»Ich soll laufen, das weißt du doch.«

»Du schon, aber dem Hund hat das niemand verordnet. Lass sie vor dem Haus eine kurze Runde drehen, vor allem jetzt, wo es kalt wird.«

»Und ich?«

»Du? Du kannst zu Fuß zur Arbeit gehen, dann hast du auch deinen Marsch und sparst dir das Gedrängel in der Tram oder das Geld für den Parkplatz.«

»Aber der Smog ...«

»Sara, red doch bitte keinen Unsinn. Smog ist überall, auch im Park, und Smog ist immer noch besser als das, was dir im Valentino zustoßen kann.«

»Meinst du? Ich überleg's mir mal. Ich rufe an, weil ich fragen wollte, ob die Einladung für Donnerstag immer noch steht ...«

»Klar.«

»... und ich wollte dir auch sagen, dass ich Gilda nicht mitbringe, sie soll sich lieber ein bisschen ausruhen und ihre Pfote schonen. Außerdem hätte ich noch was für dich, aber ich weiß nicht, ob es dich interessiert.«

»Was denn?«

»Es geht um diesen Arnuffi. Na ja, ich hab mich noch ein bisschen weiter umgehört, die werden denken, ich wäre in ihn verknallt, aber das ist mir egal, bei der RAI lästern sie ja schon, wenn einer niest, jedenfalls wollte ich dir sagen: Er hat ein Tattoo über dem linken Handgelenk.«

»Ein Tattoo! Was denn für eins? Adler, Drachen, Pfeil ...?«

»Nein, nein, eine Art farbiges Armband.«

»Bist du sicher?«

»Ich habe es nicht gesehen, ein Techniker hat es mir beschrieben, das ist doch ein komisches Motiv für einen Mann ...«

Ein tätowiertes Armband über dem linken Handgelenk. Wenn Vaglietti das gleiche Tattoo hat, verkompliziert sich die Sache, dann wird sie zu einer Dreiecksgeschichte und man muss herausfinden, wer die zentrale Person ist, Bianca, Marco oder Ugo, falls es überhaupt einen Mittelpunkt gibt und die Paare nicht wechseln. Aber ich neige zu ...

»Wer ist dieser Arnuffi?«, erkundigt sich Renzo, während er Palmieris Nummer wählt.

»Ich erzähl's dir nachher, ruf erst an.«

Renzo ruft an, spinnt zur Begründung seiner Bitte eine raffinierte Geschichte zusammen, und die Antwort – nach einem raschen Blick in den Computer – lautet, der Rahmen sei Ende Juli gekauft worden, Vaglietti habe das Bild mit seinem Auto ins Geschäft und wieder zurück transportiert.

Dann habe ich doch Recht, denkt sie, während sie erklärt, wer Arnuffi ist, was er in Turin macht, wie und wann sie festgestellt hat, welches Parfum er benutzt: Ende Juli wickelt das Cousin-und-Cousinen-vielleicht-

Halbgeschwister-vielleicht-Liebespaar den Betrug mit dem Bild ab, weil die beiden Geld brauchen, vielleicht braucht auch nur er Geld, weil er Spielschulden hat und ihm das Wasser bis zum Hals steht. Vielleicht sind auch Wucherer im Spiel; wenn du dir mit der Rückzahlung zu viel Zeit lässt und sie den Eindruck haben, dass du nicht zahlen willst, machen sie dich fertig, sie lassen dich erst mal von richtigen Profis verprügeln, und wenn du dann immer noch nicht spurst und sie zu der Überzeugung kommen, dass du das Geld tatsächlich nicht hast, lassen sie dich umlegen, ein Hinterhalt vor dem Haus, ein paar Pistolenschüsse, wenn du nachts heimkommst, dann versucht niemand mehr, sie zu bescheißen. Und Bianca, die Marco nichts abschlägt, weil sie ihn liebt oder verrückt nach ihm ist, redet ihrem Mann ein, der Capogrossi-Rahmen sei hässlich – er erdrückt das Bild, er macht es zunichte, man sollte ihn auswechseln, Marco kann sich doch darum kümmern, er kennt sich aus, das ist schließlich sein Beruf. Wir können uns auf ihn verlassen.

Die Aktion hat garantiert in keiner Bank Spuren hinterlassen: Auslandskonten, Briefkastenfirmen und bis zum Dusseligwerden hin und her indossierte Schecks, diese Leute sind gewieft und haben scharenweise abgebrühte Steuerberater und Rechtsanwälte, die so manchen Durchschlupf schmieren und Hindernisse umgehen. Bleibt jedoch Caruana, der römische Galerist, der zwar ein gutes Geschäft gemacht hat, sich aber mittlerweile als die Schwachstelle herausstellt: Wenn die Polizei auf ihn kommt – vorausgesetzt, der Capogrossi hat etwas mit dem Verbrechen zu tun –, wie will er den Kauf dann rechtfertigen? Er kann schließlich nicht sagen, er habe bar gezahlt, es handelt sich ja nicht um ein Päckchen Butter. Und warum Bianca umbringen, wenn die Schuld beglichen ist? Ein Mord ist immer riskant und ist ohne echtes

Motiv sinnlos, Wucherer haben zwar eine miesere Moral als Kakerlaken, aber sie besitzen eine präzise Vorstellung von wirtschaftlichen Zusammenhängen, sie töten nicht die Person, die zahlt und vielleicht weiterhin zahlt, sie drehen dem Huhn, das goldene Eier legt, nicht den Hals um.

Das passt nicht, das passt überhaupt nicht. Bleibt die Spur mit der Erpressung, doch wie viele Hindernisse auch hier! Die mutmaßlichen Erpresser hätten die verwandtschaftliche Beziehung zwischen Bianca und Marco kennen, konkrete Beweise für ein intimes Verhältnis haben müssen, Fotos, Kassetten, Videos, objektive, hieb- und stichfeste Unterlagen, durch die Biancas Ehe ruiniert und alle miteinander in den Dreck gezogen worden wären. Aber die beiden traten immer als Cousin und Cousine auf, vermieden jedes Getue und Liebesbezeugungen in der Öffentlichkeit, schützten ihre Beziehung mit einer undurchdringlichen Mauer. Also kein Hotel, wenn sie miteinander schlafen wollten, und schon gar nicht ihr Haus, nicht nur wegen eines kleinen Rests von Anstand gegenüber dem Ehemann, sondern weil man der Dienerschaft nicht so leicht etwas vormachen kann: Zerknüllte Laken und der unverwechselbare Beischlafgeruch sprechen für sich, es reicht nicht, Kissen aufzuschütteln, Decken glatt zu streichen und Fenster zu öffnen, um die Spuren zu verwischen. Bleibt also nur seine Wohnung, ein Junggeselle hat keine Vollzeithaushälterin, ihm genügt eine Hilfe jeden zweiten Vormittag, sagen wir von neun bis eins, und nachmittags ist die Wohnung leer und frei, er kann Besucher und Besucherinnen empfangen und der Haushaltshilfe brauchen die Spuren seines Liebeslebens weder peinlich zu sein noch muss sie sie anstößig finden, er ist schließlich jung, Menschenskind, er kann sich doch vergnügen, mit wem er will. Sie fährt mit ihrem

Geländewagen oder einem weniger auffälligen Kleinwagen in die Stadt, parkt vier oder fünf Häuserblocks entfernt, nie zweimal an derselben Stelle, stopft die Parkuhr mit Münzen voll, um keinen Strafzettel zu riskieren, besser zu viel als zu wenig, unternimmt ein paar Ablenkungsmanöver – kauft etwas ein, geht in eine Bar –, um einen zufällig getroffenen Bekannten abzuschütteln und zugleich das Verlangen zu schüren, dann schlüpft sie durch die anvisierte Haustür, steigt die Treppen hinauf oder nimmt den Aufzug, klingelt, geht hinein und wirft sich ihm in die Arme. Oft genug im Film gesehen. Konzentrieren wir uns auf die Details: Ist die Haustür offen oder zu, hat das Haus eine Pförtnerloge? Wenn die Tür offen ist, vermeidet man die heikle Situation, vor der Sprechanlage warten zu müssen, bevor die Tür aufspringt, aber es gibt bestimmt eine Pförtnerin oder einen Pförtner und damit wird's richtig brenzlig. Gut wäre eines dieser Häuser mit Kanzleien und Arztpraxen, Versicherungsagenturen, Export-Import-Büros, die Tür steht offen und es gibt zwar einen Pförtner, aber der weiß nicht, ob du zur Akupunktur gehst oder deine Scheidung in die Wege leiten willst, du bist eine von vielen, die kommen und gehen, ohne um eine Auskunft zu bitten, du läufst schnell und wirkst, als kenntest du dich aus. Allerdings ist Bianca eine schöne Frau und fällt auf, vor allem wenn sie regelmäßig kommt, und es besteht immer die winzige Gefahr, dass der Pförtner die beiden zusammen an einem anderen Ort sieht, auch Pförtner büchsen manchmal aus. Nein, optimal wäre etwas anderes: Ein kürzlich renoviertes schönes Haus in der Altstadt, ein Haus, in dem die Leute hinter massiven Nussbaumtüren ihr eigenes Leben leben, die Eingangstür öffnet sich, sobald sie davor steht, denn er hat vom Fenster aus schon nach ihr gespäht, oder, noch besser, sie hat ihn fünf Schritte vorher rasch mit dem Handy angerufen. Oder, noch einfacher, sie hat einen Schlüssel.

Ein Loft ginge auch, die Gegend um den Blumenmarkt ist voller alter Gebäude und Werkstätten, die man in schicke Wohnungen umgewandelt hat, ideal für einen Raumausstatter, der mit einer ungewöhnlichen Raumaufteilung und der Kombination von nicht zusammenpassenden Stücken zeigen kann, was er auf dem Kasten hat, Kinostühle statt Sofas, Neonschriftzüge anstelle von Lampen, Metzgertheke als Arbeitsfläche.

Das ist leicht zu überprüfen, wieso hatte sie nicht längst daran gedacht?

»Was machst du mit dem Telefonbuch?«

»Ich suche Vagliettis Adresse. Vaglica, Vaglienti, Vaglietti, da ist er ja, Via Stampatori, Altstadt, die Straße war früher mal das letzte Drecksloch, jetzt ist sie ein Juwel, ein schöner Platz zum Wohnen. Sein römischer Freund wohnt auch in der Altstadt, hier in dem Hotel in der Via San Domenico, in Rom in Trastevere, in der Via della Cisterna.«

»Hat das etwas zu bedeuten?«

»Es bedeutet, dass sie einen ähnlichen Geschmack haben. Es bedeutet auch, dass Bianca es nur ein paar Schritte von der Schule zur Wohnung ihres Cousins hatte, und damit ist auch klar, warum sie an die Fibonacci versetzt werden wollte, worauf niemand versessen ist.«

»So viele Teilchen passen zusammen, ergeben aber kein Puzzle.«

»Die Polizei ist auch noch nicht weiter. Der Mörder war geschickt oder hatte Glück, oder beides.«

Geschick und Glück: das Paar, das hinter jedem Erfolg steckt. Du beschließt, einen Mord zu begehen, und entwirfst ein detailliertes Drehbuch zu dem Unternehmen, beschließt die Modalitäten, legst die Sequenzen fest, schreitest zur Tat, vernichtest die Indizien oder reduzierst sie auf ein Minimum. Das Entscheidende ist der Ort, denn von ihm hängt die Wahl der Waffe ab. Bianca wurde in einem geschlossenen Raum getötet, in einer Wohnung oder einem Auto, denn im Freien kannst du eine Pistole benützen oder ein Messer oder auch einen Pflasterstein, den demonstrierende Hausbesetzer liegen gelassen haben, aber du kannst dein Opfer nicht an einer Kreuzung oder unter den Arkaden erwürgen, denn die Prozedur erfordert eine gewisse Zeit. Die Gleichgültigkeit in den Großstädten hat ihre Grenzen, und in Turin hat die Kultur des Nichtsehens und Nichthörens zwar Wurzeln geschlagen, aber wie ein Amazonasurwald gedeiht sie noch nicht. Eine Wohnung garantiert Ungestörtheit und Bewegungsfreiheit, bringt allerdings die Unannehmlichkeit mit sich, dass man die Leiche bis zu einem Transportmittel, einem Auto oder einem Lieferwagen, schaffen und dann an einem geeigneten Platz abladen muss. Das Danach ist im Auto einfacher, dafür ist das Vorher schwieriger, du kannst wegen der Enge nicht aus dem richtigen Winkel agieren, du kannst nicht auf den Überraschungseffekt bauen. Bianca hat sich bestimmt gewehrt, sie hat sich gewunden, um sich geschlagen und gekratzt, sie hat versucht, sich mit der Kraft der Verzweiflung und ihrer trainierten Muskeln zu retten: Der Mord muss an einem abgelegenen Ort verübt worden sein, am äußersten Stadtrand, in den Hügeln oder auf dem Land. Sie sitzen im Auto, er am Steuer und sie auf dem Beifahrersitz, sie streiten, dass die Fetzen fliegen, er hält an, packt sie an der Gurgel und drückt zu: Die Sequenz ist nicht schlüssig. Oder der Mörder schlägt, wie in *Der Pate* und tausend anderen Mafiafilmen, von der Rückbank aus zu, während der Fahrer und Komplize kuppelt, schaltet und beschleunigt, als wäre nichts geschehen, aber das passt auch nicht, denn dieses Verbrechen trägt nicht die Handschrift der Mafia.

Also in einer Wohnung, und in die ist Bianca gleich nach der Auswahl des Teppichs und dem Kauf der Montecatini-Oblaten gegangen. Die kein belangloses Detail sind: Ob sie nun für sie selbst gedacht waren oder als Geschenk für die Person, die sie treffen wollte, sie weisen jedenfalls auf eine gewisse Unbeschwertheit hin, und ich hatte doch das glatte Gegenteil vermutet, als Bianca das Gespräch mit Gina verweigerte.

Vielleicht kann man die Geschichte auch ganz anders schreiben.

Bianca hat am Samstag lauter Termine, aber am Sonntag hat sie frei, sie schläft lange und versucht, Marco anzurufen, aber sie erreicht ihn nicht und das Handy bleibt stumm, der Tag zieht sich hin und wird langweilig und unangenehme Gedanken schleichen sich ein – warum ruft er nicht an, wo ist er, mit wem ist er zusammen – und am nächsten Tag sind die Gedanken voller Wut und Schmerz, sie hat weder Lust, mit dieser blöden Nachbarin zu reden, noch sich mit deren Straßenkötern zu befassen, aber dann ruft er an und sagt: Ja, natürlich würde er sie abholen und wie ausgemacht mit ihr zu *Alì Babà* fahren, und er hat haufenweise beruhigende Erklärungen parat, die sie nicht ganz, aber fast überzeugen, und als sie auflegt, ist sie wieder gut oder zumindest besser gelaunt, und die Montecatini-Oblaten passen ausgezeichnet.

Doch dann schlägt – unerwartet – das Schicksal zu.

Siebzehntes Kapitel

Gaetano war kurz nach halb neun gekommen, ohne die unerwünschten Veilchen, aber mit einer neutralen und harmlosen Flasche Whisky, die für alle Gelegenheiten passt. Er entschuldigt sich als Erstes für die Verspätung – ich komme gerade erst von der Arbeit –, und noch bevor das Miteinanderbekanntmachen losgeht, hat ihn Livietta, die aufgeregt auf ihn gewartet hatte, schon in Beschlag genommen.

»Bist du wirklich Polizist?«

»Ja, wirklich.«

»Dann musst du eine Pistole haben, zeigst du mir die mal?«

»Jetzt trage ich keine bei mir.«

»Das glaub ich nicht. Du hast gesagt, dass du von der Arbeit kommst, dann musst du eine dabeihaben, du kannst sie ja nicht im Auto lassen, das ist zu gefährlich.«

Gaetano ergibt sich der Logik, knöpft das Jackett auf, zieht die Pistole aus dem Schulterholster und zeigt sie Livietta, die sie, Hände hinter dem Rücken, sehr aufmerksam betrachtet.

»Neunmillimeter Beretta«, stellt sie selbstbewusst fest.

»Woher weißt du das?«, fragt die Mutter besorgt.

»Von Kevin.«

»Kevin?«

»Er sitzt jetzt neben mir, die Lehrerin hat ihn da hingesetzt.«

»Aber der hat dich doch immer verhauen!«

»Das war mal. Seit ich ihn mit dem Schuh gehauen habe, ist er nett zu mir. Er sammelt Waffenhefte und zeigt sie mir, die Beretta ist eine Automatische und schießt acht Schüsse. Und in der Pause spielen wir miteinander.«

»Was denn? Krieg?«

»Nein, Hund. Er ist auf allen vieren und spielt den Hund, und ich führe ihn an der Leine spazieren.«

»O Gott, und Masoch hat sie noch gar nicht gelesen ...«, seufzt Renzo.

»Ich finde das kein gutes Spiel«, sagt die Mutter oberlehrerinnenhaft, »vor allem für Kevin nicht.«

»Warum? Er findet's schön. Er ist dumm, Mama, er kann bloß zuschlagen oder Hund spielen. Da find ich den Hund immer noch besser.«

Diskutiere nie mit Livietta, sie nimmt kein Blatt vor den Mund, pfeift auf tröstliche Heuchelei und hat eine darwinistische Lebenseinstellung. Gaetano lächelt und sagt:

»Sie ähnelt dir in manchem.«

Renzo sieht ihn fragend an, doch dann beeilt er sich, die Gäste miteinander bekannt zu machen. Namen und Nachnamen und ein paar minimale berufliche Details, Stefano ist Fotograf, Amalia Ärztin in der Molinette-Klinik, Giulia und Achille bauen in den Langhe Wein an – netterweise verkaufen sie ihn uns zum Selbstkostenpreis, sonst würden wir ihn nur selten trinken –, Sara arbeitet bei der RAI, Gaetano war von Livietta bereits vorgestellt worden. Es war gar nicht so einfach, die Runde zusammenzustellen, nicht weil sie zu spät eingeladen hätte, sondern weil sie den Abend nach den Regeln des guten Tons gestalten wollte, ich kann nicht Sara und Gaetano und dazu zwei Pärchen einladen, das sähe nach Verkuppeln aus und wäre peinlich für die beiden, zwei weitere Singles müssen her, ein Mann und eine Frau, und dann noch ein Paar, so stimmt der soziologische Durchschnitt und die Leute von *CENSIS* sind zufrieden. Am Ende war die Wahl auf Stefano gefallen, der gerade eine mit Zähnen und Klauen erkämpfte Scheidung hinter sich hatte (die Exgattin war als Fernsehpsychologin Expertin für unbewusste Motive, angefangen bei Clintons Oralsex bis hin zu den Furunkeln ihrer Tante, und kein Mensch weinte ihr nach), und auf Amalia mit ihrer Vorliebe für lockere Affären, die ihrer Arbeit und ihrer Leidenschaft für Pferde nicht in die Quere kamen. Auch das Gespräch bei Tisch folgt den Regeln des guten Tons, keiner fällt dem anderen ins Wort: Achille und Giulia erklären anhand einer Abhandlung über die Rotweine des Piemont den Unterschied zwischen traditionell hergestellten und Barrique-Weinen, Amalia spricht sich gegen lebensverlängernde Maßnahmen aus, Stefano beklagt die Zerstörung der Landschaft aufgrund unsinniger Gesetze und/oder mangelnder Kontrolle; Sara schweigt, nickt aber freundlich, alle loben die *dunderet al Castelmagno* und die gebratene Lammkeule, Gaetano befriedigt Liviettas Neugier, die schon vorher gegessen hat und eigentlich ins Bett sollte, ihm aber Löcher in den Bauch fragt (hast du schon mal jemand erschossen? Verprügelt ihr die Mörder richtig, wenn ihr sie verhaftet? warum nicht? das funktioniert, echt), sie wechselt Teller und Besteck, deckt ab, serviert den Nachtisch und versucht den Redefluss ihrer Tochter zu stoppen. Renzo ist nicht so gesprächig und spitzzüngig wie sonst, verstohlen scheint er den neuen Gast zu mustern, doch dann springt der Funke über – das gemeinsame Interesse für afrikanische Stammeskunst – und es entspinnt sich ein angeregtes Gespräch über die Masken der Kuba, die Malerei im Königspalast von Gàwiro, die verzierten Trommeln der Moshi, die beiden vereinbaren den Austausch von Büchern, Gott sei Dank gibt es keinen Diaprojektor. Sie fühlt sich irgendwie ausgeschlossen, findet das aber besser so, dann gibt es kein

Geflenne und keinen Trübsinn, ich habe doch gesagt, nein, ist nicht, ich will nicht in die Gefühlsduselei der Illustrierten, der Fragen-Sie-Contessa-Clara-Nachfolgerinnen abrutschen, man braucht die Geschichte nur umzudrehen und positiv zu sehen: Einer dieser beiden Männer ist mein Ehemann und der andere hat ein paar Gedanken an mich verschwendet, was will ich mehr? Und mitten in bemalte Kürbisse und Hähne mit Schlangenkopf platzt Sara hinein, die sich, wie die anderen übrigens auch, vorübergehend langweilt:

»Hat dir meine Spionage was genützt?«

Gaetano verstummt, sieht beide fragend an und wartet auf eine Antwort, Renzo versucht vom Thema abzulenken und redet hastig von befiederten Kopfbedeckungen, die anderen werden neugierig, weil sie sofort begriffen haben, dass Sara den falschen Knopf gedrückt hat.

»Sehr sogar«, antwortet sie, »wenn meine Putzfrau jetzt anruft und sich krankmeldet, weiß ich, wo sie ist, und muss mir keine Sorgen machen.«

Sara macht den Mund auf, um etwas zu erwidern – sie hat manchmal eine lange Leitung –, doch sie kommt ihr zuvor: »Wer mag einen Espresso?«

Alle wollen einen – verflixt, da muss sie zweimal Kaffee kochen –, dafür hat Sara begriffen, dass sie ihre Neugier noch im Zaum halten muss, und die Unterhaltung wendet sich überraschend einem Thema zu, das alle einbezieht, den Orten der Erinnerung, Orten, die sich uns eingeprägt haben, von denen wir jedoch nicht wissen, ob sie noch existieren oder ob sie, wenn sie noch existieren, unserer Erinnerung entsprechen. Giulia erzählt, wie Tropea war, bevor es zugebaut wurde; Achille von einer verqualmten und nach Zigarren stinkenden Osteria in Alba, an den Wänden zwei blau umrandete weiße Emailschilder – *Auf den Boden spucken verboten* –, und die Gäste spuckten gehorsam in die Spucknäpfe oder in ihr Taschentuch; Amalia lässt den Innenhof ihrer Kindheit lebendig werden, einen Hof wie in *Azzurro* mit Gras zwischen den Kieseln und Scharen von Katzen zwischen den Tontöpfen; Sara berichtet von der Höhle der hundert Seile in den Hügeln zwischen Finale Ligure und Borgio Verezzi; die Höhle mündet in einen Spalt, der bis ans Meer reicht und in dem die Menschen früher während der Raubzüge sich selbst oder ihre Sachen an hundert Seilen in Sicherheit brachten.

»Würdest du sie wiederfinden?«, fragt Stefano.

»Ich glaube schon, obwohl das fast dreißig Jahre her ist.«

»Sollen wir zusammen hinfahren?«

»Wenn du willst ...«

»Passt es dir am Sonntag, diesen Sonntag?«

Sie macht sofort einen Rückzieher. »Also eigentlich ...«

»Ich bin doch nicht Blaubart, die hier anwesenden Personen können mich guten Gewissens empfehlen. Außerdem habe ich gerade eine Scheidung hinter mir und keinerlei Absichten.«

»Ich habe zweieinhalb Scheidungen hinter mir und noch weniger Absichten.«

»Wie macht man das, zweieinhalb Scheidungen?«, erkundigt sich Amalia.

»Man wird von einem beschissenen Lebensgefährten sitzen gelassen, der auch noch alles klaut, was nicht nietund nagelfest ist.«

»Und was hast du dann getan?«

»Ich? Nichts.«

»Du hättest ihm zwei Gorillas schicken können, die ihm die Arme oder die Beine brechen.«

»Das Bein habe ich mir gebrochen, und du siehst ja, wie mich ein Kollege von dir zugerichtet hat.«

»Du hast doch hoffentlich Schadensersatz verlangt.«
»Nein.«
»Dann ist dir nicht zu helfen. Wenn du deine Kehle hinhältst, findet sich sofort einer, der sie durchschneidet.«
»Heißt das, dass man zurückhauen soll, wenn man gehauen wird?«, mischt sich Livietta ein.
»Klar, so fest du kannst«, bestätigt Amalia.
»Ich find's richtig, aber meine Mama findet das nicht so gut. Was sagst du dazu, Gaetano?«
Gaetano weiß nicht, was er dazu sagen soll, er hat noch nie einem kleinen Mädchen Unterricht in Staatsbürgerkunde erteilt und zieht sich aus der Affäre: »Verteidigung ist erlaubt, aber man sollte es nicht übertreiben.«
»Also eine Ohrfeige für eine Ohrfeige und ein Boxhieb für einen Boxhieb?«
»So etwa.«
»Wenn mir einer eine runterhaut und ich hau ihm auch eine runter, dann sind wir quitt, aber das ist ungerecht, weil der andere hat angefangen. Es ist gerecht, wenn ich ihm zwei oder drei runterhaue, dann vergeht's ihm. Oder ich hau ihm nur eine runter, aber eine, die sich gewaschen hat.«
»Solltest du nicht allmählich ins Bett gehen?«, schlägt die Mutter vor.
»Bitte nicht, Mama, bloß noch ganz kurz. Was ist, Sara, fährst du jetzt mit Stefano?«
Sara steht mit dem Rücken zur Wand und sagt Ja, aber sie weiß nicht, wo sie Gilda unterbringen soll, Gilda tut immer noch die Pfote weh, und sie kann nicht in den Hügeln von Finale herumklettern und bei der Kälte auch nicht die ganze Zeit im Auto bleiben; ich nehme sie, sagt sie und sieht einen Sonntag voller Hunde und Kinder auf sich zukommen, aber was tut man nicht alles für eine Freundin.
Gegen Mitternacht brechen nacheinander alle auf, zu-

erst Achille und Giulia, die in ihre Weinberge zurückkehren müssen, dann Amalia, die um acht Uhr Dienst hat, Sara und Stefano gehen kurz darauf, nachdem sie noch den Sonntag besprochen haben – Gilda bringe ich dir um halb acht, geht das in Ordnung oder ist es dir zu früh?, – das ist überhaupt nicht in Ordnung, aber sie muss Ja sagen, und so bleibt nur noch Gaetano da, Livietta hat sich nach heftigem Widerstand und unter Androhung einer Ohrfeige um elf verzogen.

Sie geht sofort *in medias res*. »Hast du seinen Hemdsärmel jetzt aufgeknöpft oder nicht?«

Gaetano versucht erst gar nicht, auszuweichen oder die übliche Schweigepflicht vorzuschieben, und bejaht, Vaglietti habe auch ein Tattoo, das gleiche wie Bianca:

»Du hattest tatsächlich Recht, wir haben ihn nochmal in die Mangel genommen, aber er verteidigt sich gut, er sagt, sie hätten sich vor zwei Jahren tätowieren lassen, als sie gemeinsam Urlaub auf Ischia machten, er, sie und ihr Mann, es war eine Art Spiel, eine Kinderei, mehr nicht.«

»Und hat Bagnasacco das bestätigt?«

»Hat er, er war zwar nicht begeistert, fand das aber kein Verbrechen.«

»Der sieht ein Verbrechen nicht mal, wenn es vor seiner Nase verübt wird.«

»Wie meinst du das?«

»Sie haben ihn mit den Bildern beschissen und er hat nichts gemerkt. Warte, ich erklär's dir.«

Mit Renzos Hilfe, der die Ausführungen bestätigt, erklärt sie ihm die Geschichte mit dem Manzoni und vor allem mit dem Capogrossi, der Spuren glänzend wie Schneckenschleim hinter sich gelassen hat.

»Warum hast du nichts davon gesagt?«, fragt er, während er Namen, Maße, Beschreibung und Schätzwert notiert.

»Weil ich mir nicht sicher war. Weil es nicht unbedingt etwas mit der Tat zu tun haben muss. Weil mir klar ist, dass ich zu viel geschnüffelt habe. Aber sie wurde umgebracht, und wer sie umgebracht hat, darf nicht ungeschoren davonkommen.«

»Er wird nicht ungeschoren davonkommen. Wir sind dicht an ihm dran.«

Wir sind dicht an ihm dran: Dieser Satz sollte sie am Einschlafen hindern. Gaetano hatte weiter nichts gesagt, und sie hatte die zweite Frage für sich behalten, die Frage, die wie ein Champagnerkorken aus ihr herauszuschießen drohte – sind sie nun Halbgeschwister oder nicht? – und die doch aufgeschoben werden musste, weil er schon gesagt hatte, was er sagen durfte, und noch ein bisschen mehr. Die beiden Männer tranken ein letztes Gläschen Grappa, und sie guckte sich, um ihre Neugier in Schach zu halten, die Verwüstung an, die sechs wenn auch wohlerzogene Gäste bei einem gemeinsamen Festmahl anrichten können: überquellende Aschenbecher, Gläser an den unmöglichsten Stellen, Krümel aller Art auf Teppichen, Sofa und Sesseln, ganz zu schweigen von dem Stoß Teller, die gründlich vorgespült werden mussten, bevor sie der unfähigen Spülmaschine in den Rachen geworfen wurden. Um die Gläser kümmerte sie sich lieber selbst *in toto*, spülen, trocknen und wegräumen, sonst zerschlug Luana noch ein Glas – es ist von selber runtergefallen, Signora, ein Riesenlaster ist vorbeigefahren, das ganze Haus hat gezittert und das Glas ist runtergefallen. Renzo würde sich bestimmt darauf beschränken, die Fenster zu öffnen – ich lüfte mal kurz, ja? –, und sich dann von der Bildfläche schleichen, außer sie blätterte im feministischen *cahier de doléances* und zwang ihn, ihr zu helfen. Mühsam war es allemal.

Gaetano verabschiedet sich auch und macht sich auf

den Weg, beladen mit dem Katalog einer Ausstellung im Brooklyn Museum über Power Sculpture und einem verstaubten Schinken über weiß der Himmel was, Renzo begleitet ihn bis an die Treppe, kommt wieder herein, verriegelt die Tür und sagt:

»Nicht übel, dein Polizistenfreund. Ich lüfte mal kurz, ja?«

Schön, wie reich an Überraschungen das Eheleben immer wieder ist. Sie kümmert sich um die Gläser, leert die Aschenbecher, räumt die Spülmaschine ein, sieht rasch nach Livietta, geht kurz ins Bad, und als sie zu ihm ins Schlafzimmer kommt, zappt er mit der Fernbedienung zwischen zwei Programmen hin und her, um gleichzeitig einen Dokumentarfilm über die Antarktis und ein Mina-Konzert von vor dreißig Jahren sehen zu können.

»Danke für die Hilfe«, brummt sie, als sie unter die Decke schlüpft und ihm demonstrativ den Rücken zukehrt. Er hat begriffen, woher der Wind weht, schaltet sofort den Fernseher aus, küsst sie auf die Schulter und wünscht ihr eine gute Nacht.

Aber sie kann nicht einschlafen. Was heißt ›wir sind dicht an ihm dran‹? Ist endlich die Schwachstelle gefunden, bei der man den Hebel ansetzen kann, um die Ermittlungen auf die richtige Spur zu bringen? Geschick und Glück. Der Mörder war geschickt, hat aber auch Glück gehabt, denn normalerweise genügt ein winziges Detail, ein unvorhersehbarer Zufall, und schon bricht das beste Konzept in sich zusammen: Eine Frau schließt sich in ihre Wohnung ein und wirft, während sie die Fensterläden schließt, einen Blick auf die Straße; ein alter Mann mit Prostatabeschwerden steht mitten in der Nacht auf und hört, während er seinen widerspenstigen Pimmel ausquetscht, ein seltsames Geräusch; ein Mann und eine Frau, die sich unter Küssen und Streicheln voneinander lösen, sehen und sehen doch nicht, dass jemand an einem Wagen zugange ist, was ihnen später wieder einfällt. Der Flügelschlag eines Schmetterlings verursacht in der anderen Hemisphäre einen Orkan. Es ist unmöglich, sämtliche Variablen unter Kontrolle zu haben, und ein ungesühntes Verbrechen ist zur Hälfte ein Kind des Glücks.

Aber wer, wo, wie, warum? Sie sind dicht an ihm dran, weil das ihr Job ist und sie die dazu notwendigen Mittel haben, und ich grüble hier vor mich hin, bemühe meine Freundinnen, backe Kuchen, und alles, was ich zu Tage befördert habe, sind zwei periphere Geschichten, die vielleicht gar nichts mit dem Fall zu tun haben und mich und wahrscheinlich auch die Polizei nur Zeit kosten. Und doch lag ich richtig mit dem Tattoo, und die Polizei hatte keinen Gedanken daran verschwendet. Ich kann nicht einschlafen, dann kann ich genauso gut aufstehen, zu viel geredet, zu viel geraucht, zu viel Aufregung gehabt.

Sie stand vorsichtig auf und bewegte sich im Dunkeln, um niemanden zu wecken, doch der Dackel gesellte sich sofort zu ihr und winselte vor Freude und Ungeduld: Hat dein blödes Herrchen sogar vergessen, mit dir rauszugehen? Musst du mal? Sag Ja oder Nein: Und der Hund sagte Ja. Sie zog fluchend eine warme Jacke über den Morgenmantel und ging in Schlappen hinunter, ohne Potti an die Leine zu nehmen, mach, wo du willst, und wenn du kackst, dann sammle ich die Kacke heute Nacht nicht ein, ich lasse sie liegen wie alle anderen auch, um die Zeit ist bestimmt kein Polizist unterwegs. Zurück in der Wohnung, war sie noch wacher als vorher, und sie beschloss, ihren klaren Kopf und die nächtliche Stille auszunutzen und sich ihrem Gedankenwurm zu widmen.

Sie nahm die Kopie des Kalenders, das Heft, in das sie sorgfältig alle gesammelten Informationen eingetragen hatte, Vagliettis Visitenkarte, das Telefonbuch und den

Stadtplan und setzte sich an den Schreibtisch, auf dem Schoß den Hund, der sie wärmte, Zigaretten in Reichweite. Sie las und las wieder von vorn, blätterte, malte Wege in den kleinen Stadtplan des Zentrums, Ausschnitt 17, 18 und 22, überprüfte Adressen und Telefonnummern und stieß schließlich auf ein Detail, das ihr entgangen war.

»Ich bin auch dicht an dir dran, du Mörderschwein«, frohlockte sie im Stillen.

Achtzehntes Kapitel

Am Sonntagmorgen um halb acht liefert Sara Gilda ab. Das Hündchen soll nicht unter dem Exil leiden und ist mit allem erdenklichen Komfort ausgerüstet – Futter- und Wassernapf, Hackfleischbällchen, Steppdecke – und Frauchen ist ausgerüstet wie für eine Trekking-Tour in Patagonien. Hoffentlich macht ihr Bein nicht schlapp, denkt sie mit einem kleinen Stich ins Herz und überlässt Gilda Potti, der sich ritterlich ihrer annimmt, indem er sie zu besteigen versucht. Sara schaut zum Glück woandershin, sie entschuldigt sich in einem fort für frühere, gegenwärtige und zukünftige Störungen, sie muss Sara beruhigen und ihr geduldig gut zureden, keine Sorge, Gilda stört mich nicht, genieß doch du den Tag, das Wetter lässt sich gut an, in Ligurien scheint wahrscheinlich die Sonne, und wenn ihr so gern in Höhlen geht, könnt ihr doch noch nach Toirano fahren und die dortigen Höhlen besichtigen, inklusive Fußspuren des *ursus speleus*. Sara bricht unter einer Dankesflut auf, und sie selbst stellt fest, dass Gildas Anwesenheit so schmerzlos nicht an ihr vorübergehen wird, denn die beiden Tiere tollen schon wie verrückt herum, Potti greift an und Gilda reißt humpelnd vor ihm aus, sie werfen Teppiche auf, verrücken Stühle, springen mit wirbelnden Haaren auf das Sofa und hüpfen wieder herunter, nachmittags kommen Caterina und Alice zum Spielen, dann ist das Chaos komplett. Macht nichts, besser so, tröstet sie sich in Gedanken an die geschniegelte Ordnung im Hause Bagnasacco ohne Hunde, ohne Kinder, aber vom Tod heimgesucht und in Zukunft wahrscheinlich vom Schmutz der Enthüllungen befleckt. Aber ich bin doch nicht so dicht an dem Mörder dran, überlegt sie und denkt an die Erregung von Donnerstagabend, als sie sich für eine Stardetektivin, eine weibliche Mixtur aus Poirot, Wolfe und Vance gehalten und mit einem Gläschen Grappa ganz allein auf ihren Erfolg getrunken hatte, was ihr sogleich die ersten Anzeichen von Kopfschmerzen bescherte. Intuition, besonders wenn sie so aus der Luft gegriffen ist, genügt nicht, um einen Verbrecher dingfest zu machen, und wenn ich erst mal denke, dass er vorhatte zu … und sie glaubte, dass …, knüpfe ich an die Heldentaten meines Landsmanns Michele Ghislieri alias Pius V., des heiligen Pius V., an, der die Gedanken von Ketzern, Hexen, Lutheranern, Hugenotten und Juden lesen konnte und sie aufgrund seiner Intuition und im Namen Gottes seelenruhig auf den Scheiterhaufen schickte. Ich brauche Beweise, ich habe keine Beweise und kann gar keine haben, und mit dieser Telefonnummer, auf der ich mein Anklagekonzept – wie die Gerichtsberichterstattung das nennt – aufgebaut habe, kann ich mir … Auch mein Lokaltermin am Freitag – Via dei Mercanti, Piazza San Carlo, Via Stampatori –, um die Stationen persönlich in Augenschein zu nehmen und den jeweiligen Zeitaufwand zu messen, war völlig überflüssig und sinnlos. Überflüssig und sinnlos hinsichtlich der Tat, aber immerhin habe ich die Zeit darüber vergessen und bin zu spät in die Schule gekommen, deutlich zu spät, sodass Madame Buonpeso und ihre gedungenen Handlanger begriffen haben, wie sehr mir ihre idiotischen Konferenzen am Herzen liegen, und wenn sie mir Vorwürfe machen oder eine schriftliche Rüge erteilen will, soll sie doch, dann sage ich ihr endlich mal gehörig Bescheid und teile der zuständigen Stelle meine Meinung mit. Das wird natürlich nichts nützen, aber Madame wird vier oder fünf Tage lang ein bisschen Schiss haben und sich nicht als die große Macherin fühlen. Was die Sonderkonferenz vom Mittwoch angeht, wollen wir ein Auge zudrücken und uns um Verständnis bemühen – die Carabinieri waren da gewesen, hatten Drogen gefunden und ein Dutzend Schüler mitgenommen –, da musste man dem Ereignis mit flammenden Reden feierlich die bösen Geister austreiben und in Selbstmitleid zerfließen und mit Walt-Disney-inspirierten Beiträgen über die schlimmen Zeiten jammern. Dauer: drei Stunden und fünfundvierzig Minuten. Aber erst die Konferenz am Freitag! Tagesordnung: *Suche nach Öffentlichkeits- und Werbestrategien zur Steigerung der Schülerzahlen. Vorschläge und Möglichkeiten der Umsetzung.* Anstatt Klassenarbeiten zu korrigieren, Unterricht vorzubereiten, *ragù* zu kochen oder ins Allerheiligen-Wochenende zu starten, spielen wir Werbefritzen, einer ist Texter, ein anderer Artdirector, erfinden mit vereinten Kräften einen Slogan und planen eine Kampagne. Nicht dass uns das Unternehmen schrecken würde, heutzutage sind die öffentlichen Verkehrsmittel mit Sprüchen wie *Nimm den Bus! Finde dich selbst* tapeziert. So schwer ist es nicht, etwas Besseres zu Stande zu bringen als der Kreativling, der sich diesen Slogan ausgedacht und bestimmt noch nie in der Hauptverkehrszeit in einem Bus oder einer Tram gesessen hat, von wegen Selbstfindung, die Passagiere ärgern sich über die Warterei und das Gedrängel und sehen aus wie Irrenhäusler aus der Zeit vor Basaglia oder als würden sie einem gleich die Gurgel durchschneiden. Dazwischen brabbeln ein paar Alte vor sich hin, Teenies schütteln ihre Mähne oder fahren sich mit den Fingern durch die Haare und verteilen Schuppen auf die Umsitzenden. Zur Steigerung der Schülerzahl, dem Hauptziel einer jeden Schule wie für Supermärkte und Autosalons die Kundengewinnung, ist nicht etwa eine bessere Betreuung vonnöten, man braucht die Schüler nur mit Werbung über den Tisch zu ziehen, also setzt man Drei-für-zwei-Angebote in die Zeitungen – autogenes Training, Urdukurse und Didgeridoounterricht –, verteilt Krimskrams – Schlüsselanhänger, Bleistiftspitzer, Aufkleber mit dem Namen der Schule – und organisiert Veranstaltungen mit so genannten Fachleuten inklusive Empfang mit süßen Teilchen und Salzgebäck, die so genannte Verwaltungsautonomie und der unachtsame Steuerzahler machen's möglich.

Um halb neun – Potti und Gilda haben eine Verschnaufpause eingeschoben und liegen nebeneinander, die Wohnung ist still, sie liest die *Stampa* und trinkt ihren zweiten Espresso – klingelt das Telefon.

»Entschuldige, dass ich so früh anrufe, aber ich weiß ja, dass du schon auf bist«, sagt Gaetano, »und ich wollte es dir vorab sagen. Wir haben es geschafft, der Fall ist gelöst. Näheres erfährst du morgen in den Nachrichten und aus der Presse.«

»Lass mich raten. Ugo Arnuffi.«

Schweigen. Dann, nach ein paar Sekunden:

»Wie bist du darauf gekommen?«

»Mit einer Telefonnummer und meiner Nase. Und ihr?«

»Mit einer Telefonnummer, besser gesagt dank eines abgehörten Telefongesprächs aus Montecarlo. Ich erzähl dir alles, wenn wir uns sehen, ich bin seit Freitag auf den Beinen und kann nicht mehr.«

»Magst du heute Abend zum Essen kommen? Nur wir drei und die Kleine. Oder nach dem Essen auf einen Espresso, was dir lieber ist.«

»Zum Essen, ich habe seit Donnerstagabend nur belegte Brötchen gegessen. Ist neun zu spät?«

»Nein, wunderbar, ich kann es gar nicht erwarten.«

»Ich hab's gewusst! Ich hab's gewusst!«, jubelt sie und

würde am liebsten Renzo aufwecken und ihn an ihrem Erfolg teilhaben lassen, doch dann überlegt sie es sich anders und beschließt, ihm die Neuigkeit beim Frühstück mitzuteilen, sie hofft darauf, dass er dann vor Staunen mit offenem Mund dasitzt, die Hand mit dem Toast auf halber Höhe. Es gibt noch so vieles, was ich nicht weiß, Gaetano wird es mir erklären, jetzt unterliegt er nicht mehr der Schweigepflicht, Weiteres erfahre ich dann aus den Zeitungen, die in dieser Geschichte herumwühlen und seitenweise über finstere und heikle Details berichten werden. Und während sie daran denkt, wird ihr klar, dass die zerstörerische Kraft des Mordes nicht erschöpft ist, dass die Gewalt eines Augenblicks der Wut ein Leben zunichte gemacht und für immer das Leben anderer gezeichnet hat. Bagnasaccos Leben, das seines Vaters und seiner Mutter, das Leben der Eltern und Verwandten des Mörders, des Mörders selbst, das Leben von Vagliettis Tante. Die finsteren Details zur Befriedigung der allgemeinen Neugier, auch ihrer eigenen, die Intimität von Sehnsüchten, Leidenschaften und Schwächen durchstöbert, zerwühlt und präsentiert wie der Inhalt eines Müllsacks, den ein streunender Hund zerrissen hat. Arme Bianca. Alle sind arm, außer vielleicht Vaglietti, dieses Schwein, er hat den Mord zwar nicht begangen, aber den Mörder, wenn auch ohne es zu wollen, zu seiner Tat angestiftet.

Bianca ist eingeschnappt und nervös, weil er am Sonntag nicht angerufen hat; als sie zusammen in die Stadt fahren, kann sie sich nicht beherrschen und fährt ihn wütend an oder macht bissige Bemerkungen, und er versucht, sie zu beruhigen, ja, ich war in Montecarlo, du weißt, dass ich es nicht lange ohne Spieltisch aushalte, aber glaub mir, ich war allein, und ich habe nur nicht angerufen, weil ich nicht wollte, dass du dich sorgst, ich habe sogar gewonnen, nicht viel, aber immerhin gewonnen, diesmal ist es gut gelaufen, lass uns doch den Abend zusammen verbringen … Sie will ihm ja glauben, aber es gelingt ihr nicht, und sie kann auch nicht immer nachgeben und alles akzeptieren, Lügen, Eskapaden, Freundinnen und Freunde, die in seinem Bett ein und aus gehen. Nach dem Teppichkauf macht sie sich allein auf den Weg, diesmal soll er hinter ihr her telefonieren, darauf bestehen, sie wiederzusehen, sie wird ein Taxi nehmen, nach Hause fahren und sich am Telefon verleugnen lassen. Doch noch bevor sie die Piazza Castello erreicht, noch bevor sie ins Taxi steigt, das ihr das Leben gerettet hätte, hat sie es schon bereut, er kann der Spielleidenschaft nicht widerstehen und sie kann ihm nicht widerstehen, sie hat ihm längst verziehen und empfindet Schuldgefühle wegen ihrer Worte, ihrer Kälte und ihres Misstrauens. Sie wird nicht in das Geschäft zurückgehen, sondern auf nette, liebevolle Weise Frieden mit ihm schließen, sie geht auf dem kürzesten Weg in die Via Roma, bleibt hin und wieder vor einem schönen Schaufenster stehen und kauft dann an der Piazza San Carlo eine Packung Oblaten der Konditorei *Bargilli* aus Montecatini, die leicht und brüchig wie Hostien, aber nach einem raffinierten alten Rezept gefüllt sind. Guter Dinge verlässt sie das Geschäft, kein Groll beschwert sie mehr, und sie geht rasch in die Via Stampatori, denn wenn er nach Hause kommt, soll er die Schachtel auf seinem Schreibtisch vorfinden, die Wut ist verraucht und alles ist wie vorher, wie immer. Sie öffnet die Haustür, fährt im Aufzug hoch, steckt den Schlüssel ins Schloss, eine halbe Umdrehung nur, Marco ist so zerstreut, früher oder später hat er die Einbrecher im Haus, sogar das Licht im Wohnzimmer hat er angelassen, lächelt sie in sich hinein. Dann beschleicht sie ein Zweifel, den sie gar nicht zu Ende denken kann, denn eine Tür geht auf, die Tür vom Bad oder auch vom Schlafzimmer, und ein Unbekannter steht vor ihr, der sich bewegt, als wäre er hier zu Hause, und sie fragt: Wer sind Sie, was machen Sie hier, wer hat Sie hereingelassen ...?

Was dann geschieht, weiß ich nicht, ich kann mir die folgende Szene nicht vorstellen, sie sind zwei kultivierte Erwachsene, doch ihr Verhalten ist brutal und primitiv, Jahrhunderte und Aberjahrhunderte von Zivilisation fallen ab wie eine trockene Kruste, die Zügel der Vernunft hängen plötzlich durch, und der Instinkt, den Feind zu vernichten, taucht auf aus dem dunklen Verlies, in dem er begraben war. Aber was haben sie, bevor sie sich aufeinander stürzen, bevor der physische Kontakt mit dem Körper des Rivalen den letzten Funken Selbstbeherrschung löscht, einander so Unverzeihliches und Kränkendes und Grausames gesagt, dass es nicht zu ertragen war? Dann ist sie tot, die Gesichtszüge sind verzerrt, sie ist eine Sache geworden, man kann nicht zurück, auf Replay drücken und das Band anhalten, bevor geschieht, was geschehen ist, man kann die Szene auch nicht anders drehen, denn das ist kein Film oder Hörspiel, und alles ist endgültig.

Sie hat Biancas vom Tod entstelltes Gesicht den ganzen Tag vor Augen: Die Konturen des Bildes sind mal klar, mal verschwommen, aber immer präsent. Und doch fühlt sie sich abends um neun nicht erschöpft, nicht mal müde. Sie ist zeitig aufgestanden, hat keinen Mittagsschlaf gehalten, die Hunde sind fast den ganzen Tag durch die Wohnung getobt – immer um sie herum –, Caterina und Alice haben überall Spielsachen verteilt und ihr knatschig in den Ohren gelegen, sie wollten zum Abendessen bleiben, ihre Mutter ist dreimal raufgekommen und hat ihr Vorwürfe gemacht, weil sie sie nicht auf den Friedhof begleitet hat.

»Ich geh morgen mit dir, Mama.«
»Morgen ist Montag, und da ist der Friedhof geschlossen.«
»Dann gehen wir eben am Dienstag, ist doch egal, oder?«
»Nein, das ist nicht egal. Allerseelen ist heute, nicht am Dienstag.«
Aber ...
Aber Renzo hat mittags und abends beim Kochen geholfen, Livietta hat resolut ihre Freundinnen verabschiedet und dann ganz von allein alle Spielsachen eingesammelt und das Wohnzimmer aufgeräumt, und Sara sah fröhlich und entspannt aus, als sie Gilda abholte.
»Hast du die Höhle gefunden?«
»Ja, ich habe ein gutes Ortsgedächtnis.«
»Wie ist sie? So wie du dich erinnert hast?«
»Nicht ganz. Aber Stefano hat sie gefallen, und er hat jede Menge Fotos gemacht.«
»Wart ihr auch in Toirano?«
»Nein, das Wetter war so schön, und wir hatten keine Lust auf weitere Höhlenbesuche. Wir sind bis zum Pian dei Cesti und dann runter nach Verezzi gelaufen, wo wir in der *Osteria delle Chiese* gegessen haben, im Freien, stell dir vor, und das im November! Dann habe ich ihm Verezzi und Finalborgo gezeigt, er war zwar in Indien, Japan, Indonesien und auf den Philippinen, aber Verezzi und Finalborgo hat er noch nie gesehen. Jetzt muss ich los, er wartet im Auto.«
»Dann lass ihn warten. Heute Abend in den Nachrichten hörst du was über Arnuffi.«
»Wie das?«
»Er hat die De Lenchantin umgebracht.«
»Die Frau, die man erwürgt auf der Müllhalde gefunden hat?«

»Genau die.«

»Ein Mörder! Danke für alles, du bist eine echte Freundin, aber jetzt muss ich weg.«

»Sara.«

»Ja?«

»Vergiss nicht, dass du ihm einen Gefallen getan hast, nicht umgekehrt.«

»Ja, ja, ciao.«

Unbelehrbar.

Gaetano kommt pünktlich. Er hat Renzo leihweise ein Buch über unbekannte Felsenmalereien mitgebracht und ihr ein altmodisches Sträußchen Gardenien, das die Wohnung sofort mit dem Duft der Sünde füllt.

»Für dich hab ich auch was«, sagt er zu Livietta.

»Was denn?«

»Es steckt hier im Holster, nimm's selbst heraus.«

Livietta knöpft seine Jacke auf und fischt eine Neunmillimeter Beretta heraus. Aus Plastik, mit vorschriftsmäßigem rotem Stöpsel, aber die Eltern sind trotzdem bestürzt.

»Wow! Das ist mal ein Geschenk!« Livietta bewundert hingerissen die Pistole und umarmt Gaetano stürmisch.

Enttäuscht ist nur Potti, der die Sache mit den Geschenken sehr gut kennt – Dinge, die jemand einem anderen in einem besonderen Augenblick gibt und mit denen dieser auf eine besondere Weise umgeht –, und er äußert den Kummer über sein Ausgeschlossensein, indem er wie Sylvester Stallone in *Rocky* dreinschaut. Livietta merkt es und bedenkt ihn zum ersten Mal in ihrem Leben mit einer netten Geste, nämlich einer Scheibe Salami – Gift für Hunde –, die sie aus der Küche holt und ihm vor die Schnauze hält. Der Hund schnappt nach der Salami, verschlingt sie auf einen Happs und schlabbert seiner Wohltäterin dankbar über das Gesicht.

»Du bist blöd«, erinnert ihn die Kleine auf der Stelle und saust davon, um sich zu waschen.

»Ich weiß, das ist ein fragwürdiges Geschenk«, sagt Gaetano, »aber eure Tochter scheint mir kein Barbie-Typ zu sein.«

Sie würde ihn gern darauf hinweisen, dass zwischen Barbie und Beretta Welten liegen, lässt es aber bleiben, von Pädagogik scheinen Polizisten eine sehr eigene Vorstellung zu haben, und Handschellen als Mitbringsel wären vielleicht noch schlimmer gewesen.

Neunzehntes Kapitel

Beim Abendessen dreht sich das Gespräch natürlich um Schuld und Sühne, und Livietta, immer noch ganz weg von der Pistole und von Gaetano (der den Geschmack der Frauen in der Familie sichtlich genau trifft), schafft es, die Klappe zu halten. Ein absurdes Verbrechen, denkt sie, es hätte genauso gut nicht geschehen können, ein Sandkörnchen im Getriebe der Ereignisse hätte genügt, den Ablauf von Kommen und Gehen zu verschieben, aber nein, unglücklicherweise ist alles glatt gelaufen und der Ziegel löst sich und fällt just in dem Augenblick vom Dach, als Pyrrhus, während in den Mauern von Argos die Schlacht tobt, darunter vorbeiläuft.

»Es war von Anfang an ein schwieriger Fall«, fängt Gaetano an, der ihre Ungeduld spürt. »Dem Ehemann, der in solchen Fällen als Erster verdächtigt wird, kann man nichts anhängen; Vaglietti, den wir gern als Mörder gehabt hätten, ist aus dem Spiel; sein Alibi war echt, Freunde und Bekannte bestätigen es und sie widersprechen sich nicht: Nicht er, sondern der Händler hat den Aperitif vorgeschlagen, nicht er, sondern zwei Freunde, die zufällig in die Bar kamen, hatten die Idee zu dem Abendessen, das Gleiche gilt für danach, Vaglietti ist immer im Schlepptau, er ist nicht die treibende Kraft für den Abend. Nichts zu wollen. Die Spur deiner Freundin Luigina Florio ist aus vielerlei Gründen nicht haltbar; die zerstochenen Reifen lassen uns eine Weile an eine Warnung oder eine Drohung denken, aber das ist auch nicht schlüssig, die Tat folgt zu bald darauf. Wir nehmen Hausangestellte und Gärtner in die Mangel, befragen die halbe

Stadt: nichts. Wir hören, dass sie und ihr Cousin oft zusammen waren und dass darüber getratscht wurde, aber das wussten wir bereits. Wir wussten nur nicht, dass sie einen Schlüssel zu seiner Wohnung hatte.«

»Cousin oder Halbbruder?«, unterbricht sie ihn, denn sie hat sich die Frage schon zu lange verkniffen.

»Halbbruder, deine Freundin ist glaubwürdig. Doch das sollte besser nicht herauskommen. Nein, du brauchst dir nichts vorzuwerfen, es war ein gut gehütetes Geheimnis, aber wir wären trotzdem draufgekommen.«

»Und ich soll mir da nichts vorwerfen?«, fragt sie. »Arnuffi hat sie umgebracht, aber ich bin wie eine Hyäne um den Kadaver herumgeschlichen.«

»Du bist nur um ihn herumgeschlichen. Zerfleischt wird er von den Anwälten und vor, während und nach dem Prozess von den Journalisten.«

»Aber wenn ich dir nichts gesagt hätte ...«

»Wir wissen es doch auch von Bagnasacco. Als es darum ging, wieso seine Frau und Vaglietti so eng miteinander befreundet waren, wieso sie einen Schlüssel zu seiner Wohnung hatte, hat er am Ende eingestanden, dass sie Halbgeschwister waren. Bianca hatte es sehr spät erfahren, erst nach der Hochzeit, als ihr Vater eines schönen Tages die ganze Geschichte mit den Eskapaden und dem außerehelichen Kind rausließ. Ab da war sie oft mit diesem Bruder zusammen, den sie vorher vielleicht einmal im Jahr als ihren Cousin getroffen hatte, und mit der Zeit wurden sie unzertrennlich.«

»Aber warum haben sie die wahre Verwandtschaft verheimlicht? Das verstehe ich nicht.«

»Ich auch nicht, vielleicht hatte sie es ihrem Vater versprochen. Allerdings hat uns diese Entdeckung auch nicht zu dem Mörder geführt. Wir haben die Bankkonten unter die Lupe genommen, die Aufstellung sämtlicher

Gespräche überprüft, die im Festnetz und von Handys aus geführt wurden, und einfach nichts gefunden. Dass Vaglietti allein nach Montecarlo gefahren sein soll, haben wir nicht recht geglaubt, aber wir konnten ihm nichts Gegenteiliges nachweisen, also haben wir nicht lockergelassen und mit einem kleinen Trick nachgeholfen, bis etwas herausgekommen ist.«

»Ein Telefonat, hast du heute Morgen gesagt.«

»Genau. In Montecarlo wurde von der Wohnung des Freundes aus bei drei Telefonnummern angerufen, die Vaglietti häufig wählte, Arnuffis Nummer, die eines Kunden, den er mit Einrichtungsstücken versorgt, und die seines Fitness-Clubs. So weit alles unverdächtig. Aber dann haben wir bei der Telecom France und der Telecom Italia nachgebohrt, bis herauskam, dass bei Arnuffi nur der Anrufbeantworter abgehört wurde. Also eher unwahrscheinlich, dass Vaglietti diese Nummer gewählt hat.«

»Traue nie einem Telefon. Bloß dass die Tat noch nicht geschehen war und es keinen Grund gab, misstrauisch zu sein«, meint sie.

»So erhärtete sich die Vermutung, dass Vaglietti in Begleitung seines Freundes war, und wenn er uns das verschwiegen hat, musste es einen Grund dafür geben. So sind wir auf den Mörder gekommen.«

»Und wo ist Arnuffi jetzt?«

»Hinter Gittern. Er wurde in Rom festgenommen, nach Turin gebracht und im Beisein seines Anwalts vom Staatsanwalt vernommen. Er hat nicht lange durchgehalten, er hätte ja weiterhin alles ableugnen können, denn viel hatten wir nicht in der Hand, aber ausgerechnet er, der Krimis schreibt und erzählt, ist auf den ältesten Trick der Welt reingefallen, Freund beschuldigt Freund, oder aber er wollte gestehen. Er ist kein kaltblütiger Verbrecher, die Tat belastet ihn. Aber wie bist du denn auf ihn gekommen?«

»Ebenfalls durch das Telefon. Arnuffi hatte bei der RAI seine Nummer in Rom angegeben, die seines hiesigen Hotels, seine Handynummern und Vagliettis Nummer auch. Er wollte sechsunddreißig Stunden am Tag erreichbar sein, als wäre er der Präsident der Vereinigten Staaten oder der Papst. Besser, sie wären ein bisschen ruhiger und hätten nicht dauernd die Finger an den Tasten.«

»Besser für wen?«

»Für sie. Doch für die Polizei, für die Justiz und für uns alle ist es gut, dass sie praktisch mit ihrem Telefon verwachsen sind und gletscherspaltenbreite Spuren hinterlassen. Und dann war da noch das Parfum.«

»Welches Parfum?«

»Vaglietti und Arnuffi benutzen das gleiche Parfum, wie sechzehnjährige Turteltäubchen. Das fragliche Parfum ist *Snuff*, das man seit bald zwanzig Jahren nicht mehr bekommt, und nur verspätete Oscar-Wilde-Dandys lassen es sich heutzutage noch mischen.«

»Wie hast du das herausgefunden?«

»Ganz einfach, ich hab's gerochen.«

»Auch bei Arnuffi?«

»Auch bei ihm. Und für einen Krimiexperten finde ich ihn ganz schön beschränkt. Wenn er nicht allzu sehr mit Vaglietti in Verbindung gebracht werden wollte, hätte er nach der Tat wenigstens das Parfum wechseln oder sich gar nicht parfümieren sollen.«

»So beschränkt ist er auch wieder nicht, man kann ihn nur leicht reinlegen, sobald von Vaglietti die Rede ist. Er denkt nicht mehr klar, wird nervös, widerspricht sich: Es handelt sich um Liebe oder, wenn du willst, um Leidenschaft, wie bei Bianca. Doch nach der Tat hat er die Spuren gut verwischt.«

»Aber vorher hat er sich wie eine Verga-Gestalt benommen. Schlimmer als Gevatter Alfio, der Turiddu wenigstens vorwarnt. Was hat ihn denn so in Rage gebracht?«

»Sie, behauptet er zumindest, hat ihn Stricher genannt.«

»Mein Gott! Von der griechischen Tragödie zur Schlägerei vor der Mietskaserne, ich fasse es nicht.«

»Und jetzt kommen die Bilder ins Spiel.«

»Der Manzoni und der Capogrossi?«, mischt sich Renzo ein, plötzlich ganz Ohr.

»Ja. Wir werden nie genau wissen, was sie gesagt haben, weil Bianca uns ihre Version nicht mehr mitteilen kann, aber wahrscheinlich sagt Arnuffi ihr eiskalt ins Gesicht, sie bedeute Vaglietti überhaupt nichts, sie sei nur das Huhn, das er rupfen kann, indem er die Bilder mitgehen lässt, die ihr so wichtig sind.«

»Arme Bianca.«

»Die arme Bianca greift sich, ebenfalls laut Arnuffis Aussage, eine Schere vom Schreibtisch und stürzt sich auf ihn.«

»Aber er ist schneller, er kann sie abwehren und dann erwürgt er sie.«

»Eine Verkettung fataler Zufälle. Wenn Arnuffi den Zug genommen hätte, mit dem er ursprünglich fahren wollte, oder wenn sie zehn Minuten später gekommen wäre, wäre nichts passiert.«

»Dann hat Vaglietti die Bilder also allein verkauft«, hakt Renzo nach.

»Ja, auch wenn er jetzt versucht, die Sache anders darzustellen, und behauptet, Bianca sei einverstanden gewesen. Das war sie nicht, er hätte vor seinem Freund nicht damit geprahlt, sie hintergangen zu haben, wenn das nicht gestimmt hätte. Zumal sie ihm viel Geld gab und ihm aus der Patsche half, wenn er Probleme hatte.«

»Ein Schwein, dieser Halbbruder, ein ekelhafter Wurm, den man mit dem Absatz zu Brei zerquetschen sollte, falls Umweltschützer und Grüne nichts dagegen haben. Aber nein, er kommt mit heiler Haut davon.«

»Na ja, Strafvereitelung und Beihilfe. Er ist nicht vorbestraft und seine Anwälte werden um jeden nur möglichen mildernden Umstand kämpfen, doch dafür müssen sie sich ganz schön ins Zeug legen, und ein paar Jahre wird er schon kriegen.«

»Zu wenig. Nicht weil ich besonders konservativ wäre, sondern weil ich ihn zutiefst verachte.«

»Du stehst wirklich mit beiden Beinen auf dem Boden des Gesetzes. Für den unsympathischen Angeklagten die Höchststrafe, mit dem sympathischen einigt man sich in aller Freundschaft. Wie argumentierst du eigentlich?«, provoziert Renzo sie.

»Mit dem Bauch natürlich, wie alle Frauen. Ich wollte sagen, und ich gebe zu, dass ich mich schlecht ausgedrückt habe, dass meines Erachtens derjenige mit der größeren moralischen Schuld juristisch gesehen eine kleinere Schuld hat und in dem ganzen Drama leichter aus dem Dreck wieder rauskommt.«

Du darfst nicht so grob antworten, tadelt sie sich, sei nachsichtig. Du zwingst ihn, sich die Rekonstruktion eines Verbrechens anzuhören, das ihn – abgesehen von den Bildern – nicht besonders interessiert, du zwingst ihm die Gegenwart eines Mannes auf, den er, wenn auch unterschwellig, als Rivalen empfindet. Du provozierst, nicht er, und er wehrt sich ganz zu Recht.

Livietta taucht plötzlich aus ihrer kontemplativen Verzückung auf: »Wer sind denn die drei, von denen eine tot, einer der Mörder und einer der Böse ist?«

»Die Tote war eine Kollegin von mir, die ...«, erklärt sie, aber sie kommt nicht weit.

»Die, die du immer Pissnelke genannt hast?«

»Genau die«, antwortet sie, denn das konnte sie nicht rückgängig machen.

»Sie war dir noch unsympathischer, als du zugegeben hast«, meint Gaetano mit einem amüsierten Blick, in dem aber auch noch etwas anderes liegt.

»Jetzt ist sie mir nicht mehr unsympathisch. Nicht weil sie tot ist, sondern weil sie so anders war, als ich sie eingeschätzt hatte.«

Renzo macht einen auf moralisch: »Du meinst, sie hat ihren Mann betrogen und eine inzestuöse Beziehung gehabt, und deshalb bist du ihr gewogen.«

»Du tust immer noch, als würdest du nicht verstehen. Sie war auf ihre Art eine tragische Gestalt: Phädra, Myrrha oder besser noch Annabella, John Fords Annabella, die im Namen der Liebe Gesetz und Konventionen trotzt, Annabella, die Shakespeare verdient hätte, obwohl ein Ford auch nicht zu verachten ist. Und in unserer Zeit, in der Gefühle die Konsistenz von Zuckerwatte haben, erscheint mir das nicht wenig. Außerdem empfinde ich den Inzest zwischen Bruder und Schwester nicht als so schlimm, wie es sich zu gehören scheint.«

»Und wieso ist Arnuffi in der Wohnung seines Freundes?«, lenkt Renzo ab.

Das ist seine Art, mir Recht zu geben, denkt sie. Er geht zu etwas anderem über, wechselt das Thema und bestätigt stillschweigend, was ich gesagt habe. Und Gaetano hat mich vorhin doch nochmal, wie soll ich sagen?, interessiert angesehen, halb romantisch, halb begehrlich. Nicht übel als Geschenk zu meinem bevorstehenden Vierzigsten, als Geburtstagsgeschenk, das mir über die nächste Zehnerhürde hilft und mich mit mir selbst und der Welt versöhnt. Biancas Geschenk, wenn auch ein unfreiwilliges.

»Sie waren am frühen Nachmittag aus Montecarlo zurückgekommen. Arnuffi wollte noch einen Koffer holen – das übrige Gepäck hatte er im Hotel untergestellt, weil er wusste, dass er bald wiederkommen würde – und sich dann zum Bahnhof bringen lassen. Er hat es sich anders überlegt, sie sind zusammen in die Wohnung gegangen, und er hat seine Abreise immer weiter rausgeschoben: Als Vaglietti in die Bar und dann zum Abendessen ging, vermutete er Arnuffi im Zug, doch der saß mit einer taufrischen Leiche, die es fortzuschaffen galt, bei ihm in der Wohnung.«

»Und die haben sie dann gemeinsam fortgeschafft«, sagt Renzo, doch das hätte auch sie sagen können, sie teilen die Neugier für die letzten Details.

»Ja: Erst hat Arnuffi den Kopf verloren, doch plötzlich besinnt er sich auf seinen Beruf und benimmt sich weniger dilettantisch als die meisten Mörder bei ihrer ersten Tat. Er hat nicht telefoniert, er hat die Handys ausgeschaltet, Handschuhe angezogen, die Leiche sorgfältig gesäubert und in eine Decke gewickelt. Ihre Handtasche und die Packung mit den Oblaten hat er in einen Müllsack gesteckt. Dann hat er gewartet. Als sein Freund kam, haben sie die Leiche in den BMW verfrachtet und sie hinter dem Corso Romania abgeladen.«

»Und niemand hat sie gesehen?«

»Sie hatten Glück. Vagliettis Wohnung liegt in einem frisch renovierten Haus mit unterirdischer Garage.«

»Ich weiß«, unterbricht sie ihn.

»Deine Frau steckt voller Überraschungen«, stellt Gaetano fest, und Renzo bejaht mit einem Mienenspiel, das Bedauern ausdrücken soll, aber es handelt sich nur um männliche Solidarität und eine Möglichkeit, die eigene Rolle wieder aufzuwerten. »Sie sind niemandem begegnet, weder im Aufzug noch in der Garage. Dann sind sie eine Weile herumgefahren, haben den Sack mit Decke, Tasche und Oblaten in einer Mülltonne versenkt, und noch vor sechs Uhr morgens hat Vaglietti seinen Freund am Bahnhof abgesetzt und ist anschließend nach Hause gefahren. Ende der Geschichte.«

»Eine armselige Eifersuchtsgeschichte«, sagt Renzo.

»Eine Geschichte, die man auf vielerlei Arten erzählen kann«, lautet ihr Fazit.

Zwanzigstes Kapitel

Nun, Bianca, ich erzähle deine Geschichte so.

Das Haus ist groß und duftet nach Kerzen. Im Wohnzimmer mit Blick auf den Po und die Hügel steht auf einer zierlichen antiken Kommode das gerahmte Foto, das du schon tausendmal betrachtet hast: Das Schwarz-Weiß-Foto einer blonden jungen Frau, die in die Kamera lächelt und ein wenige Monate altes Mädchen im Arm hält. Es gibt sonst keine Fotos von deiner Mutter, nur dieses stand immer da und ist alles, was von ihrer Zeit bei euch übrig geblieben ist: Ehe, Fortsein, Rückkehr, Mutterschaft, Verschwinden, alles ist kondensiert in diesem einzigen Bild, das dein Vater behalten hat. Zu diesem Foto hast du jahrelang Fragen gestellt, und dann hast du aufgehört, weil die Antworten nichts erklärten und keine Antworten waren.

Dein Vater ist freundlich, aber zerstreut und immer in Gedanken vertieft, und er sieht dich aufwachsen, wie man eine Zimmerpflanze wachsen sieht, eine Kenzie oder einen Drachenbaum: Sie steht gut und wird regelmäßig gegossen, im Frühling gibt's ein bisschen Dünger, hin und wieder wird umgetopft, und die Pflanze schiebt frische Blätter, wächst und verzweigt sich, obwohl sie nicht für diesen Platz und dieses Klima geschaffen ist. Mit Pflanzen reden allein stehende einsame Fräuleins, Witwer und Witwen, aber die haben vielleicht lieber Katzen, so schöne dicke weiche Katzen, die am Fuß des Bettes schlafen, einem um die Beine streichen und auf ihre Weise antworten, doch dein Vater will sich nicht als Witwer fühlen und führt sein Leben weiter wie bisher, Natalia ist fortgegangen und er will nicht daran denken, nicht davon sprechen und tut so, als sei nichts geschehen.

Es gab Nannys und Nurses, Emily, June, Sheila und andere, an die du dich nicht erinnern kannst, weil sie kamen und gingen, ohne Spuren oder Wehmut zu hinterlassen. Exklusiver Kindergarten, Privatschule, die Nurses verschwinden und Rosanna kümmert sich um dich, sie kauft dir Schuhe und Kleider, bringt dich zur Schule und holt dich wieder ab, begleitet dich auf kleine Feste und veranstaltet selbst welche zu Hause. Rosanna ist herb und effizient, sie weiß mit Kindern umzugehen und mag dich gern, aber du magst sie nicht, weil sie in dir herumstochert und in deine Gedanken eindringen will. Als du viele Jahre später an sie denkst, fragst du dich, warum sie nicht insistiert hat, warum sie nicht einfach bei dir geblieben ist, anstatt einen Carabiniere zu heiraten und fortzugehen. Du warst weder glücklich noch unglücklich und damit weit besser dran als viele andere Kinder: Die Sommermonate in dem schönen Haus in Forte dei Marmi, in den Weihnachtsferien Skifahren in Sestrière oder Mégève. Gymnasium, Universität, Sport, Aufenthalte in England, Reisen, ein paar Flirts, denn *così fan tutte*, äußerlich das Leben eines reichen Mädchens aus gutem Hause, vorhersehbar und ohne Erschütterungen. Nur manchmal knirscht es ein bisschen, aber dem misst du keine große Bedeutung bei: Das Haus an der Riviera di Versilia wird verkauft, aber das macht dir nichts aus, du fährst im Sommer ja nicht mehr hin, es gibt die Festivals in Edinburgh und Avignon und Einladungen zu Segeltörns, es gilt Amerika zu entdecken; die Dienerschaft schrumpft, bis nur noch Michela übrig bleibt, die schon immer im Haus ist, aber sie ist alt und schafft es nicht mehr, alles in Ordnung zu halten, und als dein Vater die Wohnung am Lungo Po verkauft und ihr in eine kleinere umzieht, fragst du dich warum, aber du fragst nicht ihn: Ihr habt nie viel miteinander geredet und nie über Geld. Doch eines Tages fängt er davon an, und mit einem Mal musst du an die Gegenwart und an die Zukunft denken: Du kannst arbeiten, du hast gerade dein Studium abgeschlossen und sprichst Englisch wie eine Engländerin der Oberschicht, aber mit keiner Arbeit könnt ihr euer früheres Leben fortführen, du und dein Vater, dieser freundliche und unnahbare Vater, der beinahe so weit weg ist wie deine Mutter, dem du dich jedoch verpflichtet fühlst. Du beginnst zu unterrichten: ein paar Stunden in der Woche an der Klosterschule, wo du selbst Schülerin warst, und die Nonnen sind sehr froh, nicht nur weil du das Fach, das du unterrichtest, wirklich beherrschst, sondern weil dein Name und deine äußere Erscheinung für Seriosität bürgen, sie machen der Schule Ehre und verweisen auf Sinn für Tradition. Außerdem brauchen sie nicht die Länge deiner Röcke zu messen und dir nicht nahe zu legen, dich unauffälliger zu schminken und auf deine Accessoires zu achten, Balsam verglichen mit so manchen Schlampen, die frisch von der Uni kommen und voller guten Willens sind, mit denen man aber keinen Staat machen kann und die in Steuer- und Verdienstfragen pedantisch genau sind. Die Arbeit verleiht deinem Alltag Struktur und Sinn, sie verhindert einen Leerlauf, nachdem du dich nicht mehr auf Prüfungen vorbereiten und keine Arbeiten mehr schreiben musst, sie füllt bis zu einem gewissen Grad den Abgrund des Nichtstuns, der dich beunruhigt und ängstigt. Doch der Verdienst ist lächerlich, er reicht gerade für Fitness und Friseur, und zum ersten Mal im Leben erscheint dir dein Vater sorgenvoll und angespannt, er telefoniert stundenlang und wandert durch die Wohnung, anstatt wie früher immer nur kurz aufzutauchen und wieder zu verschwinden. Da triffst du eine denkbar einfache und banale Entscheidung, eine Entscheidung, an der sich die Grenzen deiner Kultur und Erziehung zeigen, eine Entscheidung, die auch die Fräuleins in den englischen Romanen aus deiner Jugend getroffen haben – als wären nicht mindestens anderthalb Jahrhunderte vergangen, die Kolonien nicht verschwunden, die gesellschaftlichen Schichten nicht durchlässig geworden. Du schaust dich um, flirtest zielstrebig, signalisierst deutlich, dass du bereit bist für eine ernsthafte Beziehung, für etwas, das sich nicht im Lauf eines Segeltörns oder mit ein paar Abenden und Nächten zu zweit erschöpft. Die Wirkung bleibt nicht aus, denn du bist eine schöne Frau und anders als die Masse deiner Altersgenossinnen, deine Zurückhaltung und deine stille Art versprechen eine Tiefe, die es zu sondieren und zu entdecken gilt, sie wecken in den Männern die nie erloschene Sehnsucht nach einer schwierigen Beute, die ihr Geschick als Jäger unter Beweis stellt. Und die Ingenieure und Doktorbetitelten, Erben von Unternehmen und Vermögen, die Technokraten und Manager, die Protagonisten der Wirtschaft von morgen, schleppen mit Vorliebe Showassistentinnen, kleine Schauspielerinnen und Kalenderblatt-Friseurmädchen ab, solange es darum geht, zum Essen auszugehen oder ein Wochenende in Portofino oder Sankt Moritz zu verbringen; wenn sie freilich heiraten und Kinder zeugen wollen, wählen sie eine Frau aus der eigenen Gesellschaftsschicht. Die lassen sie dann zwischen fünfzig und sechzig eventuell wieder fallen und nehmen sich eine Showassistentin, eine kleine Schauspielerin oder ein Friseurmädchen, damit sie sich ewig währende Männlichkeit einbilden können.

Doch als du dir überlegst, von wem du dich wählen lassen sollst, ist deine Entscheidung nicht banal und für niemanden nachvollziehbar. Du willst keinen Ehemann, der Liebe verlangt, der dich zwingt, von Gefühlen zu reden, die du nicht empfindest, der in deinen Gedanken herumstochert wie Rosanna, bevor sie den Kampf verloren gab und kapitulierte; du willst einen diskreten und respektvollen Lebensgefährten, der dir und deinem Vater ein Leben ohne Geldsorgen garantiert, der damit zufrieden ist, dich an seiner Seite zu wissen, und nicht von dir verlangt, in puncto Gefühlen und Interessen ganz und gar eins mit ihm zu sein. Ihr werdet Wohnung, Bett und gesellschaftliches Leben teilen, mehr nicht. Terenzio Bagnasacco ist der Auserwählte. Er kann es kaum glauben, als du ein Auge auf ihn wirfst und ihn in seinen Avancen ermutigst: Er ist reich, sehr geschäftstüchtig, verkehrt in den richtigen Kreisen, doch bei Frauen hat er nie viel Erfolg gehabt, nicht bei denen, die ihm wirklich gefallen und die angesichts seiner so gewöhnlichen Erscheinung, seines vollkommenen Mangels an Attraktivität von ihm abrücken. Auch er ist in seiner Kultur und den Klischees seines Standes gefangen – eine Ehefrau hat gewissermaßen eine vorzeigbare Trophäe zu sein, wie eine Umsatzsteigerung oder ein besonders vorteilhaftes Jointventure –, und als du seine Einladungen annimmst und dir den Hof machen lässt, als du dich ihm bereitwillig hingibst, glaubt er an einen unerwarteten Glücksfall, an ein Royalflash mit drei eingewechselten Karten: Die anderen Spieler, die mit besseren Karten gestartet sind – sie sind jünger, brillanter, attraktiver –, haben die Partie verloren, und er hat Bianca gewonnen.

Dann verläuft euer Leben eine Zeit lang verlässlich und reibungslos. Ihr kauft die Villa in den Hügeln, stattet sie aus und zieht ein; du findest Freude daran, dich mit dem Garten zu beschäftigen, du magst zwar nicht hacken, umgraben und jäten, das nicht, aber in den Büchern der großen englischen Landschaftsgärtner blättern und dann eine perspektivische Verkürzung nachbilden, eine Kletterpflanze austauschen, eine Kombination von Büschen und hochstämmigen Bäumen versuchen, etwa ein Azaleenbeet unter einem *Ginkgo biloba;* du überredest deinen Mann, seine Bilder zu verkaufen und eine neue Sammlung aufzubauen, ihr besucht Museen und Galerien, wählt gemeinsam Werke aus. Doch als du den Verdacht hast, dass er sich mehr von dir wünscht – größere Anteilnahme, beständigere Präsenz –, schottest du dich sofort ab und teilst ihm deinen Entschluss mit, ganztags zu unterrichten, nicht mehr bei den Nonnen, sondern an einer öffentlichen Schule, falls es eine freie Stelle gibt und du die Voraussetzungen für eine Bewerbung erfüllst. Natürlich erhebt er Einwände und er versteht nicht, was das soll: Du hast es nicht nötig, du bist an einen starren Tagesablauf gebunden, kannst nicht mehr verreisen, wann du Lust hast, und eine öffentliche Schule ist kein Zuckerschlecken, die Schüler sind nicht zu vergleichen mit den Töchtern aus gutem Hause, die zu den Nonnen gehen. Du antwortest, das sei dir vollkommen klar und du möchtest es trotzdem versuchen, er glaubt, du wolltest dich einfach dieser Herausforderung stellen, dabei ist es für dich eine Möglichkeit, ihn auf Distanz zu halten. Fitness, Theater, Kino, Freundinnen, Einladungen zum Abendessen, im Winter Ski fahren, im Sommer verreisen; es geschieht nichts, und bisweilen fragst du dich, ob deine Entscheidung richtig war, ob das das ganze Leben sein kann, doch dann – du bist ja nicht dumm – sagst du dir, dass du kein Recht hast, unglücklich oder traurig zu sein.

Der Herzinfarkt deines Vaters zerreißt deinen geordneten Alltag: Du eilst in die Klinik, redest mit den Ärzten, kümmerst dich darum, dass er versorgt wird, beobachtest den Krankheitsverlauf, und als er sich erholt und wieder zu Hause ist und alles wie vorher zu sein scheint, merkst du, dass das nicht stimmt, nicht nur weil er geschwächt und mit einem Mal gealtert ist, sondern weil er seine zerstreute Liebenswürdigkeit und seine Zurückhaltung verloren hat. Er spricht zum ersten Mal von deiner Mutter, und du stellst fest, dass er dreißig Jahre lang an sie gedacht hat und noch immer leidet, weil sie ohne jede Erklärung verschwunden ist, ein einziger kurzer Brief drei Monate später aus Paris, vier Wörter und die Unterschrift: *Ich komme nicht zurück, Natalia*. Und er, gefangen in seiner Erziehung und seinem Stolz, sucht sie nicht, fährt ihr nicht kreuz und quer durch Europa nach und holt sie nicht nach Hause zurück, sondern tut, als sei nichts geschehen, und löscht alle Spuren ihrer Gegenwart, weg mit den Kleidern, weg mit den Dingen, die ihr gehörten, weg mit allem außer diesem Foto auf der Kommode, denn ein Kind ist da, und das Kind hat ein Recht darauf, zu wissen, wie seine Mutter ausgesehen hat.

Über zwei Jahre keine Nachricht. Doch eines Tages steht Tommaso, sein Schwager und dein Onkel, völlig erschöpft vor der Tür und sagt, er komme gerade aus Brasilien, er müsse mit ihm über Natalia reden, Natalia habe mit ihm gelebt, sie hätten ein Kind zusammen, sie sei einfach weggegangen ohne eine Erklärung, ohne einen Brief oder einen Anruf. Tommaso bricht in Tränen aus – vielleicht hat er in Brasilien gelernt, seine Gefühle nicht zu knebeln –, bittet um Entschuldigung oder um Verzeihung, doch in Wirklichkeit bittet er um Nachricht über sie, er ist in sie verliebt, hat Angst um sie, weiß nicht, was er tun soll, und da ist dieses wenige Monate alte Kind, das sie nicht wollte und er schon, und vielleicht ist sie deshalb weggegangen, und er kann sich nicht um den Kleinen kümmern, er ist so viel unterwegs, er kann ihn doch nicht in fremde Obhut geben … Seitdem keine Nachricht mehr von Natalia: Für immer wer weiß wohin verschwunden, vielleicht sorgt sie auch in anderen Ländern für Tragödien und setzt Kinder in die Welt.

Und du fragst deinen Vater, wieso er dir das nie erzählt hat, er zuckt mit den Schultern, und du weißt nicht, wie du die Geste deuten sollst, aber als er dich bittet, die Geschichte für dich zu behalten, weil es eine Familiengeschichte ist und in der Familie bleiben muss, begreifst du, dass es für ihn ist, als sei das alles erst gestern geschehen.

Dann überstürzen sich die Ereignisse. Ein weiterer Infarkt und dein Vater stirbt, du bist völlig durcheinander, kannst nicht schlafen, denkst an früher, vielleicht ist es Schmerz oder nur Unruhe, du sehnst dich nach deinem ganz normalen Alltag ohne diese Gedanken, ohne dauernd etwas tun, in Bewegung sein, reden zu müssen. Du rufst Marco an, der auf der Beerdigung war und ein Blumengesteck geschickt hat – kleine gelbe Röschen und Maiglöckchen: eine ungewöhnliche Mischung, ein betäubender Duft –, dankst ihm und fängst plötzlich an zu weinen, was schon seit Jahren nicht mehr vorgekommen ist, nicht mal am Sarg deines Vaters oder auf dem Friedhof hast du geweint. Er tröstet dich und ist so lieb, er sagt, komm, lass uns was zusammen trinken, über uns und unsere Geschichte reden. So fängt es an, mit einem Treffen zwischen Cousin und Cousine, die wissen, dass sie dieselbe Mutter haben, mit der Suche nach Trost, mit dem Bedürfnis, Schnipsel von Wissen und Erinnerungen zusammenzulegen. Eine Woche später – ihr habt euch noch zweimal getroffen – lädt er dich zu sich nach Hause ein: Er war bei dir zum Abendessen, hat deine Bilder gesehen und will dir seine zeigen, natürlich könne er nicht mit dir und deinem Mann konkurrieren, aber zwei oder drei Arbeiten würden dir sicher gefallen ... Du nimmst die Einladung an und verstehst gar nicht, warum du so nervös bist, als du dich umziehst, dich schminkst, in die

Stadt fährst, parkst, an der Sprechanlage klingelst, den Aufzug betrittst: Als du im dritten Stock ankommst, steht er in der Tür, und die Nervosität verwandelt sich in etwas, was du nicht benennen kannst. Von diesem Nachmittag bleiben dir losgelöste Szenen wie gestoppte Einzelbilder eines Films im Gedächtnis, besonders eine: Ihr betrachtet eine *Appassionata* von Carol Rama, einen Frauenkörper ohne Beine, der ein stiller Schrei ist, du lehnst dich an ihn, vielleicht weil dieser Schrei, der aus dem Papier herausbricht, dich so tief berührt, und er hebt dein Kinn und küsst dich. Es ist kein geschwisterlicher Kuss, und was auf ihn folgt, ist keine geschwisterliche Umarmung, und dann könnt ihr euch gar nicht schnell genug ausziehen, ihr reißt euch keuchend und mit ungeduldigen Händen gegenseitig die Kleider vom Leib und habt es sehr eilig, den Körper des anderen zu entdecken und zu berühren.

Danach fragst du dich, wieso Inzest eine unaussprechliche Sünde ist. Er liegt neben dir, und du siehst ihn an und hast kein Schuldgefühl, du fragst dich nicht einmal, warum ausgerechnet er und nicht ein anderer, es ist ganz einfach passiert; deine innere Kälte hat sich gelöst, und nie und nimmer wolltest du zurück. Überwältigt, trunken, Flut, Strudel, Woge: Diese abgedroschenen und ein bisschen lächerlichen Wörter stammen aus dem Repertoire der Leidenschaft, aber du findest keine anderen, die das, was du empfindest und wogegen du dich nicht wehrst, besser ausdrücken könnten. Es folgen Wochen und Monate benommenen Glücks, du gehst in die Schule, gibst den Hausangestellten und dem Gärtner Anweisungen, besuchst Premieren am Regio und am Carignano, Einladungen und Gegeneinladungen finden statt, doch deine Gedanken kreisen um Marco, du verbringst deine ganze freie Zeit mit Marco und du kannst deinem Mann leicht erklären, dass Marco alles ist, was dir von deiner Familie geblieben ist, dass ihr so viel nachzuholen habt, weil ihr nichts voneinander wusstet, euch so fern wart. Die anderen existieren nicht, und nichts kann euch trennen, nicht einmal die Spielsucht – die du bereits von der Rastlosigkeit deines Vaters her kanntest, von seiner ungeduldigen Zerstreutheit –, und wenn er mit angespanntem und besorgtem Blick zurückkommt, weißt du schon, was los ist, und als gute Schwester nimmst du ihm seine Sorgen ab.

Love, all alike, no season knowes, nor clyme,
Nor houres, dayes, moneths, which are the rags of time,

hat Donne geschrieben.

Let us roll all our Strength, and all
Our sweetness, up into one Ball:
And tear our Pleasures with rough strife,
Thorough the Iron gates of Life

Heißt es bei Marvell, und die Zeilen scheinen mir für euch gedichtet: Liebe ohne Zeitsplitter durchs eiserne Lebenstor.

Du kennst die Anzeichen – Verspätungen, Vertröstungen, vergebliche Anrufe, Hast und Ungeduld in Gesten und Stimme –, versuchst sie aber lange Zeit zu ignorieren, und als du deine Augen nicht mehr vor der Wirklichkeit verschließen kannst, als es keinen Zweifel mehr gibt und du sicher bist, dass auch andere Frauen und Männer zu seinem Leben gehören, klammerst du dich an den Gedanken, dass du die Wichtigste von allen bist, du verleugnest nichts von dem, was du fühlst, ziehst dich nicht zurück und versuchst nicht, ihn aus deinem Leben zu verbannen. In deiner Hingabe an die Macht der Gefühle und die Unerschütterlichkeit der Leidenschaft bist du entschlossener als Phädra, klarer als Annabella, und vielleicht weißt du sogar, welches Ende die Geschichte nehmen kann. Das Leben, Bianca, kopiert eben Seneca, Racine, Ford – und auch die Groschenromane.

Krimis aus Italien

Angela Capobianchi: *Im Namen der Opfer*
Aus dem Italienischen von Christiane von Bechtolsheim
Deutsche Erstausgabe ISBN 3-89425-527-7
Die Anwältin Carla Fuschi wird erschlagen in ihrer Wohnung aufgefunden. Es gibt einen Tatzeugen – aber ist die seltsame Bemerkung des verwirrten Alten überhaupt ernst zu nehmen? Dann werden zwei weitere Strafverteidiger grausam ermordet. Angst breitet sich unter den Anwälten der Stadt aus ...

Sandrone Dazieri: *Ein Gorilla zu viel*
Aus dem Italienischen von Barbara Neeb
Deutsche Erstausgabe ISBN 3-89425-503-X
Mailand: Eigentlich soll ›Gorilla‹ Sandrone nur verhindern, dass Alices Punkerfreunde die Party der Industriellenfamilie stören. Doch alles läuft aus dem Ruder und am andern Tag ist Alice tot.

Sandrone Dazieri: *Keine Schonzeit für den Gorilla*
Aus dem Italienischen von Barbara Neeb
Deutsche Erstausgabe ISBN 3-89425-514-5
Cremona/Turin: ›Gorilla‹ Sandrone soll die wahren Hintergründe des Mordes an einem jungen Albaner herausfinden und einen Verleger beschützen, der um sein Leben fürchtet.

Margherita Oggero: *Schön, blond, reich und tot*
Aus dem Italienischen von Christiane von Bechtolsheim
Deutsche Erstausgabe ISBN 3-89425-533-1
Turin: Biancha De Lechantin ist zu schön und zu reich, um sympathisch zu sein. Doch als sie ermordet wird, sieht ihre Lehrerkollegin sie in einem anderen Licht. Das Ermittlungstalent der *professoressa* bleibt auch dem attraktiven Commissario Berardi nicht verborgen.

Giampiero Rigosi: *Nachtbus*
Aus dem Italienischen von Christiane von Bechtolsheim
Deutsche Erstausgabe ISBN 3-89425-522-6
Bologna: »Zwei sympathische Protagonisten, korrupte Politiker, skrupellose und sadistische, aber auch allzu menschliche Geheimdienstleute, liebevoll gestaltete Nebenrollen, ein rasantes Tempo, kurzum eine glänzende Realsatire.« (Pforzheimer Zeitung)

Mittelmeermorde

Niklaus Schmid: *Bienenfresser*
ISBN 3-89425-255-3

»Für seine Ex-Frau Verena soll Elmar Mogge deren auf Ibiza verschwundene Freundin Dora suchen. Eigentlich leicht verdientes Geld, denkt sich der Duisburger Privatdetektiv. Doch als er auf der Ferieninsel die Spur der vermissten Stewardess aufnimmt, stolpert er mitten hinein in eine Politaffäre, die bis nach Deutschland zurückreicht.« (PRINZ, Ruhrgebiet)

»Die dichte, bildhafte Sprache führt mitten hinein ins böse Geschehen.« (Rheinische Post)

Niklaus Schmid: *Der Hundeknochen*
ISBN 3-89425-079-8

»Recht leichtfüßig kommt dieser Krimi daher, der einen spannenden Bogen vom Ruhrgebiet zu Formenteras sonnigen Stränden schlägt und dabei so manche überraschende Wendung nimmt.« (Sebastian Krumbiegel von den ›Prinzen‹)

»... ein rundum überzeugender Krimi. ... Schmid hat seine Stärken bewahrt, er kann Landschaften – Baugruben im Ruhrgebiet wie Sandstrände auf Formentera – evozieren und Charaktere – die Porträts der Künstlerkolonie auf Formentera, dem Wohnort des Autors, sind Glanzstücke! – zeichnen.« (Pforzheimer Zeitung)

Gabriella Wollenhaupt: *Grappa fängt Feuer*
ISBN 3-89425-050-X

Das klassische Hellas ist Ziel der Bildungsreise, an der Maria Grappa teilnimmt. Unter der Sonne Griechenlands entbrennt die Reporterin nicht nur für die Schönheit der Landschaft und der steinernen Zeugen der Antike.
»Gabriella Wollenhaupts Krimi ist spannend und kess geschrieben, und – angenehme Begleiterscheinung – birgt viele Informationen über die griechische Mythologie.« (Foyer, Dortmund)

Gabriella Wollenhaupt: *Zu bunt für Grappa*
ISBN 3-89425-224-3

»Die rothaarige Maria Grappa liebt die Provence. Sie liebt die Bilder von Vincent van Gogh. Und sie verliebt sich in den leider ebenso undurchsichtigen wie charmanten Antonio Cortez und er sich in sie. Das ist der Beginn eines wunderbaren Abenteuers ...« (Rhein-Lahn-Zeitung))

Christoph Güsken: *Alptraum in Blau*
ISBN 3-89425-235-9

»Güsken gelingt eine packende, an klassischen griechischen Tragödien angelehnte Geschichte voller erotischer Spannung: Drei Männer und zwei Frauen, Eitelkeit, Habsucht, Hoffnung und Enttäuschung auf engstem Raum beieinander ...« (Kaufen & Sparen)

Krimis von Kirsten Holst

Du sollst nicht töten!
Deutsche Erstausgabe
Aus dem Dänischen von Paul Berf
ISBN 3-89425-501-3

»Die dänische Queen of Crime: Kirsten Holst sorgt mit ihrem Krimi, in dem es um eine Serie von Morden in Jütland geht, für Hochspannung.« (Neues Deutschland)

Wege des Todes
Deutsche Erstausgabe
Aus dem Dänischen von Hanne Hammer
ISBN 3-89425-510-2

»Die Charaktere sind sorgfältig gezeichnet, ihre Sprache ist authentisch und klar und die Atmosphäre sachlich und lebendig – zugleich ein bisschen wie ein Wallander-Krimi und doch mit ganz eigener Note. Bitte mehr davon!« (Lit4.de)

In den Sand gesetzt
Deutsche Erstausgabe
Aus dem Dänischen von Hanne Hammer
ISBN 3-89425-517-X

»Aus Skandinavien entern stets wieder beste Autoren unsere Büchertische. In Dänemark sind die Romane der Holst Bestseller, Amerika hat ihr den Edgar-Allen-Poe-Preis verehrt. Vergnüglich die Motiv- und Mördersuche, genau die richtige Unterhaltung für längere Abende am Kamin.« (Blitz Leipzig)

Zu lebendig zum Sterben
Deutsche Erstausgabe
Aus dem Dänischen von Hanne Hammer
ISBN 3-89425-529-3

Ihr neuer Job als Ladendetektivin ist so langweilig, wie Bea ihn sich vorgestellt hatte. Bis sie die charismatische Marion kennen lernt und sich mit ihr anfreundet. Wenig später ist Marion tot. Die Polizei geht von Selbstmord aus, doch Bea hat eine andere Theorie. Dann sterben zwei weitere Personen aus Marions Umkreis und auf Bea wird ein Anschlag verübt. Was geht in der sonst so friedlichen dänischen Provinzstadt vor?

Krimis von Felix Thijssen

Cleopatra
Max Winters erster Fall
Aus dem Niederländischen von Stefanie Schäfer
Deutsche Erstausgabe ISBN 3-89425-504-8
»Felix Thijssen ist ein guter Erzähler, er nimmt sich Zeit für seine Figuren und für die Motivationen der Bösen wie der Guten; nichts gerät ihm aus den Fugen und nichts gibt er zu früh preis. Dafür hat man ihm völlig zu Recht den holländischen Krimipreis gegeben.« (Heilbronner Stimme)

Isabelle
Max Winters zweiter Fall
Aus dem Niederländischen von Stefanie Schäfer
Deutsche Erstausgabe ISBN 3-89425-513-7
»Max Winter und CyberNel sind ein tolles Gespann, und was die beiden im Falle von Isabelle und Ben herausbekommen, ist verdammt spannend ... Ein Roman voller Sympathie für seine Figuren und ein Krimi mit einer packenden Handlung, die bis zum Schluss Überraschungen bereithält.« (WDR)

Tiffany
Max Winters dritter Fall
Aus dem Niederländischen von Stefanie Schäfer
Deutsche Erstausgabe ISBN 3-89425-520-X
»Erfrischend natürliche Dialoge, erfrischend glaubwürdige und witzige Charaktere, eine erfrischend packende Handlung mit erfrischend unerwarteten Wendungen – mehr davon!« (Rhein-Zeitung)

Ingrid
Max Winters vierter Fall
Aus dem Niederländischen von Stefanie Schäfer
Deutsche Erstausgabe ISBN 3-89425-524-2
»Max Winter ist ein sympathischer Privatdetektiv vom Typ Matula, der sich selbst nicht allzu ernst nimmt und mit einer gehörigen Portion Selbstironie ausgestattet ist.« (krimi-couch.de)

Caroline
Max Winters fünfter Fall
Aus dem Niederländischen von Stefanie Schäfer
Deutsche Erstausgabe ISBN 3-89425-530-7
Max Winter und CyberNel lernen im Urlaub Caroline kennen. Wenig später ist das ›hässliche Entlein‹ verschwunden. Carolines bildschöne Mutter beauftragt Max mit der Suche.